누구나 빠지는 생각의 함정

인지편향 사전

누구나 빠지는 생각의 함정
인지편향 사전

지은이 이남석
감   수 이정모

1판 1쇄 발행 2013년 5월 22일
개정판 1쇄 발행 2016년 1월 7일
개정2판 1쇄 발행 2021년 11월 12일

발행처 (주)옥당북스
발행인 신은영

등록번호 제2018-000080호
등록일자 2018년 5월 4일

주소 경기도 고양시 덕양구 화신로 105, 2319-2003
전화 (070)8224-5900   **팩스** (031)8010-1066

값은 표지에 있습니다.
ISBN 979-11-89936-37-2 13180

블로그 blog.naver.com/coolsey2
포스트 post.naver.com/coolsey2
이메일 coolsey2@naver.com

누구나 빠지는 생각의 함정

인지편향 ^{Bias} 사전

이남석 지음
이정모 감수

옥당

늘 편향적 사고를 하면서도
안 그렇다고 믿는 우리를 위한 책

이정모

성균관대학교 심리학과 명예교수·전 한국인지과학회 회장

2002년 12월 8일에 미국 프린스턴 대학의 심리학과 교수인 대니얼 카너먼Daniel Kahneman 박사는 스웨덴 스톡홀름에서 노벨 경제학상을 받았다. 경제학자도 아닌 심리학자가 당대의 저명한 경제학자들을 모두 물리치고 경제학상을 받다니! 놀라운 일이었다. 한국식 사고로는 있을 수도 없는 일이었다.

카너먼 교수는 경제학, 아니 사회과학, 그리고 인류 전체를 위해 큰 학문적 업적을 이루었다. 원래 이스라엘 태생인 그는 프린스턴 대학에 와서 지금은 고인이 된 아모스 트버스키Amos Tversky 교수 등과 협동연구를 하면서 인간이라는 존재가 당시의 사회과학에서 전제하고 있는바, '이성적 동물'이 아니라 '편향과 휴리스틱스적(주먹구구식의) 사고'로 가득 찬 존재임을 드러냈다. 그것도 추상적 주장이 아니라 구체적·경험적·과학적 실험 결과를 제시하며 그 주장을 전개하였다.

수많은 경제 상황에서 여러 경제 활동을 하는 인간이 자신은 논리적·합리적 결정을 한다고 생각하지만, 실제는 수많은 편향과 여러 휴리스틱스(주먹구구식 사고)에 물든 판단과 결정을 하는 존재임을 경험적 실험결과를 통하여 바로 보여 주었다. 그 결과, '인간은 이성적 동물이다'라는 전통적으로 내려온 사회 과학적 명제가 무너졌으며, 경제학에서는 전통적 경제학을 넘어서 행동 경제학이 탄생하게 되었다.

인간을 포함한 동물의 기본 생존전략은 주변 환경에서 벌어지는 사건들의 관계성을 예상하고 그에 반응하는 것이다. 진화 초기 동물들이 시간적 관계, 공간적 관계에 반응하는 (조건반응) 능력을 지녔다면, 다음 진화단계의 동물들은 '인과관계'를 파악하고 그에 반응하게 되었다. 인류는 그러한 단계의 동물 수준을 넘어서는 과정에서 더 빨리 현상을 파악, 예측하고, 반응하기 위한 수단으로 '인지적 틀'을 마음 작동의 기본 기능으로 발달시켰던 것 같다. 다시 말해 단순 인과관계로 파악하는 수준을 넘어서 현상을 더 빨리 파악하고, 예측하고, 반응하고, 이해하고 설명하게 할 수 있는 해석 프레임, 인지적 틀을 발달시켰던 것이다.

그런데 인간이 이런 틀을 사용하여 주변 환경의 사건을 이해하고 예측하고, 설명하는 능력이 인간으로 하여금 다른 동물의 삶보다 높은 수준의 삶을 살게 했지만 그에 따른 부정적 효과도 많이 생겼다.

인간으로 하여금 여러 상황에서 늘 논리적으로 정확하고 오류가 없는 판단과 결정을 하게 한 것이 아니라, 각종 왜곡된 편향적 사고를 하게 한 것이다. 논리적으로 합리적 사고를 하는 것이 아니라 실제는 여러

가지 편향으로 가득 찬 직관적 주먹구구식 사고를 하게 하는 것이다.

그래서 비록 과거에는 '인간 이성은 합리적이다'는 것이 사회과학과 우리 일반사회의 상식이었지만 카너먼 교수 등은 '그렇지 않고, 인간 이성은 탈 합리적이다'는 것을 실험을 통해 입증하였다. 그 공로로 카너먼 교수는 노벨 경제학상을 받았다.

이 연구들이 밝힌 바로는, 우리는 매일 온통 인지적 편향과 오류 속에 살면서도 자기 자신은 그렇지 않다고 생각한다. 시어머니가 며느리에게, 그리고 며느리가 시어머니에게 하듯이. 그리고 수많은 정치인이 자신만이 옳다고 믿고, 생각하며, 국민에게 말하며 산다.

카너먼 교수의 연구에 따르면, 우리는 늘 수많은 편향적 사고(75개의 편향, 21개의 사회적 편향, 49개의 기억오류, 총 145개: 이것을 추려 101개)의 "편향 비빔밥" 속에 묻혀 살면서도 '나는 논리적으로, 합리적으로 사고하는 사람이며, 나의 판단과 결정은 늘 합리적, 이성적이며, 내 주장 내 생각은 옳다'라고 믿고 산다. 심지어는 '내 생각만 옳다'라고 믿고 생각하며 산다. 우리는 어떤 대상이나 사건이 자신이 판단·결정·주장하는 범주에만 속한다고 생각하고 다른 가능성, 특히 자기 생각에 비판적 의견을 지닌 사람들이 주장하는 범주에 속할 가능성은 전혀 고려의 대상도 못 된다는 식으로 생각하며, 또 그것을 굳게 믿고 행동하기까지 한다. 그래서 정치적·종교적 골수 진보, 골수 보수가 생긴다. 그런 것을 보면, 우리 인간은 '내 생각만 옳다'는 자기 생각의 감옥에 스스로 갇힌 '자원 죄수'이다. 그러면서도 우리는 살아간다.

그런데 카너먼 교수는 우리가 (전철의 술 취한 승객이 타인에게 저지르는 방자한 행위처럼) 편향에 취한 상태로 사는 삶에서 깨어나서 인간 본질 즉 현실을 직시하고 우리의 사고가 편향적이고 휴리스틱스적임을 인정하는 (헤르만 헤세H. Hesse의 표현을 꾸어 오면, '알을 깨고 나오는') 아픔을 겪어야 한다고 지적한다. 그러면 어떻게 해야 하나?

먼저, 우리가 어떤 편향에 늘 사로잡히게 되는가를 알아야 한다. 그러한 점에서 여기 이남석 저자의 책은 때맞게 출간된 적절한 책이다. 인지 심리학과 그의 응용에 관하여 대학 학부, 대학원에서 연구한 저자의 지난 탐구 연륜과 노력의 흔적이 곳곳에 배어 있는 좋은 책이다.

보수, 진보 진영의 정치권에 몸담았거나 정치인을 지망하는 사람들, 기업에서 고객에게 회사 상품을 판매하려는 사람들, 중요 정책을 결정하고 적용하는 위치에 있는 여러 계층의 공무원들, 기업인들(CEO 포함), 사람들에게 큰 영향을 줄 판단과 의사결정을 해야 하는 법관들(판사, 검사, 변호사들)과 그리고 법관 지망 법학도들, 논리적으로 올바른 사고를 해야 하는 철학 분야의 사람들, 그리고 가능한 한 자신의 사고가 올바르게 진행되어서 논리적으로 결함이 없고 합리적인 좋은 사고를 하는 사람이 되며 늘 그러한 사람으로 다른 사람들에게 비치기를 원하는 모든 분에게, 이 책을 늘 옆에 두고 자기 사고의 정확성, 편향성을 점검하여 보기를 강력히 권면한다.

우리는 어떤 편향에 사로잡혀 사는가?

사람들은 매 순간 생각을 하고 판단을 내린다. 무엇을 입을지, 무엇을 먹을지, 어디에 있을지, 어디로 갈지, 어떻게 갈지, 무엇을 할지 등등. 당시의 생각과 판단에 따라 다른 경험을 하고, 그 경험이 모여 한 사람의 고유한 인생이 된다. 따라서 매 순간 우리가 어떻게 생각하고 어떤 기준에서 판단하는지 안다면 자신이 지금 같은 인생을 살게 된 이유도 찾을 수 있다. 또한 다른 사람이 왜 그렇게 사는지도 이해할 수 있게 된다. 하지만 우리의 생각을 만들고 판단의 근거를 제공하는 원리를 알고 이해하는 것은 그렇게 쉬운 일이 아니다.

심리학에는 이중 인지 과정Dual Process 이론이란 것이 있다. 이 이론의 핵심 내용은 간단하다.

인간은 이성과 분석을 중시하는 사고체계와 감성과 직관을 중시하는 사고체계를 지녔다. 또한 특정 상황에서 이 중에 어떤 사고체계의 영향을 받느냐에 따라 전혀 다른 결과가 나온다.

2002년 노벨 경제학상 수상자인 프린스턴 대학의 대니얼 카너먼 교수는 기존의 이중 인지 과정 이론 연구를 종합해서 직관을 제1체계로 이성을 제2체계로 나누어 설명한다. 그의 연구에 의하면 직관이 자동으로 활성화되는 빠른 인지 처리 과정이라면, 이성은 느리고 의식적인 처리 과정이다. 즉 직관은 별다른 노력이 필요하지 않지만 이성은 별도의 노력과 논리 같은 형식이 필요하다.

사람들은 이성적 사고를 강조한 교육을 받지만, 진화적으로 볼 때 직관적 사고로 문제를 해결하는 경우가 많다. 즉 사람은 감성과 직관에 기대어 생각하고 판단할 때가 많아서 그 생각과 행동을 이해하기 어렵다. 그래서 학자들은 계속 감성과 직관에 의한 사고 방법을 연구했다. 그 결과 대니얼 카너먼 교수뿐만 아니라, 게리 클라인Gary Klein, 윌리엄 더건 William Duggan, 게르트 기거렌처Gerd Gigerenzer 등의 연구자들은 인간을 이해하는 도구로서 이 책에 소개한 다양한 휴리스틱Heuristic을 확인할 수 있었다.

휴리스틱은 간편 추론법, 추단법, 어림법, 주먹구구법, 편의법, 판단 효과, 발견법 등으로 번역된다. 하지만 이 책에서는 이성적 과정을 좀 더 쉽게 하는 꼼수나 이성적 과정에 반하는 오류가 아닌 원래 휴리스틱 개념이 갖고 있던, 엄연히 인간 사고의 주요 과정임을 강조하는 취지에서 좀 낯설지만 '휴리스틱'이라고 그대로 표기하려 한다.

휴리스틱의 어원은 그리스어 'Heutiskein'이다. 'Heutiskein'은 '찾아 내다', '발견하다'라는 뜻이다. 현대 심리학에서 휴리스틱은 보편적 공식에 따른 것이 아니라, 그때그때 상황과 직관 및 감성에 따라 시행착오Trial and Error를 거치며 지식을 얻고 생각을 발전시키는 의미의 용어로 널리 사용되고 있다.

80년대와 90년대까지만 해도 감성과 직관은 이성적 사고체계에 오류를 일으키는 주범인 것처럼 다루어졌다. 이것은 근대 이후에 인간의 이성을 강조하면서 모든 것이 이성에 의해 결정되어야 한다는 인식 때문에 상대적으로 다른 것들이 경시되어 생긴 현상이다. 그래서 기존 연구에서는 감성과 직관에 의한 판단을 엄연히 인간의 실생활에서 일어나는 인간 사고의 한 특성으로 보기보다는 문제가 있는 사고방식으로 다루기도 했다.

이것은 번역어에서도 그대로 드러난다. 'Bias'는 편향, 편파, 오류 등으로 번역된다. 그중에서 편파와 오류는 이성적인 사고체계에 중심을 둔 부정적인 어감이 강한 단어이다. 이 책에서는 카너먼 교수가 지적한 제1체계(직관)의 중요성을 강조하기 위해, 중립적인 의미를 강조하여 생각이 한쪽으로 치우친 것을 의미하는 '편향'으로 번역해서 표기하기로 한다.

이성은 고대 철학자와 근대 교육자 들이 강조한 것이지만, 사람들은 그런 명시적인 교육이나 훈련이 있기 훨씬 전인 원시시대부터 그때그때 상황에 맞게 감정과 직관에 의지해서 판단을 내리며 생존해왔다. 덕분에 사람들은 지금도 이성적인 사고보다 진화 과정에서 검증을 받은 감성과 직관에 의지한 사고와 문제 해결에 더 익숙하다. 이에 최근에는 이성적인 논리로만 경제 상황을 파악하려 했던 경제학도 실제로 사람들이 결정을 내리는 바를 고려하는 행동 경제학에 주목하기 시작했다.

이 책에는 사소하지만 일상생활에서 많이 나타나는 인지편향 개념 101가지를 엄선했다. 인간 사고의 특성을 이해하거나 최근 사회적 변화를 이해하는 데 도움이 되는 최신 정보를 모아 독자들이 유익하게 읽을 수 있도록 했다. 그래서 블랙 스완Black Swan 효과(029. 유희적 오류 참조)나 각종 미디어와 관련한 효과도 포함했다. 101가지의 각 항목에는 해당 인지편향이 적용되는 여러 사례를 소개하여 해당 인지편향이 얼마나 일반적이며 강하게 우리의 삶에 영향을 미치고 있는지 독자들이 직접 확인할 수 있게 했다.

만약 이 책을 읽고 해당 편향에 관해서 더 자세히 알아보고 싶다면, 아래 소개한 책과 참고문헌에 나온 자료를 살펴보길 권한다. 이 책들은 독자들에게 큰 재미와 함께 지적인 자극을 줄 내용으로 가득 차 있다.

- 《인지과학: 학문 간 융합의 원리와 응용》, 이정모 지음, 성균관대학교출판부, 2009
- 《불확실한 상황에서의 판단 Judgment under Uncertainty: Heuristics and Biases》, 대니얼 카너먼, 폴 슬로빅, 아모스 트발스키 지음, 이영애 옮김, 아카넷, 2010

사소하지만 결과를 크게 바꿔놓을 수 있는 인지편향. 점점 예리한 판단을 요구하는 지식사회에서 필수 교양 개념이 되고 있다. 자신과 타인, 사회에 대한 이해를 더 깊게 하는 데 이 책에 소개된 지식이 부디 도움되기를 바라며 서문을 마친다.

이남석

Contents

01

B i a s   d i c t i o n a r y

우리의 **판단**과 **행동**에
영향을 주는 편향

02

우리의 **신념**에
영향을 주는 편향

03

인간관계나 조직 행동에
영향을 주는 편향

04

기억 오류

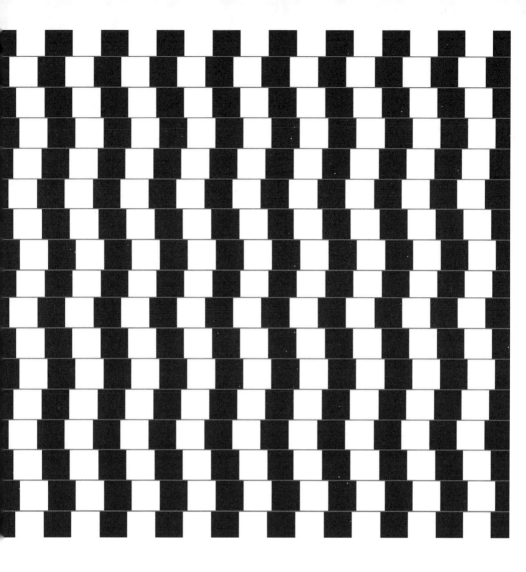

01

우리의 **판단**과 **행동**에

영향을 주는 **편향**

001 가용성 휴리스틱 Availability Heuristic

'치킨' 하면 맥주지!

> **정의** 가장 쉽게 찾아 쓸 수 있는 기억의 정보를 활용해 특정한 사건의 발생 확률을 추정하는 것. 한 예가 쉽게 마음속에 떠오를수록 그 사건이 그럴 것이라고 간주할 가능성이 커진다. '용이성 휴리스틱'이라고도 한다.

미국 프린스턴 대학의 심리학자 대니얼 카너먼 교수와 같은 대학의 언어학자 아모스 트버스키 교수는 분야는 다르지만 인간이 언어로 생각하며, 언어로 의사소통을 한다는 점에서 의견을 같이 했다. 두 사람은 곧 의기투합하여 인간의 판단과 결정에 관한 공동연구에 들어갔고, 거기서 아주 흥미로운 특징들을 확인했다. 그중에서 대표적인 것이(1974년 연구에서 확인한) 가용성 휴리스틱 개념이다.

연구진은 실험참가자를 모집해 영어에서 '첫 번째 글자가 r인 단어'와 '세 번째 글자가 r'인 단어 중 어느 것이 더 많을지 실험참가자에게 추정해보게 했다. 참가자들은 첫 번째 글자가 r인 단어가 더 많다고 대답했다. 하지만 영어에서는 세 번째 글자가 r인 단어가 세 배 많다. 그럼 참가자들은 왜 r로 시작하는 단어가 더 많다고 답했을까? 상대적으로 r로 시작하는 단어를 머릿속에 떠올리기 쉬워서이다. 사람은 실제로 발생한 사건의 빈도가 아니라 자신의 기억 속에서 쉽게 꺼내 쓸 수 있는 정보를 근거로 판단을 내리므로 이런 현상이 벌어진다.

이러한 사례는 생활 속에서 쉽게 찾을 수 있다. 텔레비전 광고는 대개 모호한 자극보다는 상황에 맞는 아주 생생한 이미지를 사용한다. 생생할수록 기억에 인상적으로 저장되어 나중에 필요한 때 인출될 가능성이 높기 때문이다. 광고는 기법은 다양하지만, 결국 제한된 시간 안에 고객의 기억에 파고들어 나중에 구매 결정(판단)을 할 때 얼마나 쉽게 머릿속에 떠오르게 할 것이냐를 다투는 게임이므로 가용성 휴리스틱과 밀접한 관련이 있다.

기업이 가용성 휴리스틱을 이용해 톡톡히 효과를 본 사례를 살펴보자. 1990년대 초반 여름, 대우자동차는 '에어컨이 좋은 차'라는 광고 카피로 판매량을 올렸다. 당시 대우자동차는 특정 회사의 에어컨 브랜드를 전면에 내세우고 그 에어컨 기술을 자동차에 적용했다며 대대적으로 광고했다. 자동차의 본질은 이동성에 있는데 속도를 강조하는 것이 아니라 에어컨을 전면에 내세웠다는 점이 흥미롭다. 게다가 교통사고가 많은 나라의 고객을 상대하면서 안전성보다는 부가기능에 불과한 에어컨이 좋은 차라는 이미지를 강조하는 게 언뜻 불합리해 보인다. 그래서 당시 합리적인(?) 경쟁사에서는 미국의 엄격한 안전기준을 통과한 안전한 차임을 강조하며 차량 충돌 장면을 광고에 활용했다. 그러나 더운 여름에는 뭐니 뭐니 해도 온도와 관련한 정보가 더 잘 생각나는 법이다.

본격적인 여름을 앞둔 구매자는 에어컨이 좋은 차에 솔깃했고 이는 구매로 이어졌다.

만약 생생한 감각과 관련된 광고를 하지 않았다면, 사람들은 평소 기억하고 있던 '고장 나면 수리비가 많이 드는 차'라는 당시 대우자동차의 부정적 정보를 더 쉽게 찾았을 것이다. '에어컨이 좋은 차'에 솔깃한 구매자들은, 그만큼 가치가 있으니까 머릿속에 제일 먼저 떠올랐겠지, 생각하며 구매 결정을 내렸을 것이다. 하지만 사실은 그저 머릿속에 제일 먼저 떠올라서 그것을 가치가 있다고 생각한 것에 불과하다. 앞에서도 이야기했듯이 구매자가 대우자동차를 선택하게끔 유도한 에어컨은 자동차의 핵심 가치가 아니었다.

가용성 휴리스틱은 명백한 통계도 무시하게 한다. 기차 사고가 비행기 사고보다 잦지만, 사람들 기억 속에는 매번 크게 보도되는 비행기 사고가 더 많이 저장된다. 그래서 비행기 사고가 기차 사고보다 더 잦을 것이라고 쉽게 추정한다. 덕분에 객관적인 정보를 접해도 판단은 잘 바뀌지 않는다. 강간 사건이 크게 보도되면 여성들의 귀가시간이 빨라진다. 교통사고보다 강간 범죄가 더 잦다고 생각되는 것이다. 유괴 사건 보도 이후 아이를 직접 차에 태워 등하교시키는 학부모가 많아지는 것도 가용성 휴리스틱 때문이다. 그런데 교통사고에 의한 사망률이 크게 보도되면 사람들 기억 속에 자리 잡은 가용 정보에 변화가 생긴다. 그때는 강간 사건이나 유괴 사건보다 교통사고 정보가 더 쓸 만해서 다른 선택을 하게 된다.

만일 사람이 발생 빈도라는 객관적인 정보를 바탕으로 어떤 판단을 한다면 합리적 기준에 따라 일관된 선택을 할 수 있을 것이다. 하지만 현실에서 사람이 내리는 판단은 가용성 휴리스틱에 의해 그때그때 가용한 정보, 즉 사건이나 개념을 얼마나 쉽게 떠올릴 수 있느냐로 결정된다.

그러면 이처럼 불합리한 판단은 왜 생기는 걸까? 가용성 휴리스틱은 노벨 경제학상을 받은 카네기멜론 대학의 허버트 사이먼Herbert A. Simon 교수가 제안한 제한된 합리성Bounded Rationality(인간은 모든 정보를 인지하고 처리하는 데 한계가 있으므로 의사결정 상황에서 제한된 정보만 이용한다) 개념처럼 인간의 기본적인 정보처리 용량에 한계가 있기 때문에 생긴다. 정보처리 용량의 한계는 우리가 모든 정보를 탐색하지 못하고 즉각적으로 머릿속에 떠오르는 몇 가지 사항을 위주로 판단하게 한다. 인간이라면 그 누구나 가용성 휴리스틱이 파 놓은 함정에 빠질 위험을 안고 살아가는 셈이다.

그런데 이것은 위기이자 기회이다. 만약 다른 사람이 특정 정보를 중심으로 대대적인 캠페인을 벌이고 언론 플레이를 한다면, 가용한 정보가 그것밖에 없으니 자기도 모르는 사이에 판단을 조종당할 수 있다. 누군가 악용한다면 분명 인간 사회의 안정을 해치는 엄청난 위기를 불러올 것이다. 그러나 만약 가용 정보에 그 반대 요소를 넣을 수 있다면 어떨까? 긍정적인 가치와 실천 방법을 표어처럼 곳곳에 적어 머릿속에서 쉽게 꺼내 쓸 수 있게 한다면 오히려 사회 전반을 긍정적인 방향으로 이끌 수도 있다. 사람이 쉽게 머릿속에서 꺼낼 수 있는 것을 우선하여 판단하고 행동하기 때문이다.

가용성 휴리스틱을 활용한 다양한 시도가 지금 우리의 일상 곳곳에서 일어나고 있다. 가용성 휴리스틱에 이용당할 것인가, 이를 이용할 것인가는 우리의 선택에 달렸으며, 그 효과는 가용성 휴리스틱의 이해도에 따라 달라질 것이다.

참고항목

■ 아무개 논증(Know-who Argument): 객관적인 자료를 토대로 종합적으로 논증하는 것이 아니라, 다른 것은 고려하지 않고 가용한 특정 사례만으로 그릇되게 논증하는 것. 만약 상대방이 "담배는 주요 질병 발생률이 ○○퍼센트에 달할 정도로 건강에 해롭다"라고 말하면, "내가 아는 어떤 사람은 담배를 피우고도 ○세까지 장수했다"라면서 전체 법칙을 다 뒤집을 수 있는 것처럼 반박하는 식이다.

■ 대표성 휴리스틱: 사건의 발생 확률을 정확히 판단하는 것이 아니라, 사례가 얼마나 모집단을 대표하는지 즉, 제시된 정보가 얼마나 그럴듯한지를 바탕으로 타당성을 쉽게 평가하는 것.

속지 말자! 100퍼센트 당첨 이벤트

> **정의** 우리는 선택을 할 때 가능한 결과보다 확실한 결과에 더 가중치를 둔다(확실성 효과). 그런데 사실상 불확실한 내용인데도 마치 확실한 것처럼 결과를 지각할 때가 있는데 이것이 가확실성 효과이다. 조망 이론(Prospect Theory)에서 유래한 개념이며 '가짜 확실성 효과', '준확실성 효과'라고도 한다.

1986년 카너먼과 트버스키 교수는 다음 문제로 한 실험을 했다.

1 다음 중 여러분이 선호하는 것은 어떤 것입니까?

A) 30달러를 딸 확률이 25퍼센트이고, 한 푼도 따지 못할 확률이 75퍼센트일 때

B) 45달러를 딸 확률이 20퍼센트이고, 한 푼도 따지 못할 확률이 80퍼센트일 때

이 문제를 제시받은 실험참가자 중 58퍼센트가 B를 선택했고, 42퍼센트가 A를 선택했다. 그런데 연구자가 문제를 다음과 같이 바꾸자 상황은 달라졌다.

2 여러분은 한 푼도 따지 못하고 게임을 끝낼 확률이 75퍼센트, 다음 단계로 갈 수 있는 확률이 25퍼센트인 2단계 게임을 하고 있습니다. 그런데 만일 여러분이 두 번째 단계로 가서 다음과 같은 제안을 받는다면, 둘 중 여러분이 선호하는 경우는 어떤 것입니까? 첫 번째 단계가 시작되기 전에 두 경우 중 하나를 미리 결정 하시기 바랍니다.

C) 30달러를 딸 확률이 100퍼센트일 때

D) 45달러를 딸 확률이 80퍼센트, 한 푼도 따지 못할 확률이 20퍼센트일 때

이 문제를 제시받은 실험참가자 중 74퍼센트가 C를 선택했다. D를 선택한 참가자는 26퍼센트에 그쳤다. 확률 공식에 따르면 연속한 사건의 승률은 '이전 사건 확률×다음 사건 확률'이다. 이 공식으로 C의 확률을 계산하면 '(첫 번째 단계) 25퍼센트×(두 번째 단계) 100퍼센트=25퍼센트'이고, D는 '(첫 번째 단계) 25퍼센트×(두 번째 단계) 80퍼센트=20퍼센트'이다.

이 결과를 1번 문제의 옵션과 비교하면 30달러를 딸 확률은 25퍼센트, 45달러를 딸 확률은 20퍼센트로 두 문제의 승률이 각각 동일하다는 것을 알 수 있다. 그러나 2번 문제에 마치 확실성이 더 있는 듯한 100퍼센트라는 숫자가 C 선택지에 등장하자 실험참가자는 1번 문제 상황 때와는 달리 반대의 경우를 선호했다. 즉 첫 번째 단계에서 두 번째 단계로 진출할 확률을 무시하고 아직 내게 주어진 기회가 아닌 두 번째 단계의 확률에만 집중한 것이다.

D의 80퍼센트도 아주 높은 승률이다. 하지만 100퍼센트의 확실한 (사실은 첫 번째 단계에서 25퍼센트의 확률이란 좁은 관문을 통과해야 하므로 진짜 확

실성이 높은 것은 아니지만, 사람들의 마음속에서는 확실하다 여겨지는) 대안 앞에서는 과소평가된다. 그래서 A와 C의 확률이 동일한데도 1번 문제 상황에서의 선호도가 2번 문제 상황에서 역전되는 결과가 나온다. 이처럼 가확실성 효과는 불확실한 것인데도 마치 확실한 것처럼 우리를 착각에 빠지게 한다.

우리는 어떤 일을 결정할 때 확실하다 싶은 상황 앞에서 성급하게 판단 내리기 전에 가확실성 효과가 작용하는 것은 아닌지 살펴봐야 한다. 100퍼센트 당첨을 내세우는 이벤트는 사실 여러 가입 조건이 붙어 있어 따지고 보면 100퍼센트가 아닌 경우가 허다하다. 여러 경우의 수를 자잘한 약관 뒤에 숨기고, 사건 발생 시 100퍼센트 무조건 지급을 이야기하는 보험회사의 광고에 마음을 빼앗기기 쉬운 것도 가확실성 효과 때문일 수 있다. 100퍼센트 최저가를 공언하며 사실이 아니면 환불하겠다고 약속하는 쇼핑 매장도 동일 물품의 동일 판매 일시, 동일 출고 일시 등 세세한 조건을 안에 숨기고 있다.

가짜 확실성의 유혹은 지금도 우리의 성급한 판단을 부채질한다. 100퍼센트의 덫을 피하는 다른 방법은 없다. 마지막에 제시된 확률만이 아니라 더 넓은 틀에서 경우의 수를 고려해 확률을 따져보고 의사 결정을 하는 지혜를 발휘하는 수밖에.

참고항목
- 확률 무시: 확률적인 사고보다는 흑백논리, 이분법적 결정을 더 선호하는 현상.

003 감정 편향 Affect Heuristic

이렇게 기분이 좋으니
오늘은 일이 잘 풀릴 거야!

> **정의** 어떤 사건이나 대상을 판단할 때 감정적 호불호가 직관적 판단과 선택을 이끄는
> 현상을 말한다. '정서 휴리스틱'이라고도 한다.

감정은 놀라움, 두려움, 기쁨, 분노 등 다양하다. 그리고 어떤 자극이 주어졌을 때 갑자기 일어났다가 곧 사라지는 것이 특징이다. 예를 들어 병원 간판에서 '성형'이라는 단어를 볼 때 떠오른 특정 감정은 바로 옆 '장례식장' 이정표를 보면 금방 바뀐다. 하지만 우리는 단기간 유지되는 감정을 기준으로 너무 쉽게 많은 결정을 내린다.

미국 미시간 대학 심리학과 피오트르 빈키엘만Piotr Winkielman 교수 등의 공동연구팀은 1997년 연구에서 감정이 판단에 미치는 영향을 알아보는 흥미로운 실험을 했다. 연구진은 실험참가자들에게 특정 이미지를 아주 짧은 시간 동안 보여주었다. 즉 미소 띤 얼굴 사진, 찡그린 얼

굴 사진, 감정적인 측면에서 중립적인 자극을 주는 사진 중 1장을 골라 실험침가자가 인식하지 못할 만큼 짧은 시간인 250분의 1초 동안 제시했다. 그리고 나서 실험참가자에게 한자漢字를 보여주고 그 한자가 얼마나 마음에 드는지 평가해 달라고 했다. 실험참가자는 자신이 얼굴이나 도형 사진을 봤는지 의식하지 못했는데도, 미소 띤 얼굴 사진을 보여준 다음에 한자를 제시했을 때 같은 한자라고 해도 더 마음에 든다고 답했다.

미국 심리학자 토마스 키다Thomas Kida, 제임스 스미스James Smith, 마리오 말레타Mario Maletta 박사는 1998년에 실시한 공동연구에서 실험에 참가한 회사 간부들에게 주식투자의 잠재력이란 관점에서 10개의 회사를 평가하게 했다. 첫 번째 실험은 10개의 기업 중 5개 기업을 먼저 평가하는 것이었다. 실험참가자에게는 5개 회사의 자산 규모와 시장점유율 등 회계가치를 10점 만점으로 평가한 자료가 주어졌다. 실험 과정에서 연구진은 특정 회사 B가 다른 회사보다 훨씬 더 좋은 감정이 들게 조작변수를 두었다. 연구진이 조작변수를 개입시킨 B사는 객관적인 회계가치로 따지면 세 번째에 해당하는 회사였다.

그리고 한 시간 후 나머지 5개 회사를 평가하게 했다. 두 번째 평가 대상은 어떤 회사에도 조작변수를 두지 않았다. 다시 한 시간이 지난 후, 연구진은 실험참가자인 회사 간부들에게 아무 회계 자료도 주지 않고 여태까지 본 10개 회사 중 투자가치가 가장 높은 회사를 고르라고 했다. 그러자 간부들 중 82퍼센트는 사실 세 번째 대안에 불과한 B사를 선택했다.

연구진은 객관적인 지표로서는 최고의 대안이 아니었던 B사가 압도적으로 선택된 주요 원인은 바로 감정의 차이였다고 해석했다. 특히 흥미로운 것은 실험에 참가한 간부들이 특정 회사에 품고 있던 과거 감정의 기억이 과거에 본 객관적 수치의 기억을 이겼다는 점이다. 두 시간이면 완벽한 망각이 일어나기 어려운 시간이다. 더구나 회사 간부들은 동시에 여러 대안을 놓고 판단하는 일에 단련이 된 사람들이다. 그런데도 객관적 자료가 아닌 주관적 감정에 바탕을 두고 판단을 내렸다는 것은 감정의 효과가 얼마나 강한지를 보여주는 사례라고 할 수 있다.

영국의 경제학자 데이비드 벨David Bell, 그레이엄 룸스Graham Loomes와 로버트 서젠Robert Sugden 박사가 1982년 연구를 통해 제안한 후회 이론Regret Theory에 따르면, 사람은 어떤 대안을 선택했을 때 그 선택이 불러올 것으로 예상되는 후회와 기쁨에 과다한 비중을 두고 판단을 한다. 예를 들어 비가 안 올 줄 알고 우산을 챙기지 않았는데 비가 온다면 자신의 판단을 후회한다. 그리고 비가 안 올 줄 알았지만 우산을 가져갔고 마침 비가 온다면 그 기쁨은 아주 크다. 이렇게 결과 차이가 크면 그 결과로 얻게 될 감정까지 대안 선택으로 얻게 될 이익에 포함해 계산한다. 특히 사람들은 자신이 실수했다는 사실을 확인시켜주는 후회스러운 선택은 피하고 싶어한다. 후회를 최소화하려다가 그만 효용이 적은 쪽을 선택하는 비합리적인 선택을 하고 만다.

또, 사람은 시간 압박에 따라 감정 편향의 효과가 달라지는 것으로 나타났다. 미국 하와이 건강연구센터의 멜리사 피누케인Melissa Finucane 박사는 2000년에 실시한 실험에서 실험참가자가 분석적 사고를 할 수 있는 여지를 제한하려고 시간 압박을 주었다. 그러자 사람들은 이성적 분석이 아니라 감정에 의지해서 이익과 위험에 관한 판단을 하는 경향이 더 강해졌다. 특히 위험은 과소평가를, 이익은 과대평가를 하는 것으로 나타났다.

감정은 우리의 일상에 전반적으로 영향을 미친다. 평소에는 복권을 잘 사지 않는 사람도 기분 좋은 날에는 뭐든지 잘될 것 같은 기분이 들어 복권 판매소를 쉽게 지나치지 못한다. 복권업체만 소비자의 감정을 노리는 게 아니다. 감정 편향은 다양한 마케팅이 고려하는 주요 요소이다. 감정을 개입하지 않고 객관적으로 기능을 평가하라고 하면, 사람들은 논리적으로 분석을 한다. 예를 들어 냉장고의 디자인, 기능, 내구성 등의 평가항목 및 세부 기준을 주면 그것에 맞게 판단할 줄 안다. 그래서 A사 제품이 B사 제품보다 더 좋다는 결론을 낼 수 있다. 그러나 광고에서 "다른 사람들이 부러워할 B사만의 아이템" 운운하며 긍정적인 정서를 불러일으키는 문구를 사용하면 상황이 달라진다. 기업이 큰돈을 들여서라도 소비자의 감정에 호소할 좋은 광고 모델을 찾는 이유가 바로 여기에 있다. 제품에 감정을 개입시켜 매출 증대를 유도하려는 것이다. 특히 남녀노소 모두 귀여운 아기Baby, 동물Beast, 미인Beauty에 긍정적 감정이 있어서 이들을 활용한 이른바 3B 광고가 없어지지 않는다.

참고항목

■ 기준점 설정 휴리스틱: 제시된 정보의 일부분, 혹은 하나의 특징을 중심으로 판단해버리는 것.

■ 가용성 휴리스틱: 모든 정보를 골고루 탐색하는 것이 아니라 인지처리 용량의 한계 때문에 가용한 정보 안에서 판단을 내리는 것.

■ 대표성 휴리스틱: 사건의 발생 확률을 정확히 판단하는 것이 아니라, 사례가 얼마나 모집단을 대표하는지, 즉 제시된 정보가 얼마나 그럴듯한지를 바탕으로 타당성을 쉽게 평가하는 것.

004 결과 편향 Outcome Bias

끝이 좋으면 모든 것이 좋다?

> 정의 과거에 내린 결정을 과정이 아닌 최종 결과로 판단하는 경향. 당시에는 어떤 결과로 이어질지 모르는 상태였는데도 현재 시점에서 결과를 중심으로 과거 결정의 옳고 그름을 판단하여 생기는 편향이다.

미국 펜실베이니아 대학 심리학과의 조너선 바론Jonathan Baron과 존 허시John C. Hershey 교수는 1988년의 공동연구로 결과 편향을 밝혀냈다. 연구는 의료 문제나 도박을 소재로 한 다섯 실험으로 진행되었다. 그중 한 가지 실험을 살펴보자.

연구진은 생사를 가르는 위험한 수술을 결정해야 했던 외과의사 사례를 놓고 실험참가자에게 그 외과의사의 수술 전 결정의 질, 그 의사의 능력, 그의 결정에 동의할 수 있는 정도 등을 평가해 달라고 했다. 예를 들어 수술했을 때 생존 확률이 70퍼센트였고, 사망할 확률이 30퍼센트였다. 그래서 의사는 수술을 결정했다. 그런데 수술 후 환자가 사망했다.

이 경우 외과의사의 의사 결정은 어떻게 평가될까?

바론과 허시 교수의 실험 결과에 의하면, 수술 후 환자가 사망한 사례를 본 실험참가자들은 수술 후 회복한 환자 사례를 본 실험참가자들보다 외과의사의 판단의 질, 능력 등의 평가 항목을 모두 더 나쁘게 평가했다. 그런데 의사 결정을 내릴 당시 상황을 보면 생존 확률이 사망 확률보다 높아서 외과의사의 판단이 그렇게 나빠 보이지만은 않는다. 하지만 사람들은 같은 조건이었는데도 사망 여부를 기준으로 확연히 다른 평가를 했다.

도박 실험에서도 마찬가지 결과가 나왔다. 즉 앞으로 어떤 일이 벌어질지 정확히 계산할 수 없는 상태에서 내린 결정의 질이 어땠는가를 과거의 입장에서 객관적으로 평가한 것이 아니라, 나중에 얻어진 결과를 바탕으로 왜곡해서 평가했다.

위의 연구 사례처럼 결과 편향이 일어나는 이유는, 사람들이 마치 의사 결정자가 모든 관련 정보를 (현재처럼) 알고 있었을 것이라고 생각하기 때문이다. 사실 의사 결정 당시에는 관련 정보가 충분하지 않고 불확실성이 큰 상황이었지만 평가자들은 이러한 사실을 무시한다. 평가자는 당시 의사 결정자에게는 자신과 달리 결과에 관한 정보가 전혀 없었다는 사실을 깨닫지 못한다. 그래서 결과를 기준으로 평가하는 결과 편향에 빠지고 만다.

셰익스피어의 희곡 제목처럼 '끝이 좋으면 모든 것이 좋다All's Well That Ends Well'라는 법칙이 결과 편향에 작용한다. 그러나 끝만 좋고, 그 과정이 나쁘면 사실 모든 것이 좋은 건 아니다. 예전에 쌓은 공적을 고려해서 의사 결정 과정의 질이 좋았고, 의사 결정 능력이 좋다고 평가한 사람이 다음번에 커다란 실망을 안겨주는 경우가 있다. 그것은 어쩌면 우리가 '좋은 결과' 속에 숨은 나쁜 요소를 미처 보지 못했기 때문이 아닐까? 즉 그가 우리를 실망시킨 것이 아니라, 우리가 오판해서 그가 손해를 입힐 기회를 준 것일 수 있다. 때문에 투표를 하거나, 친구 관계를 맺거나, 직원을 뽑는 일처럼 일상적인 어떤 결정조차 결과 편향으로 잘못 판단하지 않도록 의사 결정 과정을 세밀하게 들여다보는 노력이 반드시 필요하다.

005 결합 오류 Conjunction Fallacy

린다는 분명히 여성운동을 하는
은행원이 됐을 거야!

> **정의** 단일 사건의 발생 확률보다 두 사건이 결합된 경우의 발생 확률을 더 높게 추정하는 것. 여러 개의 조건이 서로 맞아떨어져야 일어날 수 있는 사건인데도 확률을 주관적으로 잘못 계산하여 발생 가능성이 실제보다 훨씬 크다고 착각하여 생기는 현상이다. '연합 오류', '연결 오류'라고도 한다.

1983년 카너먼과 트버스키는 일명 린다 문제Linda Problem를 실험에 활용하여 결합 오류를 설명하였다. 먼저 린다 문제를 같이 풀어보자.

린다는 31세의 자기 주관이 뚜렷하고 명석한 독신 여성이다. 그녀는 대학에서 철학을 공부하며, 차별과 사회 정의 문제에 관심이 많았고, 반핵 운동에도 열심히 참가하였다. 현재 린다는 어떤 삶을 살고 있을 거라고 생각하는가?

1 은행 창구 직원이다.

2 여성운동을 활발히 하는 은행 창구 직원이다.

카너먼과 트버스키의 실험 결과, 전체 실험참가자의 85퍼센트가 린다가 2번의 삶을 살고 있을 확률이 높다고 답했다. 2번 항목은 대학 시절의 활동성을 여전히 유지한 채 은행원이 된다는 2가지 조건을 모두 충족해야 한다. 확률로 따지자면 단일 사건인 첫 번째 항목이 현실에서 일어날 가능성이 높지만 사람들은 정보가 구체적인 쪽이 더 실제에 가깝다고 믿은 것이다. 연구진은 이 같은 확률 오류가 경험·상식·어림짐작으로 형성된 대표성 즉, 고정관념Stereotyping에 근거해 판단하는 대표성 휴리스틱Representativeness Heuristic에서 비롯된다고 설명했다.

반면, 독일 막스 플랑크 연구소의 게르트 기거렌처 박사는 실험참가자의 인지적 특성뿐만 아니라, 문제가 제시되는 방법에 따라서도 실험 결과가 달라질 수 있다고 주장했다. 기거렌처는 '현재 린다는 어떤 삶을 살고 있을 거라고 생각하는가?Which is more probable?'에 'Probable'이라는 단어가 쓰인 사실에 주목했다. 그는 사람들이 'Probable'을 마치 대학에 있는 학자들이 쓰듯 '검증이 필요한 수학적 확률'을 의미하는 단어로 콕 집어 해석하지는 않았을 것이라고 생각했다. 대신 일상적 대화에서 쓰는 것처럼 '가능한Possible'이나 '수긍할 수 있는Conceivable'과 같은 다양한 의미로 해석했을 가능성이 있다고 봤다.

기거렌처의 주장이 맞는다면 트버스키와 카너먼의 연구 결과가 증명한 결합 오류는 연구자들이 의도하지 않은 변수에 의해 일어난 것일 수 있다. 기거렌처는 이러한 가능성을 지적하면서, 트버스키와 카너먼이 사용한 문제 내용 중 다른 것은 그대로 놔두고 마지막 질문을 수정했다. 그는 질문 방식과 함께 실험참가자에게 영향을 미칠 수 있는 'Probable'이라는 단어 대신 'How Many'를 넣어 다음과 같이 바꿨다.

위에 기술한 것과 같은 인물이 100명 있다고 하자.

1 그렇다면 그들 중 몇 명이나 은행원일까? 100명 중에 _____

2 그렇다면 그들 중 몇 명이나 여성운동을 활발히 하는 은행원일까?

100명 중에 _____

카너먼과 트버스키의 연구에서는 실험참가자의 85퍼센트가 2번이 1번보다 발생 확률이 높다는 오답을 내놓았다. 하지만 기거렌처의 실험에서는 단 한 사람도 2번이 1번보다 발생 확률이 높다고 답하지 않았다. 즉, 실험참가자가 주관적으로 해석할 수 있는 'Probable'이라는 단어 문제를 제시한 카너먼과 트버스키의 실험과 달리 객관적으로 확률을 강조하는 기거렌처의 실험 방식에서는 맥락에 맞는 확률적 사고를 하게 되어 결합 오류가 일어나지 않았다. 기거렌처는 어떻게 문제 상황이 제시되느냐에 따라 판단 결과가 달라지는 실험 결과를 근거로 인간이 맥락에 민감한 판단 경향을 보인다고 주장했다.

참고항목

■ 대표성 휴리스틱: 사건의 발생 확률을 정확히 판단하는 것이 아니라, 사례가 얼마나 모집단을 대표하는지 즉, 제시된 정보가 얼마나 그럴듯한지를 바탕으로 타당성을 쉽게 평가하는 것.

---

006 계획 오류 Planning Fallacy

치밀하게 세운 계획이
왜 엉망이 된 거야!

> **정의** 어떤 일을 진행하면서 계획을 수립할 때 총 투입 시간을 과소평가하는 현상. 사람들은 계획을 세울 때 앞으로 닥칠 일을 자기가 충분히 해결할 수 있다고 낙관하지만 실제로 일을 해보면 이런저런 예상하지 못한 일이 생긴다. 처음에 계획을 세울 때는 이런 점을 고려하지 못하는데, 이를 계획 오류라고 부른다.

캐나다의 심리학자 로저 부어러Roger Buehler 박사 등의 연구(1994년)에 의하면 사람은 정확한 계획을 세우지 못하는 것으로 나타났다. 학생들에게 졸업논문을 쓰는 데 얼마나 시간이 걸릴지 예상해보게 한 실험에서, 학생들은 평균 34일 정도 걸릴 것이라고 답했다. "만일 모든 일이 잘 풀리면 얼마나 걸릴 것 같으냐?"라는 질문에는 평균 27.4일, "모든 일이 잘 안 풀리면 얼마나 걸리겠느냐?"라는 질문에는 평균 48.6일이라고 답했다. 그러나 나중에 조사해보니 실제로 논문 완성에 걸린 시간은 평균 55.5일이었다. 실험참가자 중 약 30퍼센트만이 자기가 예측한 기한에 논문을 완성했다.

이 실험 결과에서 알 수 있듯이 사람들은 단순히 계획을 못 세우는 것이 아니라, 과제 수행에 걸리는 시간을 대개 과소평가한다. 심지어 모든 일이 제대로 풀리지 않을 경우를 가정한 예상치도 실제 걸린 시간보다 더 적게 잡았을 정도다. 이런 사례는 회사 등 거의 모든 조직에서 쉽게 찾을 수 있다.

프로젝트 매니저는 의외의 변수까지 고려해 일정을 잡는다. 하지만 대부분 프로젝트는 일정을 넘겨서 끝나거나 막바지에 몰려서 허겁지겁 처리하거나, 원래 계획을 수정해 일부는 차기 과제로 넘기고서야 끝난다. 심지어는 프로젝트 진행 중에 계획을 단계별로 세분화해서 일정을 늘리지만, 그것마저 못 지키기도 한다. 이 모든 것이 최초 계획을 세울 때 앞으로 벌어질 일을 단순하게 보고 과소평가하며, 여러 사건의 발생 확률을 무시하는 계획 오류 때문에 생기는 일이다. 계획을 세울 당시에는 오로지 과제에만 집중하다 보니 마치 일정이 과제를 중심으로 착착 진행될 것 같다. 하지만 현실에는 해당 과제만 있는 것이 아니다. 적어도 서너 개의 주요 과제가 있다. 그리고 그 과제들은 서로 뒤엉켜 일정을 지연시킨다.

대니얼 카너먼과 아모스 트버스키 교수의 1979년 연구에 따르면 계획 오류는 과제가 아주 잘 진행될 것이라는 가장 긍정적인 시나리오를 바탕으로 계획을 세워서 빠지는 함정이다. 사람들은 긍정적 결론을 선호하는 희망적 사고 편향Wishful Thinking Bias을 갖고 있어서 가장 긍정적인 시나리오를 먼저 생각한다. 하지만 부어러 박사 등의 연구에서 볼 수 있듯이 실제 과제는 최악의 예상보다도 더 지연되기 쉽다. 즉 가장 최악의 시나리오를 기준으로 계획을 세워도 계획 오류를 막기는 어렵다. 하지만 최상의 시나리오만 염두에 두었을 때보다는 그나마 덜 지연되는 점에 주목해야 한다.

계획 오류의 배경을 안다면 계획 오류에서 벗어날 방법도 쉽게 생각할 수 있다. 계획을 세울 때 해당 과제에 걸리는 시간만 계산하지 마라. 또한 해당 과제와 직접 관련 있는 사건만 고려하지 마라. 여러분의 일상, 새로운 과제의 출현, 기존에 진행했던 과제의 지연, 갑작스러운 변동사항 등 수많은 변수를 생각하라. 그렇다면 처음 계획한 것보다 적어도 두세 배의 일정을 잡아야 할 것이다. 그것마저 더 늘려야 할지 모르지만 일단은 계획 오류를 어느 정도 막을 수 있을 것이다.

참고항목

- 희망적 사고 편향: 어떤 근거에 의한 것이 아니라, 단지 긍정적인 결론을 선호하기 때문에 자신이 믿고 싶어 하는 긍정적 결론에 맞춰 생각하는 현상.

007 과도한 미래가치 펌하 Hyperbolic Discounting

퇴직하면서 받을 인센티브보다
회식 후에 받는 택시비가 더 좋더라

> **정의** 2개의 보상이 비슷한 경우, 시간상으로 가까운 것을 더 선호하는 현상. 사람들은 시간상으로 더 먼 미래의 것은 상대적으로 가치를 펌하한다. '과도한 가치 펌하', '과도한 가치 할인'이라고도 하지만 낮게 평가되는 가치가 미래에 속한 것이므로 미래라는 단어를 넣는 것이 가장 명확하다.

과도한 미래가치 펌하는 보상이 지연되는 기간에 따라 정도가 달라진다. 중국의 고사성어 조삼모사朝三暮四 이야기에 나오는 것처럼, 인간이나 동물 모두 보상이 빨리 주어지는 쪽을 선호한다. 그런데 지연 기간이 짧은 경우에는 가치를 펌하하는 정도가 큰 데 반해 지연 기간이 길면 상대적으로 펌하 정도가 작다.

일상생활에서도 과도한 미래가치 펌하 현상을 쉽게 확인할 수 있다. 대형 마트에서 "지금 5,000원 할인쿠폰을 받으시겠어요? 2주 후에 댁으로 7,000원 할인쿠폰을 보내드릴까요?"라고 하면 지금 당장 5,000원 할인쿠폰을 받겠다고 하는 사람이 더 많다. 5,000원에서 7,000원으로 보상이 껑충 뛰어오르지만, '2주 후'라는 지연 기간으로 보상 가치가 펌하되기 때문이다. 그러나 똑같은 사람에게 "1년 후에 5,000원 할인쿠폰을 보내드릴까요? 1년하고 2주 후에 7,000원 할인쿠폰을 보내드릴까요?" 하면 대부분 7,000원 할인쿠폰을 기다린다. 어떤 물건을 구매할 때 좀 더 큰 금액의 마일리지 적립보다 금액은 적더라도 현장 구매 시에 바로 사용할 수 있는 현금 할인쿠폰을 선택하는 것도 과도한 미래가치 펌하의 지연 시간에 대한 상대적 반응 양식 때문이다. 그리고 이런 반응 양식을 간단히 현재 선호Present Preference라고도 부른다.

과도한 미래가치 펌하는 사회문제 해결에 나쁜 영향을 미치기도 한다. 예를 들어 환경문제는 모두가 관심을 두고 적극적으로 해결해야 할 사항이다. 그러나 지구 온난화로 기상이변이 속출하고 있음에도, 환경문제 해결이 가져올 효과는 서서히 그리고 아주 나중에나 볼 수 있다는 생각에 지금의 편한 생활방식을 유지하려고 한다. 이 문제를 해결하려면 미래의 보상이 현재의 보상과는 비교되지 않을 정도로 크다는 것을 인식시키거나, 보상이 주어질 미래가 그리 멀지 않음을 강조하거나 (혹은 그렇게 만들거나), 현재의 보상이 그리 대단한 것이 아님을 깨닫게 하거나, 다른 대안적 보상을 제시하여 이를 통해 더 큰 행복을 누릴 수 있음을 보여줘야 한다. 실제로 환경론자와 과학자가 하는 일이 이런 전략들과 연결되어 있다.

불확실성이 큰 미래보다는 상대적으로 확실성 있는 현재에 가까울수록 사람의 마음이 움직인다면 그것을 활용해서 다른 사람에게 뭔가를 제공할 때 같은 값을 들이고도, 혹은 덜 들이고도 만족을 줄 수 있다. 종업원에게는 퇴직할 때 추가 상여금을 주려고 월급의 몇 퍼센트를 추가로 적립하는 사장의 배려보다 회식이 끝난 후에 받는 몇 만 원의 택시비가 디 고미운 법이다.

　여러분이 만약 물건을 파는 입장이라면 나중에 줘도 된다고 하면서 비싼 가격을 소비자에게 요구해도 좋다. 사람들은 미래가치를 할인하기 때문에 자기가 지불해야 하는 금액마저도 할인한다. 반대로 물건을 사는 입장이라면 카드나 어음을 쓰지 않고 바로 현금으로 사겠다고 제안하는 것이 좋다. 그러면 반가운 마음에 상인이 값을 깎아줄 확률이 높다.

008 기저율 무시 Base Rate Neglect

명의로 알려진 그 의사가
오진한 이유

> **정의** 어떤 사건의 발생 확률을 추정할 때 판단이나 의사 결정에 필요한 기본적 사건들과의 선후관계 및 사건들의 상대적 빈도를 고려하지 않고 가용한 정보를 바탕으로 통계적 확률과는 상반되는 잘못된 판단을 내리는 현상. '기준비율 오류(Base Rate Fallacy)'라고도 한다.

기저율Base Rate(기준 비율)은 판단이나 의사 결정에 필요한 사건들의 상대적 빈도를 가리키는데, 사람은 종종 이를 무시한 채 자기만의 착각 속으로 빠져든다. 어떤 사람은 흡연과 폐암의 관계를 밝힌 통계치를 보고 "내가 아는 할아버지는 줄담배를 태우는데도 90세까지 사셨다" 하는 식의 반박을 편다. 흡연자의 폐암 발생 가능성이라는 타당한 통계적 확률, 즉 기저율을 무시하고 자신의 머릿속에 떠오른 특정 사건의 발생 가능성을 더 과대평가해서 판단하기 때문에 가능한 논리다. 이때의 특정 사건은 특히 인상적이어서 마치 전체 집단을 대표하는 것처럼 보이는데, 이 점에서 대표성 휴리스틱과 연결된다.

사람은 전체 모집단의 기저율을 무시하고 어떤 항목의 대표성에 따라 결정하는 오류를 범하기 쉽다. 우연의 일치를 경험하거나 꿈이 실현되면 자주 놀라는 이유도 기저율을 무시하기 때문이다. 일상적으로 경험하는 엄청나게 많은 사건 중 극소수가 다른 사건들과 연결되는데도 "나는 역시 뭘 해도 이렇게 딱딱 잘 맞아"라며 근거 없는 자신감을 갖거나, 복권을 산 수백만 명의 꿈은 무시되고 가끔 나오는 당첨자의 '조상이 나온 꿈'만 부각되다 보니 조상신이 도와줘야 복권에 당첨된다는 속설이 없어지지 않는다. 당첨자 자신조차도 하룻밤에 꾸는 여러 꿈 중 하나에 조상이 나온 것이라거나, 그전에도 계속 조상이 나왔지만 복권이 당첨되지 않았던 사건은 무시한다.

대니얼 카너먼과 아모스 트버스키 교수는 1983년 기저율 무시를 확인하기 위해 다음의 이야기로 구성된 실험을 했다.

> 차 색깔에 따라 블루와 그린이라 불리는 두 택시 회사가 어떤 도시에서 영업하고 있다. 이 도시 전체 택시의 85퍼센트는 블루, 15퍼센트는 그린 회사 소속이다. 한 택시가 한밤중에 뺑소니 사고를 냈다. 나중에 목격자는 그 택시가 그린 택시임을 확인해주었다. 법원은 목격자가 한밤중에 블루와 그린을 구별하는 능력을 검사하였고, 이 검사에서 목격자가 각 색깔을 약 80퍼센트 정확하게 구별하는 것으로 나타났다. 나머지 20퍼센트는 다른 색깔과 혼동하였다. 뺑소니 사고를 낸 차가 목격자의 주장과 같은 그린일 가능성은 얼마인가?

실험참가자들은 목격자의 색 구별 정확도대로 '80퍼센트'라고 가장 많이 답했다. 즉 사전에 문제 내용에 제시된 전체 택시의 85퍼센트가

블루라는 기저율을 완전히 무시했다. 따라서 실험참가자들이 답한 '빵소니 차량이 그린일 확률이 80퍼센트'라는 추정은 수정이 필요하다. 빵소니 사건이 일어나기 전의 사전 확률Prior Probability을 고려해서 사후 확률Posterior Probability을 계산할 때 활용할 수 있는 계산 도구는 베이즈의 정리Bayes' Theorem이다. 베이즈의 정리는 동시에 일어날 수 없는 n개의 사건 A1, A2,···, An 중 하나는 반드시 일어난다고 할 때, 임의의 사건 B에 성립하는 공식이다. 여기서 사건 A가 일어났다는 조건하에 사건 B가 일어날 조건부 확률은 P(B|A)로 나타낸다.

$$P(A) = \sum_{i=1}^{n} P(AB_i)$$

$$= \sum_{i=1}^{n} P(A|B_i)P(B_i)$$

$$P(B_j|A) = \frac{P(AB_j)}{P(A)}$$

$$= \frac{P(A|B_j)P(B_j)}{\sum_{i=1}^{n} P(A|B_i)P(B_i)}$$

이 공식에 실험 내용에 나온 아래 확률을 넣으면 각각의 사후 확률을 구할 수 있다.

- P (블루) = 0.85(블루 택시일 확률)

- P (그린) = 0.15(그린 택시일 확률)

- P (사고 | 블루) = 0.20(블루 택시가 사고를 냈을 확률)

- P (사고 | 그린) = 0.80(그린 택시가 사고를 냈을 확률)

여기서는 실험참가자들이 답한 뺑소니 차량이 그린일 확률을 계산해 보자. 위의 수치들을 베이즈 공식에 넣으면 다음과 같다.

$$P\,(\text{그린|사고}) = \frac{P(\text{사고 | 그린})\ P(\text{그린})}{[P(\text{사고 | 그린})\ P(\text{그린}) + P(\text{사고 | 블루})\ P(\text{블루})]}$$

$$= \frac{[0.8(0.15)]}{[0.8(0.15) + 0.2(0.85)]} = 0.41$$

즉 실험참가자가 응답한 '80퍼센트'의 절반 정도의 확률에 지나지 않는다. 결국 실험참가자들은 통계적으로 타당한 기저율을 무시하고 주관적으로 확률을 판단한 것이다. 연구진은 기존에 사용한 실험 문제 내용을 다음과 같이 바꿨다. '그 도시 전체 택시의 85퍼센트는 블루, 나머지 15퍼센트는 그린'이라는 문장을 '두 회사의 크기는 대략 같지만 택시 사고의 85퍼센트는 그린 택시이고 15퍼센트는 블루 택시이다'라는 문장으로 바꿔 사고와 색깔의 인과관계를 더 높이 인식하게 했다. 그러자 실험참가자들은 기저율 정보를 덜 무시하여 '60퍼센트'라고 답했다. 하지만 여전히 41퍼센트라는 통계학적 확률과 거리가 있는 답이었다. 즉 기저율 무시 편향이 완전히 사라지지는 않았다.

일상에서도 기저율은 쉽게 무시된다. 병원에서 다음과 같은 상황을 여러분이나 여러분의 가족이 겪었다고 하자. 어떻게 판단해야 할까?

어떤 사람이 암 진단 검사를 받는데 혹이 발견되었다. 통계적으로 그런 혹이 악성종양(암)일 확률은 1퍼센트이다. 의사는 좀 더 확실한 진단을 위해 최신 기계로 촬영해봐야 한다고 환자에게 이야기했다. 이 최신 기계는 혹이 악성종양일 때 80퍼센트, 혹이 양성종양일 때 90퍼센트의 확률로 정확히 진단한다고 한다. 비싼 검사료가 마음에 걸렸지만 환자는 눈물을 머금고 검사했다. 그런데 최신 기계로 진단한 결과, 그 혹이 악성 종양일 확률은 얼마일까?

여러분은 최신 기계의 정확도에 비중을 두되 앞에서 한 진단 검사의 확률이 낮으니 좀 깎아 이 혹이 정말 악성종양일 확률이 '75퍼센트'라고 답할지도 모른다. 그러나 베이즈의 공식을 써서 실제로 계산해보면 놀라운 결과가 나온다. 실제 계산은 다음과 같다.

- P (악성종양) = 0.01(혹이 악성종양일 확률)
- P (양성종양) = 0.99(혹이 악성종양이 아닐 확률)
- P (양성반응 | 악성종양) = 0.80(검사에서 양성 반응이 나왔는데 악성종양일 확률)
- P (양성반응 | 양성종양) = 0.10(검사에서 양성 반응이 나왔는데 양성종양을 악성종양이라고 오판했을 확률)

위 수치들을 베이즈 공식에 넣으면 다음과 같다.

P(악성종양 | 양성반응) =

$$\frac{P(양성반응 | 악성종양)\ P(악성종양)}{[P(양성반응 | 악성종양)\ P(악성종양) + P(양성반응 | 양성종양)\ P(양성종양)]}$$

$$= \frac{(0.80 \times 0.01)}{[(0.80 \times 0.01) + (0.10 \times 0.99)]}$$

$$= \frac{0.008}{0.107} \fallingdotseq 0.075 = 7.5퍼센트$$

요약하자면, 사전 확률 즉 기저율을 무시하자 75퍼센트와 7.5퍼센트라는 10배의 오차가 났다.

하버드 의대 교수이자 암 전문의인 제롬 그루프먼Jerome Groopman의 《닥터스 씽킹How Doctors Think》을 보면 전문가라고 해서 이런 기저 확률을 잘 계산하는 것은 아님을 알 수 있다. 제롬 그루프먼의 책에 소개된 환자에게 심각한 해를 끼친 오진 사례 분석 연구에 의하면, 80퍼센트의 오진 사례가 자신의 고정관념에서 벗어나는 정보들을 무시한 인지적 오류 때문이라고 한다. 의사와 환자 모두 기저율에 관한 통찰력을 지닌다면 과잉 진료나 오진을 줄이고 서로 만족스러운 의료 서비스를 주고받을 수 있을 것이다.

참고항목

■ 대표성 휴리스틱: 사건의 발생 확률을 정확히 판단하는 것이 아니라, 사례가 얼마나 모집단을 대표하는지 즉, 제시된 정보가 얼마나 그럴듯한지를 바탕으로 타당성을 쉽게 평가하는 것..

009 기준점 설정 휴리스틱 Anchoring Heuristic

연봉 협상할 때
먼저 액수를 제시하는 쪽이 이긴다

> **정의** 제시된 정보의 일부분 혹은 하나의 특징을 중심으로 판단하는 것. 이때 사람의 판단을 좌우하는 정보나 특징은 순서상 최초에 제시된 것일 확률이 높다. 배가 어느 지점에 닻을 내리면 그 주변을 맴돌 뿐 먼 곳으로 나아가지 못하는 것처럼, 최초에 어떤 값을 기준점으로 설정하느냐에 따라 판단 결과가 달라지는 것을 말한다. '기준점과 조정 휴리스틱(Anchoring and Adjustment Heuristic)'이라고도 하며, 용어 속의 'Anchor'를 직역하여 '닻 내리기 휴리스틱', '닻 내림 효과' 등으로 번역하기도 한다.

1974년 미국 프린스턴 대학의 대니얼 카너먼과 아모스 트버스키 교수는 다음과 같은 간단한 실험으로 기준점 설정 휴리스틱을 확인했다.

1 다음 계산의 답은 얼마일까? 5초 이내로 답하시오.

   8×7×6×5×4×3×2×1 = ?

2 다음 계산의 답은 얼마일까? 5초 이내로 답하시오.

   1×2×3×4×5×6×7×8 = ?

1번과 2번 문제는 계산의 초깃값이 다르지만 수학적으로 똑같은 답이 나올 수밖에 없다. 하지만 사람들은 1번 문제의 답이 더 클 것으로 추정한다. 실험참가자들은 1번 문제에는 평균 2,250이라고 답하였지만 2번 문제에는 평균 512라고 답했다. '2번 문제'를 푼 사람은 '1번 문제'를 푼 사람과 달리 초깃값이 1이었다. 그래서 최종 판단의 값도 기준점에서 멀지 않은 상대적으로 작은 숫자로 답하게 되었다. 참고로 이 문제의 정답은 40,320이다. 양쪽 참가자가 답을 맞히지 못했다는 점에서는 같다. 하지만 모두 최초 기준점에 바탕을 두고 최종 판단을 내리는 기준점 설정 휴리스틱의 특성을 보여주고 있다.

카너먼과 트버스키는 다양한 의사 결정과 문제 해결 등에서 기준점 설정 휴리스틱이 작용한다는 사실을 여러 실험과 연구를 통해 증명했다. 예를 들어 1974년에 발표한 또 다른 연구에서 카너먼과 트버스키는 실험참가자에게 UN에 소속된 아프리카 국가의 수를 추측하게 하는 여러 질문을 던져 사람들의 기준점 설정 휴리스틱을 살펴보았다.

한 조건에서는 "UN에 소속된 아프리카 국가의 수가 전체 UN 가입국의 10퍼센트보다 많을 것 같습니까?"라고 물어보았다. 그러자 참가자들은 평균 25퍼센트 정도라고 답했다. 하지만 질문을 바꿔 "UN에 소속된 아프리카 국가의 수가 전체 UN 가입국의 65퍼센트보다 많을 것 같습니까?"라고 물어보자 평균 45퍼센트라고 답했다. UN에는 아시아와 유럽 등에 속한 여러 국가가 가입해 있다는 사실을 상식으로 알고 있으면서도 거의 절반에 달하는 45퍼센트의 국가가 아프리카에 있는 나라라고 답한 것은 그만큼 사람들이 질문 내용에 있는 초기 기준점에 민감하다는 증거이다. 카너먼과 트버스키의 두 실험에서 확인할 수 있듯이, 인간은 일단 기준점이 설정되면 이후에 접하게 되는 정보를 기준점을 참고해서 해석하는 경향이 있다.

일상생활에서 물건값을 흥정할 때 기준점 설정 휴리스틱이 가장 인상적으로 작용한다. 정찰제가 아닌 곳에서 상인이 2만 원을 부르면 웬만해서는 3,000원에 사겠다고 말하지 못한다. 그러나 똑같은 물건이라도 상인이 4,000원을 부르면 3,000원으로 깎으려는 경우가 더 늘어난다. 물건의 가치를 객관적으로 판단하고 결정을 내린다면 이런 차이가 없을 것이다. 하지만 초기에 제시된 기준점을 바탕으로 결정을 내리기 때문에 행동에 차이가 생긴다.

중국 여행을 가면 재래시장에서 물건을 살 때 가능한 한 물건값을 많이 깎으라는 조언을 듣는다. 하지만 막상 여행을 가서 시장에 가면 그러지 못한다. 상인이 제시하는 초기 가격에 집중하는 기준점 편향 때문이다. 이 같은 기준점 편향을 거꾸로 이용하면 중국 상인처럼 큰 이익을 남길 수 있으니, 협상의 전략으로 활용하는 것도 좋다. 또한 상인이 말하기 전에 여러분이 생각하는 최소 기준점을 먼저 제시해보자. 그러면 상대방이 거꾸로 여러분 기준점에 맞춰 협상을 시작할 것이다. 이것은 프로선수의 이적료와 연봉 협상 기사에서 소위 '기 싸움 중'이라며 공공연하게 나오는 조율 과정에서도 흔히 확인할 수 있는 방법이다.

참고항목

■ 초점 효과(Focusing Effect), 초점 착각(Focusing Illusion): 어떤 사건의 한 가지 측면에만 너무 집중해서 인지처리한 결과, 미래에 벌어질 일을 정확하게 추정하지 못하는 현상. 기준점 설정 휴리스틱은 초깃값에 집중하지만, 초점 효과는 초깃값 외에도 어떤 특성에만 생각을 집중해서 오류를 범한다는 점에서 차이가 있다.

010 단순 노출 효과 Mere Exposure Effect

자꾸 만나다 보니
평범한 얼굴도 예뻐 보이네

> **정의** 단순한 노출 경험이 반복되어 친숙도가 쌓이면 상대에게 더 큰 호감을 느끼는 현상. '친숙도 원리(Familiarity Principle)'라고도 한다.

처음에는 이게 뭔가 싶어 선뜻 좋은 평가를 내리기 어려웠던 노래도 계속 듣다 보면 중독될 때가 있다. 처음에 못나 보였던 사람도 계속 텔레비전에 나오면 정감 있게 느껴지기도 한다. 이런 현상의 심리적 배경이 단순 노출 효과이다. 기하학적 문양, 그림, 얼굴, 문자 등 다양한 소재로 실험한 결과 단순 노출 효과는 사람에게 보편적으로 나타나는 편향임이 확인되었다.

1968년 미국 심리학자인 로버트 자이언스Robert Zajonc 박사는 한자漢字를 사용한 실험으로 단순 노출 효과를 증명했다. 그는 미국인 실험참가자에게 1번부터 25번까지 25개 한자를 보여주면서 그 의미가 무엇일지 추측해보라고 했다. 그는 실험참가자에게 한자는 일종의 형용사라고 설명하고는 그 뜻이 긍정적일지 부정적일지 맞혀보라고 했다. 실험참가자는 한자를 보는 횟수가 증가할수록 더 긍정적인 의미로 한자의 뜻을 추측했다. 또한 예전에 본 적이 있는 한자는 새롭게 제시된 한자보다 더 긍정적인 뜻을 가진 것으로 추측했다. 즉 단순 노출만으로 긍정적인 평가를 내리게 된 것이다.

단순 노출 효과는 때로 부정적인 대상에도 작용한다. 사람들은 처음에 맘에 들지 않았던 달동네로 이사 가서도 정을 붙이고 산다. 심지어 달동네를 떠난 다음에도 일부러 찾아가기도 한다. 군대 생활이 지겹다며 고개를 절레절레 흔드는 군인이 휴가 나갔을 때보다 자기 내무반에서 더 편한 감정을 느끼기도 한다.

단순 노출 횟수가 증가할수록 호감도가 높아진다는 것이 단순 노출 효과의 핵심이다. 그래서 기업은 사람의 시선이 가는 곳이면 건물, 지하철, 팸플릿, 텔레비전 등을 가리지 않고 자사의 상품을 노출하려 애쓴다. 소비자가 주의를 집중해서 봐주리라 기대해서가 아니라, 나중에라도 호감도가 증가할 것이라 기대하기 때문이다.

그러나 노출이 지나치게 많으면 친숙한 것보다 새로운 것에 주의를 배정하는 인지 특성상 아예 무시당할 수도 있다. 1976년 미국 심리학자 로버트 밀러Robert L. Miller 박사는 단순 노출과 심리적 반응, 태도 변화 사이의 관계를 연구했다. 밀러 박사는 115명의 실험참가자를 특정한 정치적 메시지(포스터)에 전혀 노출되지 않은 조건, 적당히 노출된 조건, 과도하게 이백 번까지 노출된 조건으로 나누어 실험을 했다. 그 결과 과도하게 노출된 조건의 실험참가자들은 그 정치적 메시지를 부정적으로 평가했다. 이에 비해 적당히 노출된 조건의 실험참가자들은 가장 긍정적으로 평가했다. 흥미로운 사실은 원래 긍정적이었던 자극에 관해서도 너무 과도하게 노출되면 부정적으로 변했으며, 그 부정적인 평가는 노출이 반복될수록 심해졌다는 것이다. 과유불급過猶不及의 원칙이 단순 노출 효과에 적용되는 셈이다.

단순 노출 효과를 가장 즐겨 쓰는 분야는 역시 광고이다. 같은 멜로디와 로고를 반복 노출해서 회사를 알리는 인텔이나 SK텔레콤 등의 광고가 대표적이다. 또 최근에 유행하는 노래는 복잡한 멜로디보다는 단순한 멜로디를 반복함으로써 중독성을 높이고 있으며, 시리즈로 제작되는 영화는 전편에 활용한 소도구나 인물을 다시 등장시켜 관객의 호감도를 높이는 식으로 전략적으로 단순 노출 효과를 활용한다.

여러분도 전략적으로 활용할 방법이 있다. 누군가에게 호감을 얻고 싶다면, 더는 고민하지 말고 반복 노출 전략을 시작하면 된다. 과유불급의 원칙만 잘 지킨다면 호감을 얻는 가장 단순하면서도 효과적인 방법일 것이다.

반대로 만약 어떤 사람이나 특정 대상에 호감을 느낀다면 그 대상을 원래 좋아했는지 단순 노출이 증가해서 좋아진 것인지 생각해볼 필요가 있다. 자신의 감정을 좀 더 객관적으로 바라봐야 나중에 후회할 일을 줄일 수 있다.

011 단위 편향 Unit Bias

개봉한 음료수는 왜 한 번에
다 마실까?

> **정의** 원래 갖고 있던 능력이 아니라 주어진 단위에 따라서 수행 결과가 달라지는 경향.
> 즉 주어진 과제의 단위에 맞게 일을 끝까지 마치려는 것을 말한다. 예를 들어 같은 일
> 도 3개로 나누면 그중 1개를 정량이라 생각하고, 반대로 3개를 합쳐서 1개로 내놓으면
> 그것 역시 정량이라고 생각한다.

외국을 여행하다 보면 같은 상품인데도 포장 단위가 달라 놀랄 때가 있
다. 예를 들어 미국의 슈퍼마켓에는 2리터짜리 콜라나, 750밀리리터짜
리 캔 음료수가 있다. 대개 첫 반응은 '아, 이걸 어떻게 한 번에 마시지?'
이다. 이처럼 포장 단위를 곧 단번에 먹어야 하는 정량처럼 느끼는 현상
이 바로 단위 편향이다.

단위 편향은 2006년 미국 펜실베이니아 대학 심리학과의 앤드루 가
이어Andrew B. Geier와 폴 로진Paul Rozin 교수가 제안한 개념이다. 사람들
은 음식점에서 나온 음식 한 접시를 하나의 자연스러운 단위로 생각한
다. 음식점마다 주방장이 다르고 접시 크기나 식재료, 요리법이 다르므

로 중량이나 크기 등이 모두 다르지만 말이다. 연구진은 사람들의 단위 편향을 확인하려고 아파트 출입구 안쪽에 작은 M&M 초콜릿을 그릇에 담아 놓고 다음과 같이 써 붙였다.

"맘껏 드세요. 단, 함께 놓인 숟가락을 사용해주시기 바랍니다."

실험을 시작한 처음 며칠 동안은 흔히 식사할 때 쓰는 숟가락을 초콜 릿 옆에 놓았고, 이후에는 4배 정도 큰 숟가락으로 바꾸어 실험을 계속 했다. 만약 단것을 좋아하는 사람이 초콜릿을 맘껏 먹는다고 가정하면 개인의 선호도에 따라 섭취량이 달라지지, 숟가락의 크기와는 별 상관 이 없을 듯하다. 그렇지만 실험 결과는 달랐다. 사람들은 큰 숟가락으로 바꾸자 평균 1.67배 더 많은 초콜릿을 먹었다. 과자를 놓고 실험해도 비 슷한 결과가 나왔다. 결국 연구진은 사람은 자신이 내적으로 가진 것보 다 외적으로 주어지는 단위를 기준으로 생각하고, 문제를 해결하는 특 성이 있다고 결론 내렸다.

외부에서 주어진 1단위가 적정량이라고 쉽게 받아들이는 경향은 기 업에서 보면 희소식이 아닐 수 없다. 대부분의 사람이 굳이 이게 적정량 인지 따지지 않고 소비하니 2개를 파는 것보다 대용량으로 만들어 팔면 유통과 포장 등의 제반 비용을 절약하면서 매출을 높일 수 있으니 꿩 먹고 알 먹기인 셈이다. 그래서 상품 진열대에는 점점 대용량 상품이 많 아진다.

하지만 소비자는 기업의 상술에 피해를 보기도 한다. 패스트푸드점은 새로운 햄버거를 선전하면서 '크기는 두 배, 가격은 50퍼센트 더'라며,

소비자가 자신의 정량보다 많은 양을 한 번에 섭취하게 하여 비만의 길로 안내한다. 대용량 가루 세제는 상자를 뜯어 사용하다가 한 달 정도 지나면 나머지가 굳어 제대로 쓰지 못할 수도 있다. 소비자가 어렴풋이 계산한 것처럼 애초에 한 달간 쓰면 딱 맞는 적정량으로 포장된 것이 아니었기 때문이다.

012 대조 효과 Contrast Effect

미팅에선 못생긴 친구 옆자리가
내 자리

> **정의** 대상을 지각할 때 시간적, 공간적으로 각각 인접한 것과 대조해서 현재의 대상을 지각하는 것을 말한다. 사물을 있는 그대로 독립적으로 지각하지 않고 다른 것에 영향을 받아 실제보다 그 특성을 더 과장해서 혹은 축소해서 지각하여 생기는 편향이다. '대비 효과'라고도 한다.

대조 효과는 17세기의 영국 철학자 존 로크John Locke도 연구했을 정도로 오랫동안 깊이 연구된 편향 중 하나이다. 대조 효과는 색, 모양, 재질의 시각적 지각뿐 아니라 사람에 대한 인상평가 등 복잡한 인지에서도 확인된다. 우선 시각적 대조 효과의 예부터 살펴보자.

　다음 그림을 보면 오른쪽 중앙의 회색 사각형이 왼쪽 중앙의 사각형보다 더 밝아 보인다. 그러나 둘은 물리적으로 똑같은 색이다. 사람이 대상을 지각할 때 물리적인 특성을 있는 그대로 지각하는 것이 아니라, 공간적으로 인접한 대상과 대비해서 지각하기 때문에 생긴 현상이다.

　대조 효과는 인상을 평가할 때도 힘을 발휘한다. 2005년 미국 리하이 대학 심리학과의 고든 모스코비츠Gordon Moskowitz 교수는 자신의 책에 다음과 같은 연구 결과를 발표했다. 그는 실험참가자를 두 그룹으로 나누고, 한 그룹에만 히틀러를 생각해보게 했다. 그러고 나서 두 그룹에 한 남자의 인상이 어떤지를 평가해 달라고 했다. 실험 결과, 히틀러를 생각했던 그룹의 실험참가자가 더 긍정적으로 남자의 인상을 평가했다. 무시무시한 히틀러와 대조하여 남자의 인상을 더 친밀하게 느꼈기 때문이다.

　일상에서도 대조 효과는 많이 일어난다. 남자들은 길거리에서 예쁘다 싶은 여자를 보면 눈이 휘둥그레진다. 하지만 미인대회에서 몇십 명의 미녀가 죽 늘어서 있는 모습을 보고는 대부분을 못생겼다 평가하고 그중 특정 몇 명에게만 눈길을 준다. 또 같은 노래도 자기 기분에 따라 다르게 들린다. 기분이 울적하면 조금만 템포가 빨라도 시끄럽게 느끼지만 반대로 기분이 좋아 신 나게 소리 지르고 싶을 때 이런 노래를 들으면 축축 처지는 발라드처럼 느낀다.

　텔레비전 방송의 오디션 프로그램에서 앞 순서의 참가자가 제 실력을 맘껏 발휘하면 그다음 참가자는 유독 긴장하는 모습을 보인다. 조금만 실수해도 앞에서 완벽한 모습을 보여준 경쟁자와 비교되어 아주 못했다고 느껴질 것을 알기 때문이다. 자신을 돋보이게 하려고 때로는 자기보다 키가 작거나 못생긴 사람에게 은근슬쩍 다가가 서기도 한다. 잘 보면 연예인이 얼마나 세세한 부분까지 신경 쓰는지 알 수 있다. 그들은 수많은 경험으로 대조 효과가 무엇인지 직관적으로 알고 있다. 평가는 절대적이 아니라 상대적이라는 것을.

상대적 평가는 직전, 혹은 동시에 일어나는 일과 관련된 정보를 비교 대상으로 삼는다. 즉 가용성 휴리스틱의 영향을 받는다. 따라서 일상생활에서 대조 효과를 현명하게 활용하려면, 직전의 사건 혹은 동시에 벌어질 일, 공간적으로 인접한 대상이 무엇인지를 분석해서 자신의 상대적인 우월함을 평가자에게 보여줄 수 있도록 미리 준비해야 한다. 혹시 단체 미팅이라도 나간다면 자기보다 못난 친구의 옆자리는 절대 놓치지 말아야 한다.

참고항목

■ 가용성 휴리스틱: 모든 정보를 골고루 탐색하는 것이 아니라 인지 처리 용량의 한계 때문에 가용한 정보 안에서 판단을 내리는 것.

013 대표성 휴리스틱 Representativeness Heuristic

개는 인사 참 잘하더라.
분명히 '좋은 사람'일 거야!

> **정의** 어떤 사건의 발생 확률이나 어떤 대상이 특정 범주에 속할 확률을 추정할 때 실제 확률을 계산하는 것이 아니라, 그 사건이나 대상이 얼마나 모집단을 잘 대표하는가 혹은 모집단의 특성과 얼마나 유사한가에 따라 추정하는 것을 말한다.

카너먼과 트버스키 교수는 1983년 연구에서 다음 문제를 실험참가자에게 제시했다(린다 문제는 005. 결합 오류 참조).

린다는 31세의 자기 주관이 뚜렷하고 명석한 독신 여성이다. 그녀는 대학에서 철학을 공부하며, 차별과 사회 정의 문제에 관심이 많았고, 반핵 운동에도 열심히 참가하였다. 현재 린다는 어떤 삶을 살고 있을 것 같은가? 아래 7개의 항목 중 가장 확률이 높은 시나리오부터 낮은 시나리오까지 순서를 매겨 보시오.

1 초등학교 선생님이다.

2 서점에서 일하며 요가를 한다.

3 여성운동을 활발히 한다.

4 여성 유권지 모임의 멤버로 활동한다.

5 은행 창구 직원이다.

6 보험 판매원이다.

7 여성운동을 활발히 하는 은행 창구 직원이다.

실험참가자들은 쉽게 예상할 수 있듯이 3번과 4번을 앞쪽에 배치하며 나름대로 순서를 매겼다. 그런데 사실 연구진의 관심은 5번과 7번 항목의 비교에 있었다. 흥미롭게도 실험참가자 중 85퍼센트가 7번 항목인 '린다는 여성운동을 활발히 하는 은행 창구 직원이다'라는 시나리오가 '린다는 은행 창구 직원이다'라는 항목보다 더 그럴 법하다고, 즉 실제 발생 확률이 높다고 답했다. 적극적으로 여성운동을 하는 것이 문제에서 제시된 린다의 대학 전공이나 사회 활동과 어울린다고 생각했기 때문이었다.

그러나 논리적으로 따져보면 '은행 창구 직원'이 '여성운동을 하는 은행 창구 직원'의 숫자보다 더 많을 수밖에 없다. 남자의 숫자가 빨간 옷을 입은 남자의 숫자보다 더 많을 수밖에 없는 것처럼 말이다. 즉 린다는 그냥 은행원으로 살고 있을 확률이 더 높다. 그런데도 사람들은 자신이 생각하는 적극적인 여성 철학 전공자의 모습을 대표하는 7번 항목이 더 발생 확률이 높다고 판단했다. 린다가 7번처럼 살려면 일단 은행 창구 직원이 되어야 한다는 사전 조건을 무시하고 말이다.

대표성 휴리스틱은 린다 문제의 사례처럼 특정 사건의 발생 확률을 따질 때 다른 사건과의 구체적 관계를 고려하지 않고 현재 표면에 떠오른 사례(린다 문제에서 제시된 7가지 시나리오)가 얼마나 모집단, 즉 원형(린다의 성향)을 닮았느냐로 판단하는 경향을 가리킨다.

우리가 종종 접하는 로또 당첨번호에 관한 음모론도 대표성 휴리스틱의 하나이다. 음모론을 내세우는 사람들은 당첨번호는 특정 번호가 반복된다거나, 일정한 번호 조합이 나오게 되어 있다며 구체적 증거를 제시하기도 한다. 그들은 1, 2, 3, 4, 5, 6으로 당첨번호가 결정되는 것보다 7, 12, 15, 26, 40, 43 같은 무선적Randomly인 숫자 배열이 더 공정한 결과라고 생각한다. 그러나 1 다음에 2가 나올 확률은 7 다음에 12가 나올 확률과 같다. 그러나 동전 던지기에서도 열 번을 던져 계속 앞면만 나오면 이상하다고 고개를 갸웃거린다. 확률은 50퍼센트이니 몇 번은 뒷면이 나와야 하는 것이 아니냐며, 자신의 경험이 전체 확률을 대표하는 것과 다르게 나왔다는 이유로 의심한다. 이 모든 것이 확률을 제대로 이해하고 판단하는 것이 아니라 얼마나 그럴듯한가로 판단하기 때문에 생기는 오해이다.

대표성 휴리스틱은 우리를 잘못된 판단으로 인도하지만 우리는 수시로 녀석의 뒤를 따른다. 문제 상황에서 가장 빠르고 (내 입장에서) 만족스러운 결정을 내리게 도와주기 때문이다. 그래서 더러는 역으로 이용하기에 좋다. 만약 좋은 인성을 지닌 사람들이 보이는 대표적인 행동 패턴으로 자신을 포장한다면 상대방은 여러분이 좋은 사람이라고 판단할 것이다. 자신이 생각하는 '좋은 사람'이라는 범주의 행동과 여러분이 보여주는 행동이 유사하므로 다른 행동을 보지 않았어도 다 마찬가지일 것이라고 추론하여 속단하는 것이다. 그런데 이 방법은 초기 인상 형성에 큰 도움이 될 뿐이다. 이후 관계에서 나쁜 행동을 지속적으로 보여준다면 효과가 사라지고 이런 소리 듣기 십상이다. "처음엔 괜찮은 사람 같더니만……."

014 도박사의 오류 Gambler's Fallacy

짝수가 계속 나왔으니
이번엔 홀수가 나오겠지?

> **정의** 사건이 일어날 확률이 미리 결정되어 있음에도 그 전후에 일어난 사건에 영향을 받아 해당 사건의 확률이 변할 것이라고 착각하는 현상. 독립적으로 일어나는 확률적 사건이 서로의 확률에 영향을 미친다는 착각에서 발생하는 오류이다. '몬테카를로 오류(Monte Carlo Fallacy)'라고도 한다.

룰렛이나 주사위 등의 기기를 사용하는 도박은 부정이 개입하지 않는 한 매회의 결과가 다음 회나 그 이전 회의 결과와는 무관하다. 그러나 도박사들은 자신의 경험을 바탕으로 특별한 관련성을 알아챌 수 있다고 착각한다.

도박사의 오류를 몬테카를로 오류라고 부르는 데는 이유가 있다. 1913년 8월 18일, 유럽의 대표적인 도박도시 몬테카를로의 카지노 룰렛에서 스물여섯 번이나 연속해서 검은색이 나왔다. 룰렛은 색이나 짝수와 홀수, 숫자판 등에 돈을 걸 수 있어 해당 확률에 따라 돈을 배로 받는다. 즉 검은색에 걸었는데 검은색이 나오면 두 배를 받고, 빨간색이 나오면 돈을 잃는 것이다.

그날, 열 번 정도 검은색이 나왔을 때 사람들은 매우 흥분했다. 첫 번째 검은색에 건 사람이 계속 검은색에 배팅했다면, 두 번 연속 검은색이 나왔을 때 네 배, 세 번 연속이면 여덟 배, 네 번이면 열여섯 배……. 이런 식으로 돈을 딴 셈이다. 처음 몇 번 연속으로 돈을 건 사람들이 돈을 따자 다른 사람들도 검은색에 몇 배의 돈을 털어 넣기 시작했다. 그리고 돈을 따자 환호성을 질렀다. 열두 번 검은색이 연속해서 나오자 카지노에 있던 사람들은 너도나도 룰렛 판으로 달려와 가진 돈을 탈탈 털어 걸었다. 돈을 두 배로 불릴 수 있는 절호의 기회라고 확신해서였다. 그런데 어디에 걸었을까? 전부 빨간색에 걸었다. 열세 번이나 연속해서 검은색이 나올 확률은 없다고 생각했기 때문이다. 딜러는 열세 번째로 룰렛을 돌렸다. 그리고 또 검은색이 나왔다. 깜짝 놀란 사람들은 다시 빨간색에 걸었다. 딜러가 돌린 룰렛 판이 멈추자 또 검은색이 나왔다. 똑같은 과정이 열두 번이나 더 계속되었다. 덕분에 카지노는 열두 번 검은색이 나와서 지급한 것보다 훨씬 많은 돈을 룰렛 판 위에서 쓸어 담느라 정신이 없었다.

회가 거듭될수록 '이제는 때가 되었다'는 대박 예감을 확신하는 미소를 지으며 룰렛 판으로 달려와 돈을 던지는 사람으로 카지노는 난장판이 될 지경이었다. 사상 유례없는 대박이 터지기는 했다. 그 수혜자는 패턴을 읽었다고 생각한 도박사가 아닌 카지노였다. 당시 스물여섯 번 룰렛이 돌아가는 그 짧은 순간에 카지노는 수백만 프랑을 땄다. 이런 역사적 사례가 있음에도 도박사들은 예전 사건의 확률을 고려해서 배팅하는 일을 그만두지 못한다.

앞의 예에서 검은색이 충분히 나왔으니 빨간색이 나올 차례라고 생각해서 돈을 건 사람이나, 검은색이 계속 나오고 있으니 또 검은색일 것이라고 생각해서 돈을 건 사람 모두 도박사의 오류에 빠진 것이다. 아무리 연속해서 일어나는 사건이라고 해도 앞뒤 사건은 통계적으로 완전히 독립된 사건이다. 즉 앞의 사건이 뒤의 사건에 어떤 통계적 의미도 주지 못한다. 하지만 도박사는 이를 인정하지 않고, 자신이 믿는 바에 매달려 끊임없이 돈을 거는 오류를 보인다.

그런데 이름이 도박사의 오류라고 해서 도박사만 이런 오류를 범하는 것은 아니다. 토마스 길로비치Thomas Gilovich 교수의 운동선수를 대상으로 한 연구(1985년)나 카너먼과 트버스키 교수의 동전 던지기 사례를 통한 대표성 휴리스틱 연구(1972년)에서 볼 수 있듯이 거의 모든 사람이 도박사의 오류를 범하고 있다(033. 클러스터 착각 참조).

특히 카너먼과 트버스키 교수의 연구에 의하면, 사람들은 아주 오랜 기간에 걸쳐 사건을 여러 번 겪으면서 확인할 수 있었던 확률을 단기간의 독립 사건에 적용해 해당 패턴이 보일 것이라고 오판했다. 즉 동전의 앞면과 뒷면이 나올 확률은 50퍼센트이니, 10회 동안 계속 앞면이 나왔으면 이제는 뒷면이 나올 차례라고 생각했다. 그러나 50퍼센트 확률은 고작 10회에 적용될 사항도 아니며, 그 확률 패턴이 꼭 해당 회차에 반영될 이유도 없다. 그러나 단지 그렇게 사례가 구성되어야 전체 동전 던지기 확률에 맞게 그럴듯한 사례(대표성을 지니는 사례)가 될 수 있다는 믿음으로 상황 정보를 왜곡하여 처리하는 것이다.

그럼 도박사의 오류에서 벗어나려면 어떻게 해야 할까? 방법은 도박사와 달리 서로 영향을 미치지 않는 독립적인 사건들 사이에서 어떤 패턴을 발견해서 적용하려 들지 않는 것이다. 즉 독립 사건의 본질을 이해하고 설령 어떤 패턴이 보이더라도 그것은 의미가 없음을 인정해야 한다. 도박사의 오류는 앞서 말했듯이 도박사만 범하는 오류가 아니며, 도박에만 해당하는 오류도 아니다. 세상을 살아가다 보면 가정, 직장, 학교 등에서 연속해서 벌어지는 일들에 나름의 의미를 부여하고 그것이 진정한 관련성이라 믿어 마음을 쓰게 된다. 사건의 본질을 통찰하려는 노력이 중요하고 꼭 필요한 이유가 여기에 있다.

> **참고항목**
>
> ■ 대표성 휴리스틱: 사건의 발생 확률을 정확히 판단하는 것이 아니라, 사례가 얼마나 모집단을 대표하는지 즉, 제시된 정보가 얼마나 그럴듯한지를 바탕으로 타당성을 쉽게 평가하는 것.
>
> ■ 클러스터 착각: 무작위로 발생하는 사건이 연속해서 일어나면 거기에 무언가 특별한 범주로 묶을 만한 연관성이 있다고 착각하는 현상. 한마디로 연속동일사건 발생에 의한 착각이다.

015 동조 효과 Acquiescence Effect

짜장면 먹으러 갔다가
탕수육까지 먹는 이유

> **정의** 다른 사람에게 질문을 받으면 자기 입장에서 이성적으로 판단해서 답하기보다
> 는 상대방의 질문 내용에 동조해서 대답하려는 경향. 특히 사회적으로 바람직한 내용
> 의 질문이면 상대방이 나를 어떻게 볼까 싶어서 더 동조하는 데 이를 동조 효과라 한
> 다. '묵인 효과', '동조 편향'이라고도 한다.

사람은 다른 사람이 자신을 어떻게 바라볼 것인지에 늘 신경 쓴다. 그
래서 상대방이 명백한 의도를 갖고 질문하는 경우에는 웬만하면 그 사
람이 원하는 방향에 맞춰 대답함으로써 잘 보이려는 경향이 있다. 예를
들어 질문자가 "가난한 사람을 돕기 위해 부자들이 더 많은 세금을 내
야 민주주의의 공정성이 성취된다고 생각하는가?"라고 물었을 때 부정
적으로 답하기보다는 "그렇다"라고 동조한다. 그런데 "부자라고 해도 개
인 재산을 공공의 이익을 위해 쓰도록 제약하는 것은 민주주의 원칙에
위배된다고 생각하지 않는가?"라고 물으면 역시 "그렇다"라고 동조한다.
두 질문은 서로 배치되는 내용이어서 이들을 모두 긍정하는 건 모순

이다. 하지만 사람들은 질문 내용을 깊이 생각하기보다는 웬만하면 긍정적인 반응을 보이려고 한다. 그래서 질문자는 질문의 형태나 내용을 되도록 중립적으로 만들어 상대의 진실한 반응을 이끌어내려 노력해야 한다. 하지만 현실에서는 오히려 동조 효과를 극대화하는 유도 질문을 전략적으로 이용하는 경우가 더 많다.

유도 질문으로 사실을 왜곡하는 대표적인 사례가 여론조사이다. 특정 정치인에 대한 평가를 "아무개가 잘못된 정책을 펼쳤다고 생각하느냐?"라고 물었을 때와 "아무개가 잘된 정책을 펼쳤다고 생각하느냐?"라고 물었을 때의 결과는 다르게 나온다. 질문자가 어떤 질문을 선택하느냐에 따라 정치인에 대한 평가마저 왔다갔다할 수 있다.

동조 효과를 노린 질문은 곳곳에 널려 있다. 변호사는 법정에서 증인에게 교묘한 유도 질문을 하여 자신에게 유리한 동조 반응을 이끌어내기도 한다. 상인은 일단 "새로 나온 세일 상품 먼저 보실래요?"라고 물어보면서 재고 정리를 시도하고, 음식점에서는 메뉴판을 채 주기도 전에 "인원수에 맞게 정식 시키실 건가요?"라며 매상을 올리려 하고, 토론 프로그램에서 토론자는 일부러 상대방에게 복잡한 질문을 해서 동조를 이끌어내려 한다. 이런 질문에 답하기 전에 자기 생각을 이성적으로 정리하고 자신의 욕구를 정확히 파악해야 상대가 던진 유도 질문에 좌우되는 것을 막을 수 있다.

그런데 동조 효과와 관련한 재미있는 사실은 동조 효과에도 개인차가 있다는 것이다. 영국 로스 대학의 게르하르트 메이센베르크Gerhard Meisenberg와 아만디 윌리엄스Amandy Williams 박사의 2008년 연구에 따르면 교육 수준이 낮고 지능이 떨어질수록 동조 효과 편향은 더 강해진다. 또한 소득 수준이 높을수록 동조 효과는 떨어진다. 즉 교육 수준과 소득 수준, 지능 수준이 높을수록 상대방의 질문에 의해 극단적으로 좌우되기보다는 중간의 대답을 하는 경향이 더 강했다.

016 디노미네이션 효과 Denomination Effect

세뱃돈은 1,000원짜리로 준비하세요

> **정의** 같은 금액의 화폐도 어떻게 제시하느냐에 따라 가치가 달라 보이는 현상. 예를 들어 5,000원이 500원짜리 동전 10개로 제시되느냐, 1,000원짜리 지폐 5장으로 제시되느냐, 5,000원짜리 지폐 1장으로 제시되느냐에 따라 5,000원의 가치에 관한 판단 및 구매 결정이 달라진다.

뉴욕 대학 경영학과의 프리야 라구비르Priya Raghubir 교수와 메릴랜드 대학 경영학과의 조이딥 스리바스타바Joydeep Srivastava 교수는 같은 금액이라도 화폐 단위에 따라 화폐 가치를 주관적으로 해석하는 경향이 있음을 발견했다. 그리고 2009년에 논문으로 발표하면서 디노미네이션 효과라고 이름 붙였다. 디노미네이션은 화폐 가치를 배당 혹은 명명한다는 뜻이 있으며, 반드시 평가절하만을 의미하는 것은 아니다. Denomination의 접두사 'de'를 'down'으로 오역하는 경우가 많지만 원뜻은 전혀 다르다.

　　라구비르 교수와 스리바스타바 교수는 20달러 지폐 1장을 가지고 있을 때와 1달러 지폐 20장을 가지고 있을 때의 소비 패턴이 어떻게 다른지 비교했는데, 20달러짜리 지폐를 가진 사람들의 소비 가능성이 더 낮게 나왔다. 중국에서도 비슷한 내용으로 실험했는데 결과는 마찬가지였다. 즉 문화에 상관없이 사람들은 액면가가 높은 지폐를 갖고 있을 때 돈을 더 아꼈다. 반면 액면가가 낮은 화폐를 갖고 있을 때는 돈을 잘 썼다. "1만 원짜리 깨기 아까워서 안 샀어"라는 이야기 속에 디노미네이션 효과가 담겨 있다.

20달러가 큰돈이어서 이런 실험 결과가 나온 것은 아니다. 라구비르 교수가 1달러 동전과 25센트 동전 4개로 비교 실험을 했을 때도 결과는 마찬가지였다. 연구진은 오마하의 주유소에서 기름을 넣으러 온 손님들에게 주유와 관련된 설문조사를 한 다음 답례로 5달러를 주었다. 그런데 똑같이 주지 않고, 5달러 지폐 1장과 1달러짜리 지폐 5장, 1달러짜리 동전 5개 중 하나를 주었다. 이 실험에서 주유에 관한 설문은 사실 아무 의미가 없었고, 손님들이 답례로 받은 돈을 가지고 주유소에 딸린 매점에서 얼마나 많이 소비하느냐가 주된 관심사였다.

실험 후 연구진이 주유소 매점에서 받은 영수증을 확인한 결과, 가장 많이 소비한 쪽은 1달러짜리 동전 5개를 받은 사람들이었다. 그다음이 1달러짜리 지폐 5장을 받은 사람들이었고, 5달러짜리 지폐로 받은 사람들은 그 돈을 고스란히 지갑에 넣고 쓰지 않았다.

지금까지의 실험 결과를 살펴보면, 사람은 금액의 총량은 같더라도 단위가 큰 화폐의 가치를 더 높게 생각해서 소비를 절제한다는 것을 알수 있다. 필리핀, 말레이시아 등 동남아 국가의 관광 명소에 있는 일부 사설 환전소에서 달러를 현지 화폐로 바꿀 때 고액권 지폐는 환율을 우대해주는데, 이것도 디노미네이션 효과 때문이다. 큰 금액을 깨서 현지 화폐의 산돈으로 바꾸는 것이, 원래 잔돈이있던 돈을 다른 나라의 진돈으로 바꾸는 것보다 일종의 손해니까 그것을 보전해줘야 한다는 생각에서다.

'작은 돈도 큰돈 보듯 하라'는 멕시코 속담이 있지만, 디노미네이션 효과 때문에 쉽지 않다. 하지만 디노미네이션 효과를 잘만 이용하면 경제생활에서 지혜를 발휘할 수 있다. 여러분이 소비자라면 잃어버리지 않게 조심하면서 지갑에 고액권을 채워서 다니는 것만으로도 소비를 줄일 수 있다. 반대로 여러분이 상업에 종사한다면 가급적 고객에게 잔돈으로 거스름돈을 주어 소비 가능성을 키우면 된다.

조카들에게 용돈을 줄 때도 디노미네이션 효과를 고려하면 좋다. 5만 원을 5,000원권 10장이나 1,000원권 50장으로 주면 돈을 쥐는 느낌도 두둑하고 일상에서 쓰기도 편해서 좋을 것 같지만, 사실 조카는 5만 원권 1장으로 받았을 때 해당 금액의 가치를 더 높게 본다. 입장을 바꿔서 같은 금액이라도 어떤 것을 받았을 때 더 기분이 좋을지를 상상한다면 쉽게 이해될 것이다.

017 뜨거운 손 현상 The Hot Hand Phenomenon

마이클 조던이라면
이번 슛도 성공할 거야!

> **정의** 성공은 또 다른 성공을 연속해서 낳는다는 믿음에 빠져 연속 사건의 승률을 자신 있게 예측하는 것. 뜨거운 손(Hot Hand)은 행운의 연속이라는 관용표현으로 미국 농구에서 쓰는 말이다.

실제 사건들의 결과를 통계 내보면 특정 성공 사건에 이은 후속 사건이 특별히 더 성공적이지는 않다는 점에서 '뜨거운 손 현상'은 명백한 착각이다. 도박사의 오류가 연속해서 실패했으니 이번에는 승리할 때가 되었다고 믿는 것인 반면, 뜨거운 손 현상은 이번에도 성공이 이어질 거라 믿는다는 점에서 큰 차이가 있다(014. 도박사의 오류 참조).

   1985년 미국 코넬 대학 심리학과의 토마스 길로비치 교수 등은 100명의 농구팬에게 슛 성공률에 관한 질문을 했다. 실험참가자의 91퍼센트는 농구 선수가 이전 슛을 두세 번 성공시킨 다음에 후속 슛을 성공시킬 확률이 두세 번 슛에 실패한 다음 성공시킬 확률보다 높다고 답했다. 50퍼센트의 슛 성공률을 가진 농구 선수의 경우, 이전 슛을 성공시킨 다음 후속 슛을 싱공시킬 확률은 61퍼센트, 이전 슛을 실패한 다음 성공시킬 확률은 42퍼센트라고 응답했다. 그러나 앞서 밝혔듯이 이 선수의 객관적 슛 성공률은 이전 슛 성공 여부와는 무관하게 마치 동전을 던져서 앞뒷면이 나올 확률처럼 50퍼센트였다. 그런데도 실험에 참가한 사람들은 자신이 남다른 감각으로 일정한 성공 법칙에 따라 성공을 예언할 수 있는 것처럼 생각했다. 그리고 실험참가자의 84퍼센트는 경기의 중요 순간에 슛을 연달아 성공시킨 선수, 즉 뜨거운 손에게 공을 패스해야 승률이 높아진다고 생각했다.

이런 생각은 전문가인 중계방송 해설가의 말에서도 쉽게 확인할 수 있다. "저 선수가 계속 슛에 성공하고 있으니 기회를 몰아줘야 승리할 수 있다" 등등. 그러나 그 선수가 던지는 슛의 성공 여부는 이전 슛의 성공 경험이 아니라 해당 슛을 던지는 상황 즉, 슛 위치, 신체 상태, 상대 팀의 수비 등에 더 좌우된다. 당연한 말이지만 농구대는 이전 슛에 성공한 사람을 기억해서 골대가 갑자기 넓어지거나 낮아지는 식으로 특혜를 주지 않기 때문이다.

심지어 팬이나 해설가뿐만 아니라 운동선수 자신마저 뜨거운 손 현상에 사로잡힌다. 그래서 계속 골을 넣고 있는 자신에게 패스하지 않았다며 당당하게 동료를 비판하기도 한다. 혹은 인터뷰에서 "2연승을 했으니 이번 경기도 이길 것 같은 느낌이 강하게 든다"라고 자신 있게 말한다. 하지만 축구나 야구 모두 다른 시간대, 다른 선수 조합, 다른 심판 등 다양한 요소의 결합으로 승패가 갈린다. 연승의 희망을 품고 매번 온 힘을 다하지만 다양한 요인에 따라 승패는 결정될 뿐이다. 한번 성공의 불을 댕겼으니 뭘 해도 다 성공할 것만 같은 연승 예감은 착각이다.

미국 UCLA 인류학과의 안드레아스 윌케Andreas Wilke와 클라크 바렛 Clark Barrett 박사가 2009년에 실시한 연구에 따르면, 뜨거운 손 현상은 진화 과정에서 인간에게 심어진 보편적 특성인 듯하다. 연구진은 동전 던지기 등의 다양한 랜덤 상황을 컴퓨터로 제시했을 때, 실험참가자들이 그 안에도 일정한 연속 성공 패턴이 있다고 생각하고 있음을 밝혀냈다. 그런데 동전 던지기 실험에서는 이전에 나온 특정 면이 다음에 나올 면과 무관하다는 사실을 많은 실험참가자가 경험적으로 알고 있어 뜨거운 손 현상 효과가 줄어들었다. 연구진은 연승 예감이 착각이었음을 느끼게 하는 경험이 늘어날수록 착각에 빠질 확률이 줄어들어서 이런 현상이 나왔다고 설명했다.

현실에서 이런 경험을 많이 할 수 있는 곳이 있다. 주식시장이나 도박장이다. 투자나 도박을 할 때 앞뒤 사건의 결과가 별로 상관이 없거나 우연히 결정되어도 단지 이전에 성공했다는 이유로 자원 투입을 결심하는 것은 현명하지 못한 일이다. 아무리 그것이 실제 연승을 만든 것처럼 보여도 통계적으로 보면 현실이 아닌 착각일 뿐이다. 삼성의 자동차 사업 진출 사례처럼 다른 사업에서 성공했던 대기업이라고 신규 사업에서 꼭 성공하는 것은 아니다. 사업은 그 종류에 따라 전혀 다른 성공 요인이 있다. 하지만 많은 사람이(적어도 삼성의 수뇌부는) 반도체 사업의 성공 이후 뜨거운 손이 닿는 곳마다 화끈하게 승리할 수밖에 없다고 생각했다. 하지만 결과는 참담했다. 그리고 그 손실은 해당 기업과 투자자들이 고스란히 짊어졌다. 잘못된 투자로 손실을 보지 않으려면 연승 행진을 하고 있는 사안에 특히 세심한 주의와 관찰이 필요하다.

반대로 뜨거운 손 현상을 유리하게 이용할 수도 있다. 즉 자신의 연승을 강조해서 사람들의 착각을 유발해 더 많은 지지를 얻을 수 있다. 앞에 소개한 UCLA 인류학과 연구팀의 주장대로 뜨거운 손 현상은 진화의 측면에서 기본적으로 심어진 착각이기에 보편적으로 강력한 힘을 발휘할 수 있다.

참고항목

■ 도박사의 오류: 사건 전후의 확률에 따라 독립적인 사건의 승률이 달라질 것이라 믿는 심리현상, 즉 확률을 주관적으로 해석하는 오류이다.

---

018 매몰비용 오류 Sunk-cost Fallacy

지금까지 쏟아부은 돈이 얼만데, 포기 못 해!

> **정의** 어떤 일을 추진하면서 투입한 시간과 노력, 돈 등의 자원을 생각해 이미 실패가 분명한데도 쉽게 포기하지 못하는 것을 말한다. 즉 매몰비용 오류는 경제적으로는 우리가 어떤 결정을 내리든 다시 회수할 수 없음에도 기존의 결정을 고수함으로써 심리적으로 보상을 받으려는 현상이다. '함몰비용 오류', '매몰비용 효과'라고도 한다. 또한 매몰비용 오류를 가장 대표적으로 보여준 항공사의 경영사례에서 따와 '콩코드 오류 (Concorde Fallacy)'라고도 한다.

1985년 미국 오하이오 주립대학 핼 아르케스Hal Arkes와 캐서린 블루머 Catherine Blumer 교수는 학생들을 대상으로 한 다양한 조사를 통해 매몰비용 오류를 확인했다. 그중 한 가지를 살펴보자.

당신은 미시간 주에서 열리는 주말 스키 여행 티켓을 100달러에 샀다. 그리고 몇 주 후에 위스콘신 주에서 열리는 주말 스키 여행 티켓을 50달러에 샀다. 당신은 미시간 주의 스키 여행보다 위스콘신 주의 스키 여행이 더 재밌을 거라고 생각한다.

그런데 막 구매한 위스콘신 주의 스키 여행 티켓을 지갑에 넣으려다 2장의 티켓 사용일이 같은 주말임을 뒤늦게 발견한다. 게다가 1장을 환불하거나 팔기에도 이미 늦어버렸다. 결국 1장의 티켓만을 사용해야 한다. 어떤 스키 여행을 떠나겠는가?

설문조사에 참가한 학생 61명 중 33명이 미시간 주에서 열리는 스키 여행을 가겠다고 답했고, 28명이 위스콘신 주를 택했다. 분명 더 재미없을 것을 알면서도 가격이 비싼 쪽을 더 많이 선택한 것이다. 어차피 150달러를 낸 상황이기에 자신에게 유익한 쪽(즐거운 여행)을 선택하는 것이 합리적이지만, 미시간 주 스키 여행에 더 많은 돈을 투자했기 때문에 더 많은 학생이 경제적으로 불합리한 결정을 내리고 말았다.

현실에도 이런 사례는 많다. 비싸게 주고 샀다는 이유로 자기 스타일과 맞지 않는 옷을 줄기차게 입고 다니는 여성, 교외 아울렛 매장에서 폭탄 세일을 한다고 해서 몇 시간 교통 체증을 뚫고 왔으니 마음에 안 드는 물건이라도 사야 한다며 이것저것 고르는 부부, 주식이 폭락하고 있는데도 자신이 처음에 샀던 주가를 생각하며 끝까지 붙잡고 있다가 손해를 키우는 투자자……. 모두 자신의 결정을 고수함으로써 매몰비용을 보상받으려 하므로 경제적으로 불합리한 결정을 내리는 것이다.

역사적으로 가장 대표적인 매몰비용 오류 사례는 '콩코드 오류'라는 별칭을 만든 영국과 프랑스의 '콩코드 상업운항 사업'이다. 1947년에 초음속 전투기가 개발된 후 미국, 프랑스, 영국 등 주요 선진국은 이 기술을 적용해 초음속 여객기를 개발하려고 많은 노력을 기울이며 경쟁했다.

그런데 군사 목적의 전투기와 상업 목적의 여객기는 전혀 다른 문제였다. 전투기는 소음이 많건 적건 최대 2명을 태우고 빠르게 비행하고 무기를 쏘면 되지만, 여객기는 몇백 명을 태우고 날 수 있는 경제성과 안전성이 필요했다. 하지만 당시 기술로는 초음속 비행에 막대한 연료를 소모하면서도 승객은 100명 내외만 태울 수 있었고, 심한 소음이 발생해 취항 항로도 제한적이었다. 이런 경제적·기술적 문제점을 깨달은 미국은 초음속 여객기 개발 사업을 포기했다. 물론 초기 개발비용도 함께 말이다.

하지만 영국과 프랑스는 과거에 투입한 엄청난 비용을 포기할 수 없어 초음속 여객기 개발을 지속했고, 1976년 콩코드라는 초음속 여객기를 만들어 상업운항을 시작했다. 승객 수의 제한과 기술적 한계를 해결하지 않고 밀어붙인 것이다. 그 결과 1970년대 영국과 프랑스의 항공사들은 막대한 손실을 보았다. 하지만 영국과 프랑스 정부는 계속해서 투자하는 것이 손실을 줄이는 유일한 길이라고 밀어붙여 2003년 사업을 포기할 때까지 손실만 키웠다.

이런 대표적인 정책 실패 사례가 있음에도 세계 각국 정부는 비판을 받아가며 어떻게든 무리한 국책사업을 추진한다. 일단 비용이 투입되면 사람들이 매몰비용 오류 편향에 빠져 중단을 요구하기 어려울 것이라는 정치적 계산이 깔려 있기 때문이다. 회사에서도 일단 시작한 프로젝트는 결론을 봐야 한다며 끝까지 밀어붙인다. 그 끝에 부정적인 결과가 기다리고 있음이 거의 확실한 상황에서도, 그래야 그동안 쏟은 노력의 가치가 살아날 수 있다고 믿으며 말이다. 어떤 사람은 고시에 거듭 떨어지면서도 그동안 들인 노력이 아깝다며 오로지 거기에만 매달려 다른 준비 없이 인생을 허비하며 손실을 키우기도 한다. 다시 강조하지만 매몰비용은 회수할 수 없다. 그런데도 사후 결정으로 과거에 투입된 비용을 회수할 수 있다고 믿음으로써 더 큰 손실을 본다.

매몰비용 오류 연구진은 이 사례들의 공통된 특징이 2가지라고 말한다. 첫째, 자신의 결정으로 좋은 결과를 얻을 확률이 높다는 착각이다. 여기에는 자신이 시간이나 돈 등의 자원을 투자하기로 했으니 나중에 투자 이익도 클 것이라고 생각하는 오류가 작용한다. 그 사람이 선택했다고 객관적으로 이익이 증가할 이유는 어디에도 없다. 경마장에서 자신이 배팅했다고 해서 그 배당률이 왜 특별히 높아지겠는가? 배당금은 언제나 똑같은 규칙으로 정해진다.

둘째, 자신이 투자했다는 이유로 개인적으로 더 특별한 책임감을 느낀다. 그래서 자신의 투자가 손실을 일으키는 매몰비용임을 깨달아도 그 일을 결정한 사람으로서 책임을 다한다는 생각에 오류를 범하는 것이다. 밑 빠진 독에 물 붓기 식으로 투자하는 사람이 생기는 것도 이런 연유에서다. 그러나 경제적 손실이 객관적으로 판명된 사업을, 단지 그 제안을 자기가 했다고 끝까지 밀어붙이는 것은 진정한 책임감이 아니다. 진정한 책임감은 일의 시작과 과정, 끝을 다 고려해서 가장 좋은 대안을 찾는 것인데, 그저 시간을 두고 매달리는 것이 책임을 다하는 것이라 오해하면서 손실은 나날이 커진다. 미국이 1960년대 베트남 전쟁에서 발을 빼기 어려웠던 것이나, 몇십 년이 지난 지금 중동에서 전쟁과 분쟁을 그만두기가 어려운 것도 매몰비용 오류가 한몫하고 있다고 학자들은 분석한다.

매몰비용은 기본적으로 과거와 현재, 미래를 잘못 연결하는 것에서도 나온다. 현재의 손실이 크다면 현재 시점에서 다시 생각해야 한다. 복권을 몇 번 해보고 안 된다 싶으면 손실임을 깨닫고 바로 포기해야 한다. 하지만 이미 들어간 돈이 아까워 매달리게 되면서 손실을 키우는 잘못된 결정을 한다. 사기 도박꾼은 매몰비용 오류 전문가는 아니지만 피해자의 이런 '본전 생각'을 교묘하게 이용한다.

꼭 사기도박의 피해가 아니더라도 일상생활에서 매몰비용 오류에 빠지지 않아야 손실을 줄이며 살 수 있다. 과거 시점에 자신이 내린 결정이 손실이라면 과감하게 포기해야 한다. 미국이 콩코드 사업에서 보여준 전략처럼 문제점을 알고 있는데 처음부터 다시 시작할 수 없다면 포기하는 것도 아주 좋은 방법이다.

2000년 7월 25일 파리의 샤를 드골 국제공항을 출발하여 뉴욕의 존 F. 케네디 공항으로 향하던 콩코드 여객기 에어프랑스 4590편은 이륙하자마자 추락해서 113명의 목숨을 앗아갔다. 그리고 콩코드 추가 개발 사업은 중단되었다가 2003년 전면 폐지되었다. 많이 늦었지만 계속 매몰비용만 생각했다면 내릴 수 없는 힘든 결정을 내린 것이다. 무엇을 추가로 실행하려 노력하는 것보다, 무엇을 중단할지를 결정하는 게 때로는 훨씬 어렵다. 그게 더 현명한 일이기 때문이다.

참고항목
- 낙관 편향: 자신의 미래가 실제보다 더 긍정적일 것이라고 생각하는 현상. 긍정적 결론을 선호하는 희망적 사고 편향과는 내용이 약간 다르니 주의할 것.

019 백파이어 효과 Backfire Effect

부모님이 반대할수록
난 그 사람이 더 좋아져

> **정의** 자신의 신념에 반대되는 사실을 접했을 때, 원래 갖고 있던 자신의 신념을 지키
> 거나 더 강하게 밀어붙이는 성향. 백파이어 효과는 사람들이 자신의 신념과 배치되는
> 정보를 접했을 때 생각과 판단이 어떻게 바뀌는지를 보여주는 대표적 편향이다.

백파이어는 불길이 발원지 밖으로 나가는 것이 아니라 거꾸로 발원지로 흐르는 현상을 말한다. 한마디로 정리하자면 백파이어 효과는 '역효과'를 의미한다. 어떤 사람을 설득하려고 조언이나 설명 등 의견을 개진했지만 정작 당사자가 설득당하기는커녕 오히려 더 강하게 자기주장을 지키는 역효과가 나는 상황을 설명하는 개념이다.

백파이어 효과가 가장 인상적으로 드러나는 것은 정치 분야이다. 사람들은 정치적 입장이 다른 상대방의 유세를 들으면서 설득되기보다는 오히려 자신이 지지하는 정당이나 후보에 더 강한 신념을 갖게 되는 경우가 많다. 미국 아이오와 대학 정치학과의 데이비드 레드로스크David

Redlawsk 교수의 2002년 연구에 따르면, 모의선거에 참여한 실험참가자들은 자신이 선호하는 후보자에 관한 부정적인 정보에 노출되었을 때 오히려 자신의 후보를 더 적극적으로 지지했다.

미국 예일 대학 정치학과의 존 불럭John Bullock 교수의 연구에서도 비슷한 결과가 나타났다. 존 불럭은 존 로버츠 주니어John G. Roberts Jr.의 대법원장 지명에 반대하는 민주당 당원을 대상으로 실험을 했다. 민주당은 공화당보다 규제를 완화하고 이념적으로 더 자유로운 정책을 추구하는 성향이 많다. 낙태 문제에 관해서도 엄격한 공화당보다는 더 유연하게 상황에 대처하자는 것이 민주당의 분위기이다. 당연히 민주당 당원들도 이러한 민주당의 기조에 동의하는 사람들이라고 가정할 수 있다. 그러나 민주당 자원봉사자들은 민주당의 기조나 낙태 문제 그 자체가 아니라 존 로버츠 주니어의 성품과 역량이 대법원장이 되기에는 부족하다며 그의 지명에 반대했다.

존 불럭 교수는 존 로버츠 주니어에 반대하는 민주당 당원에게 존 로버츠 주니어가 낙태를 합법화하자는 광고에 나가 기소된 적이 있다는 정보를 주었다. 그러자 실험에 참여한 민주당원들은 존 로버츠 주니어에 관해 더 부정적인 견해를 갖게 되었다. 56퍼센트였던 반대율이 해당 정보에 노출된 다음에는 80퍼센트로 치솟았다. 공화당보다 낙태 문제에 관해 상대적으로 진보적이며 자유로운 민주당원들임에도 말이다.

존 불럭 교수의 연구 결과는 백파이어 효과의 흥미로운 특징을 잘 보여준다. 존 로버츠 주니어는 자신의 신념(낙태 합법화)을 지키려다 법적인 피해를 본 인물이니, 평소 그를 부정적으로 생각했던 민주당원들은 "어, 이 사람에게 이런 면도 있었어?" 하면서 생각을 고칠 수도 있었다.

하지만 사실은 정반대였다. 자신이 선호하지 않는 후보자가 자신의 신념에 맞는 자유로운 정책을 주장했음이 드러나자 오히려 더 부정적이 되었다.

이 연구 결과를 놓고 연구진은 어떤 후보자가 자신을 반대하는 유권자들에게 '나도 당신들과 똑같은 생각을 하고 있다'는 내용의 홍보를 하면, 평소에 '그 후보자는 우리와 다르다'라고 생각하고 있던 유권자들에게 그들의 신념과 반대되는 정보를 주는 셈이 되어 오히려 기존의 신념이 강해지는 역효과가 난다고 해석했다. 즉 유권자는 새로운 정보의 내용 자체보다는 자신이 가진 특정 대상을 향한 믿음을 더 강하게 지키는 쪽에 신경을 쓴다. 그들이 믿음을 지키려 하는데 객관적이고 타당한 정보가 강하게 도전해오면 그만큼 더 맹목적으로 자신의 신념을 강화하게 된다. 그래서 존 불럭 교수의 연구 결과처럼 해당 후보자에게 더 부정적인 인상을 받게 되는 현상이 나오는 것이다.

정치 분야에서 백파이어 효과는 쉽게 없어지지 않는다. 나이가 들수록 더 강화되기도 한다. 그래서 청년 세대와 장년 이상 세대 간에 지지하는 정당이 명확하게 차이 나는 경우가 많다. 2006년 미국 스토니브룩 대학의 찰스 테버Charles Taber와 밀턴 로지Milton Lodge 교수가 연구한 바에 따르면, 정치적으로 많은 경험과 지식을 가진 사람일수록 새로운 정보에 적게 영향받는 것으로 나타났다. 즉 그들은 자신의 견해가 비록 틀렸다고 치더라도, 어떤 수단을 써도, 자신의 신념을 바꾸지 않았다. 그래서 특정 정당이나 정치 세력을 지지하는 사람들은 해당 정권이나 집단이 현실적으로 효과를 보여주지 않더라도 계속 그 세력을 '뼛속까지' 진심으로 응원하는 말 그대로 골수 지지자가 되는 것이다.

정치 분야뿐 아니라 일상생활에서도 백파이어 효과는 쉽게 찾을 수 있다. 어떤 여성이 자기 애인을 평가해 달라고 친구들에게 부탁한다. 그러자 친구들은 그 여성의 애인이 얼마나 한심한지 조목조목 사실대로 이야기한다. 친구들의 솔직한 반응을 접한 여성은 과연 마음을 돌릴까? 그 여성은 오히려 더 강하게 자기 애인에게 매달릴 것이다. 드라마를 봐도 부모가 반대할수록 그 사람과 죽자사자 더 열렬히 연애하는 경우가 많다. 이렇듯 불을 끄려 한 일이 오히려 불씨를 키우는 것은 바로 백파이어 효과 때문이다.

참고항목

■ 확증 편향: 자신의 선입관에 따라 자기가 믿고 싶어 하는 대로 정보를 처리하는 현상.

---

020 보유 효과 Endowment Effect

이게 어떤 물건인데
그 가격에는 절대로 못 팔아!

> **정의** 사람들이 어떤 물건이나 상태(재산, 지위, 권리, 의견)를 평가할 때 그것을 소유하고 있지 않을 때보다 실제로 소유하고 있을 때 그 가치를 높게 평가하는 현상. 단지 자신이 소유하고 있다는 이유만으로 객관적인 판단을 내리지 못하고 과대평가하게 된다. '소유 효과'로도 번역하며, 영어로는 Divestiture Aversion이라고도 한다.

보유 효과는 미국 시카고 대학 심리학과의 리처드 탈러Richard Thaler 교수 등의 연구팀이 1990년에 발표한 연구 내용을 통해 학계에 널리 알려졌다. 이 연구에서 탈러 교수는 실험참가자 일부에게 머그잔을 나눠주고 머그잔을 가진 참가자에게는 판매자 역할을, 머그잔이 없는 참가자에게는 구매자 역할을 맡게 해서 각각 머그잔의 적정 가격을 평가하게 했다.

그 결과 판매자 역할을 맡은 참가자는 평균 7달러, 구매자를 맡은 참가자는 평균 3달러를 적정 가격이라고 답했다. 즉 자신이 소유했다는 이유만으로 그렇지 않았을 때보다 두 배 이상 높게 가치를 평가한 것이다. 이렇듯 보유 효과는 어떤 물건이 내 소유가 되면 그것의 심리적 가치가 상승하는 편향이다. 때로는 자신이 지불하기 꺼릴 정도의 금액을 당당하게 남에게 요구할 정도로 말이다.

리처드 탈러 교수와 공동연구를 한 대니얼 카너먼과 아모스 트버스키 교수는 보유 효과가 나온 이유를 사람들의 손실 혐오Loss Aversion 때문이라고 설명했다. 즉 머그잔을 구매자로서 사서 얻는 이익보다, 판매자로서 머그잔을 잃어서 보는 손실이 더 크다고 생각해서 보유 효과가 일어난다는 것이다.

보유 효과를 쉽게 찾을 수 있는 곳은 중고 물품을 거래하는 사이트이다. 어떤 판매자는 구매자가 흥정하려고 내놓은 가격에 상처를 받기도 한다. 객관적으로는 3만 원도 과한 중고 어항이지만, 자신이 갖고 우아하게 즐겼던 것을 생각하면 10만 원도 부족하다. 쉽게 타협점을 못 찾은 물건은 아예 사이트에서 자취를 감추기도 한다. 아무리 생각해도 그 돈을 받고 파는 것은 손해를 보는 것 같기 때문이다. 자기 집에서 애물단지로 묵히면서도 헐값에 팔지 않는 현명한 결정을 했다며 스스로 위로한다.

기업은 단지 자기가 가지고 있다는 이유만으로 후한 평가를 내리는 보유 효과를 잘 활용하면 이익을 얻을 수 있다. 일단 고객이 제품을 소유하게 하면 된다. 홈쇼핑의 쇼호스트가 '100% 환불 보장', '무료 체험 신청하세요' '일단 써보고 결정하세요'라는 멘트로 고객을 유혹하듯이 말이다.

참고항목

- 손실 혐오: 같은 양이지만 이익을 얻었을 때의 반응 정도보다 훨씬 더 민감하게 손실을 꺼리는 현상.
- 현상유지 편향(Status Quo Bias): 변화보다는 현재 상태를 그대로 유지하려는 현상. 사람들은 아주 특별한 이익이 있다고 생각하지 않는 한 현재의 행동이나 생각을 그대로 유지하는 쪽을 선호한다. 보유 효과로 자기 물건을 남에게 넘기지 않으려는 행동과도 연관이 있다.

021 부정성 효과 Negativity Effect

한 번의 실수가
평생을 따라다닌다

> **정의** 사람을 평가할 때 긍정적 정보보다 부정적 정보에 더 큰 비중을 둬서 정보를 처리하는 현상. 수많은 긍정적인 정보가 있음에도 단 하나의 부정적 정보에 마음이 바뀌는 심리를 말한다.

사람은 모든 정보를 객관적으로 공정하게 처리해서 어떤 사람의 인상을 평가하지 않는다. 평가 대상과 관련된 어떤 부정적인 정보가 나타나면 다른 긍정적인 정보보다 더 비중을 둬서 인상을 평가한다. 즉 부정적인 정보에 더 많이 영향을 받는다. 그리고 그 부정적인 정보의 근원은 그 사람에게 내재한 부정적 특성 때문이라고 생각한다.

예를 들어, 그동안 좋은 행동을 많이 한 어떤 이웃이 한 번 잘못된 행동을 하니 그에 대한 인상평가가 급격히 나빠지고, 그 잘못된 행동이 지금까지 용케 감춰온 나쁜 성품에서 나온 것이라 생각된다면 부정성 효과 편향에 빠진 것이다. 판단 근거가 되는 정보의 양으로 보면 좋은 행동을 한 긍정적 정보가 더 많지만 부정적 정보에 더 큰 영향을 받아 이웃을 멀리하게 된다. 그리고 그의 성품을 비판하게 된다.

이 같은 부정성 효과 편향은 잘못된 편견을 만들기 때문에 위험하다. 잘못된 행동이 상황적 요인 때문일 수도 있지만 그런 가능성을 철저히 무시하고 마음의 문을 닫게 한다. 전과자라고 해서 모두 나쁜 성품을 가진 것이 아니며, 그들도 좋은 기회를 다시 주면 얼마든지 건전한 시민으로 살 수 있다. 하지만 부정성 효과 때문에 감옥에서 나와도 사회적으로 격리되는 경우가 많다. 그러다 끝내 잘못된 복수심으로 나쁜 행동을 하면 다시 부정성 효과 편향이 작동해서 편견을 강화하는 악순환이 벌어진다.

우리가 살아가는 현실에는 선과 악이 항상 공존한다. 우리에게도 선과 악이 있다. 순전히 악한 사람, 순전히 부정적 성품에서 비롯된 사건은 현실적으로 그렇게 많을 수가 없다. 그런데도 매번 부정적인 사항에 민감하게 반응해 쉽게 판단해버리면 오히려 자신이 오류에 가득 찬 부정적 삶을 살게 될 가능성이 높다. 편견의 벽 때문에 필요 이상으로 다른 사람에게 예민하게 반응하면 오히려 나 자신이 다른 사람의 눈에 부정적인 인간으로 평가되어버리는 아이러니가 부정성 효과에 숨어 있다. 부정적인 정보를 접했을 때는 의식적으로 긍정적인 정보에 더 비중을 두려 노력하고, 다른 사람의 나쁜 성품을 어떤 사건의 원인으로 몰아가기 전에 다른 원인은 없는지 살피는 신중함이 필요하다.

참고항목
■ 기본적 귀인 오류: 다른 사람의 잘못은 그 사람의 성향(내적 요인)을 탓하고, 자기 잘못은 상황(외적 요인)을 탓하는 심리현상.

022 비이성적 상승효과 Irrational Escalation Effect

일본은 왜 위안부 문제만 나오면 입을 다물까?

> **정의** 과거에 내렸던 이성적인 판단을 바탕으로 비이성적인 결정을 내리거나, 과거의 행동을 합리화하려고 비이성적인 결정을 내리는 것. 영어로 Irrational Escalation of Commitment라 쓰기도 하고, 과거에 매달리는 특징을 강조하기 위해 헌신 편향(Commitment Bias)이라고도 한다.

비이성적 상승효과는 1976년 미국 심리학자 배리 스토Barry M. Staw의 논문을 통해 처음 소개되었다. 비이성적 상승효과는 베트남 전쟁, 이라크 전쟁 등의 발생과 전쟁을 계속하려는 전쟁 찬성론자들의 모습에서 확인할 수 있다. 전쟁 찬성론자와 반대론자는 서로 격론을 벌인다. 그러다 전쟁 찬성론자가 논의에서 이겨 전쟁을 일으키면 많은 비용과 인명 희생이 뒤따를 뿐 아니라 차차 전쟁에 대한 비판 여론이 들끓는다.

 이런 상황에서 전쟁 찬성론자들은 이성적으로 생각하기보다는 그동안의 희생이 헛되지 않았다고 합리화하는 데 생각을 집중한다. 과거에는 나름대로 근거 있는 정보를 바탕으로 이성적으로 판단하던 사람들인데도 말이다. 그들은 전쟁을 그만둬야 하는 이유가 보여도 자신이 과거에 내린 결정을 지키기 위해 이를 무시하고, 전쟁을 합리화해줄 대상을 찾는 데 더 많은 노력을 기울인다.

이와 비슷한 사례는 정부, 기업 등 거의 모든 영역에서 찾을 수 있다. 정부는 무리한 정책을 추진한 다음에 합리화 구실을 찾느라 혈안이고, 기업은 잘못된 신사업을 쉽게 그만두지 못하면서 장밋빛 전망을 담은 조사보고서를 발표하는 등 과거의 선택을 현재에도 이어나가려 안간힘을 쓴다.

비이성적 상승효과 편향에 빠진 사람들은 과거의 잘못된 결정을 지키느라 계속 무리수를 둔다. 경제력이 충분하지 않은 사람이 자존심을 지키려고 끝까지 특정 기업에 투자하다 파산하기도 한다. 1970년대 항공업계에서 제트기 시장의 점유율이 비슷했던 맥도넬 더글러스McDonnell Douglas사와 록히드Lockheed사는 끊임없이 경쟁했다. 처음에 두 회사는 시장점유율을 높이려고 합리적인 전략을 구상하고 실천했지만, 나중에는 그저 상대 회사의 매출을 깎아내리는 전략에 매진해 진흙탕 싸움을 벌였다. 그 결과 두 회사는 매출이 줄어들어 오히려 서로 피해만 보고 말았다.

개인 차원의 비이성적 상승효과는 온라인 경매 사이트에서 쉽게 확인할 수 있다. 입찰 참가자는 처음에 자기가 사고 싶은 가격을 정해서 제시한다. 그리고 마음속으로 얼마 이상의 값에 사는 것은 바보 같은 일이라며 한계선도 정해 놓는다. 그런데 입찰이 진행되면서 가격이 오르면 자신도 경쟁적으로 가격을 올린다. 그렇게 경매를 이어나가는 사이 처음에 비합리적이라 생각했던 가격보다도 높은 가격에 자연스레

입찰하기도 한다. 비합리성은 과거의 자기 행동에 매달릴수록 상승하기 때문이다.

비이성적 상승효과에서 벗어나려면 자신이 지나치게 과거에 매달리는 것은 아닌지, 새로 시작한다고 해도 지금과 같은 결정을 내릴 것인지를 신중하게 따져보는 시간이 필요하다. 그리고 과거의 행동을 합리화하는 것보다 지금 합리적인 결정을 내리는 것이 무엇보다 중요하다는 사실에 집중해야 한다.

참고항목

■ 사후 구매 합리화: 비싼 물건 혹은 결점이 있는 물건 등을 사거나, 주문을 잘못한 다음에 자신의 구매 행동을 합리화하는 것.

---

023 선택적 지각 Selective Perception

내가 보고 싶은 것만 보이고 듣고 싶은 것만 들린다

> **정의** 외부 정보를 객관적으로 있는 그대로 받아들여 처리하는 것이 아니라, 자신의 신념이나 생각과 일치하거나 자기에게 유리한 것만 선택적으로 받아들여 처리하려는 현상.

야한 것을 좋아하는 사람은 길거리의 간판이나 광고에서도 야한 의미로 해석하기 좋은 단어나 이미지를 잘 찾는다. 똑같은 길을 물어봐도 평소 음식에 관심이 많았던 사람은 식당을 중심으로 길을 설명하고, 어떤 사람은 은행을 중심으로, 또 어떤 사람은 모텔이나 술집을 중심으로 설명한다. 거리에는 식당, 은행, 모텔, 술집이 뒤엉켜 있지만 사람들이 주의 깊게 본 것이 다르므로 이정표로 삼는 것 역시 달라진다. 왜 사람들은 자신의 특성에 따라 기억하는 바가 달라질까?

인지심리학자 도널드 브로드벤트Donald E. Broadbent의 1956년 연구에 따르면, 사람들은 제한된 인지 용량 때문에 정보를 한 번에 모두 처리할 수 없다. 대신에 제한된 용량에 맞게 선택적으로 정보를 처리한다. 정보의 선택적 처리가 바로 선택적 지각의 뿌리이다. 그런데 제한된 용량 외에도 영향을 미치는 것이 있다. 기존의 믿음, 의견, 생각 등의 주관적 가치이다.

사람은 정보를 있는 그대로 받아들이는 대신 주관적인 가치에 따라 선택적으로 받아들여 처리한다. 똑같은 운동경기를 봐도 양쪽 팀의 응원석에서는 서로 편파적이라며 심판을 비난하는 소리가 터져 나온다. 심판이 정말 편파적으로 경기를 운영한다면 어느 한 쪽은 미소 지으며 심판을 응원해야 할 텐데 그런 경우는 거의 없다.

인간의 선택적 지각 편향을 잘 활용하는 분야는 광고이다. 미국의 광고학자 존 필립 존스John Phillip Jones가 《광고 비즈니스The Advertising Business》에서 다양한 광고 사례를 분석하며 말했듯이, 광고는 소비자가 모든 정보를 고르게 처리하리라 기대하면서 만들지 않는다. 소비자가 갖고 있던 기존의 신념하에서 처리하리라 기대하며 문안을 짜고 이미지를 배치한다. 그래서 안전성을 강조하고 싶을 때 세제 광고나 자동차 광고는 성질이 다르지만, 모두 아기를 등장시켜 안전성이라는 정보에 특히 민감하게 반응하도록 유도한다. 또한 똑같은 영상 광고를 보더라도 구매 의사가 있는 사람은 가격 정보에 민감하게 반응하는 반면, 구매 의사가 없는 사람은 모델의 늘씬한 다리에만 신경을 쓰는 등 사람들이 지각하는 바가 다르다. 그래서 광고 제작자는 목표를 정확히 정해 그들이 선택적으로 지각할 때 해당 사항이 어떻게 보이냐를 제일 먼저 고민한다.

선택적 지각은 책을 만들 때도 작용한다. 작가는 주제 의식의 구현과 내용에 주안점을 둬서 글을 쓰고 퇴고를 한다. 그리고 나름대로 완벽한 원고라는 생각에 편집자에게 책을 넘긴다. 그러나 편집자가 보기에 원고는 논리적 비약과 오탈자투성이라 완벽과는 동떨어져 있다. 그래서 원고를 다시 작가에게 보내고, 작가가 수정한 원고를 다시 받으면 전문 교정 교열자에게 작업을 의뢰한다. 그러면 교정 교열자는 물론 내용도 읽지만 오탈자와 책의 시각적 형태 등에 중점을 두어 일을 진행한다. 그에게 글을 평가해 달라고 하면 주제 의식보다는 자신의 주안점이었던 오탈자와 문단의 형태 등을 중심으로 평가한다. 그 이야기를 들은 작가는 자기 글의 핵심을 놓치고 다른 것만 보았다며 답답해하겠지만 말이다.

참고항목

■ 적대적 미디어 효과: 특정 이슈에 관해 상반된 입장에 선 두 집단이 매스컴의 중립적 보도를 두고 서로 자기 집단에 적대적이라고 왜곡하여 지각하는 현상.

---

024 선호 역전 Preference Reversal

나는 소망한다,
내가 소망하지 않았던 것을

> **정의** 자신이 내린 선택을 일관되게 고수하는 것이 아니라, 주어진 상황과 여러 가지 대안을 기술하는 방식, 반응 과제 등에 따라 이전 결론과 상반되는 결정을 내리는 것. '선호도 반전'이라고도 한다.

1975년 미국의 심리학자 폴 슬로빅Paul Slovic 박사는 실험참가자들에게 2가지 대안 중 하나를 선택하는 문제 상황을 제시했다.

복권	승률	당첨금	기대 가치
A	0.9	10,000원	9,000원
B	0.1	100,000원	10,000원

그러면서 다음 2가지 과제를 주었다. 첫 번째는 위의 문제 상황에서 "당신이라면 어느 복권을 가지겠느냐?" 하는 것이었고, 실험참가자의 절

대다수는 A를 선택하였다. 두 번째는 "당신이 위의 복권을 가지고 있다면 다른 사람에게 얼마에 팔겠느냐?" 또는 "위의 복권을 산다면 얼마를 주고 사겠느냐?" 하는 것이었다. 즉 연구자는 두 번째 과제에서 실험참가자들에게 복권의 금전적 가치를 평가하게 했다. 그러자 실험참가자들은 사는 경우나 파는 경우 모두 압도적으로 B의 가격을 더 높게 매겼다. 결국 동일한 조건을 두고 복권을 선택하는 과제에서는 A를 선호했지만 가격을 매기는 과제에서는 B를 선호하는 식으로 선호가 역전되었다.

그렇다면 이러한 선호 역전이 왜 일어나는 것일까?

첫 번째는 우세성 원리Prominence Principle로 설명할 수 있다. 대안을 선택해야 하는데 어떤 대안도 결정적인 이점이 없으면 갈등이 생긴다. 그래서 의사 결정자는 갈등 해결 절차를 찾게 된다. 통상적 의사 결정 상황에서는 대안의 속성들이 정성적定性的, 즉 질적으로 표현되는 경우가 많다. 그리고 정량적定量的으로 표현된다고 하더라도 속성들 간의 평가 단위가 다른 경우에는 특정 속성값을 다른 속성값과 어떻게 상쇄시켜 계산해야 할 것인지가 불분명하다.

예를 들어 신입사원을 뽑을 때 봉사 횟수와 영어 점수를 단순 합산해야 할지, 가중치를 어떻게 줘야 타당한지가 모호하다. 그래서 갈등을 해결하려고 흔히 중요한 속성의 값이 우수한 대안을 선택한다. 앞의 예에서 실험참가자들은 2가지 대안이 지닌 속성 중 승률이 가장 중요하다고 판단해 압도적으로 A를 선택한 것이다.

두 번째는 합치성 원리Compatibility Principle로 설명할 수 있다. 합치성 원리에 따르면, 입력 구성 요소들을 어떤 가중치를 줘서 평가할 것인가는 해당 요소들이 최종 산출과 합치되는 정도에 달려 있다. 즉 앞의 실험에서는 복권을 선택했을 때 최종 산출로 받게 될 당첨금이 B가 더 크므로 B의 가격을 더 높게 매긴 것이다. 이때 첫 번째 과제에서 복권을 선택할 때 B를 포기한 이유였던 상대적으로 아주 낮은 승률은 무시된다.

선호 역전은 객관적 확률로 나온 기대 가치가 아니라 과제의 요구, 상황 맥락, 시간 순서 등의 다양한 속성에 따라 선호도가 정반대로 나타날 수 있음을 보여준다. 현실 정치에서 도덕성을 논할 때는 최하위로 놓았던 후보를, 그가 경제적 이익을 가져다줄 수 있다는 생각에 압도적으로 선택하는 것도 선호 역전으로 설명할 수 있다. 자동차를 처음 구매할 때는 출고 가격을 가장 중시했지만, 이후 중고차 매매 시의 가격 경쟁력이 낮다는 사실을 깨닫거나, 자동차의 안전성 및 승차감에 비중을 더 두게 되면서 선호도가 반전되는 것도 하나의 사례가 될 수 있다.

저렴한 계약금을 강조한 통신사에 가입했지만, 막상 서비스를 이용하면서 월정액 요금과 부가서비스 비용 등의 다른 요인으로 판단 기준점이 옮겨가면서 선호가 역전되어 계약을 해지하기도 한다. 더러는 스스로 좋아서 구매했던 행동과 정반대로 구매 거부 운동을 벌이는 사례까지 있다. 인터넷상에 다양한 소비자가 만든 갖가지 안티 카페가 존재한다는 사실은 선호 역전의 한 예가 될 수 있다.

참고항목

■ 선호의 비이행성: 고전 경제학의 효용 이론처럼 객관적으로 효용을 계산한다면 여러 대안 중에 가장 효용이 높은 것을 선택해야 하지만 실제로는 여러 대안을 검토하면서 상대적으로 효용이 낮았던 것을 선택하는 것.

■ 기준점 설정 휴리스틱: 제시된 정보의 일부분, 혹은 하나의 특징을 중심으로 판단해버리는 것.

어? 내가 왜 이 모델을 샀지?

> **정의** 고전 경제학의 효용 이론(Utility Theory)처럼 객관적으로 효용을 계산한다면 여러 대안 중에 가장 효용이 높은 것을 선택해야 하지만 실제로는 여러 대안을 검토하면서 상대적으로 효용이 낮았던 것을 선택하는 현상.

1983년 아모스 트버스키 교수는 실험참가자에게 5명의 대학 지원자를 3가지 차원에서 평가한 값을 제시하고, 이 자료를 토대로 어떤 학생에게 입학자격이 있는지 판단해 달라고 했다. 대학 지원자가 받은 평가 점수는 다음과 같다.

지원자	지능	정서적 안정성	사회성
A	69	84	75
B	72	78	65
C	75	72	55

D	78	66	45
E	81	60	35

연구진은 A와 B, B와 C, C와 D, D와 E를 각각 비교 평가하여 누가 더 자격이 있는지 물었고, 실험참가자들은 A〉B, B〉C, C〉D, D〉E의 선호를 보였다. 표를 보면 실험참가자에게 지능은 별로 중요한 판단 요인이 되지 않았다. 왜냐하면 각각의 쌍에서는 지능 차원의 차이가 그리 크지 않았기 때문이다.

그러나 종합적 평가를 위해 전체 지원자를 모두 비교 평가해 달라고 하면서 A와 E 중 누가 더 적격인지를 묻자 E〉A라는 의외의 결과가 나왔다. 지능 평가 점수인 69와 81이라는 숫자의 차이가 크게 지각되어 이번에는 지능이 중요한 판단 요인으로 작용한 것이다.

덕분에 앞에서 A와 B, B와 C, C와 D, D와 E의 각 쌍을 순서대로 비교한 것과 마지막으로 A와 E를 비교한 결과를 종합해 보면 A〉B〉C〉D〉E〉A가 된다. 결국 E가 A보다 선호도가 낮으면서 다시 A보다 선호도가 높아지는 모순이 나타났다. 만약 선호도가 순서대로 이행되었다면 이런 모순된 결과는 나오지 않았을 것이다.

그런데 왜 이런 비이행성非移行性 현상이 나타나는 것일까? 트버스키 교수의 실험참가자들처럼 사람은 작은 차이를 경시한다. 반대로 큰 차이에는 비중을 과하게 둔다. 여러 속성 효용의 비중이 그때그때 바뀌면서 객관적으로 쉽게 계산할 수 있는 선호의 이행성 원리도 위반하는 결과가 나타나는 것이다.

026 손실 혐오 Loss Aversion

길에서 1,000원을 줍기보다
내 주머니의 500원을 지킬래

> **정의** 같은 양이라 해도 얻은 것의 가치보다 잃은 것의 가치를 훨씬 크게 느끼며, 그래서 일단 손에 쥔 것은 다시 놓기를 몹시 꺼리는 현상. 사람들은 이익을 보려 할 때에는 위험성보다 안전성에 더 기대지만, 손실을 보는 상황에서는 손실에서 벗어나려고 작은 확률에도 매달리는 위험을 감수한다.

손실 혐오를 처음 증명한 사람은 아모스 트버스키와 대니얼 카너먼 교수이다. 그들은 사람이 효용 이론에 따라 경제적 판단을 내리고 결정할 것이라는 고전 경제학의 기대와 달리, 사람은 자기 나름대로 주관적인 준거점을 가지고 있으며 이를 근거로 효용성을 판단하고 결정한다는 조망 이론을 제시했다.

조망 이론의 효용 가치 곡선을 보면 사람들은 경우에 따라 이익을 얻는 것보다 손실을 보는 것에 두 배 정도 민감하게 반응한다. 다음의 그래프를 보면 오른쪽의 이익 증가에 따른 주관적 가치 평가는 완만하게 상승하는 반면, 왼쪽의 손실 증가에 따른 주관적 가치 평가는 급격히 떨어지는 현상을 확인할 수 있다.

이 그래프가 어떤 의미인지 확인할 수 있는 간단한 사례를 들어보자. 길을 가다가 1,000원을 주웠다. 분명히 기분이 좋을 것이다. 그때의 행복감과 주머니에 있던 1,000원을 길에 흘려 그냥 없어진 뒤의 아쉬움을 비교해보자. 아마도 1,000원을 잃어버렸을 때의 아쉬움이 더 클 것이다. 똑같은 1,000원도 이득이냐 손실이냐에 따라서 그래프의 곡선처럼 지각되는 정도가 달라진다.

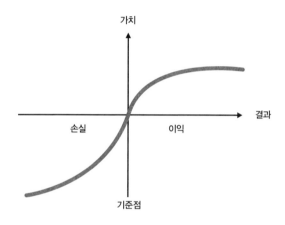

손실 혐오는 자기가 가진 것(예시에서는 잃어버린 1,000원)의 가치를 더 크게 보는 보유 효과를 설명한다. 애초에 카너먼과 트버스키 교수는 보유 효과를 설명하기 위해 손실 혐오 개념을 제안했다. 자기가 가진 것을 잃는다고 생각하면 그 손실에 관한 주관적 가치 평가는 그래프에 나와 있듯이 급격히 떨어진다. 그러나 그런 물건을 다른 사람이 준다고 하면, 즉 오른쪽 곡선에서 보면 가치 평가는 그렇게 높지 않다. 탈러 교수와의 보유 효과 공동연구에서 머그잔의 가격을 판매자로서 정했을 때와 구매자로서 정했을 때 상당한 차이가 난 이유도 바로 이 때문이다(020. 보유 효과 참조).

손실 혐오는 틀 효과Framing Effect와도 관련이 있다. 5,000원을 벌금으로 내야 하는 상황이 생기면 5,000원이 아주 아까울 것이다. 그런데 만일 2만 원짜리 과태료를 경찰에게 잘 이야기해서 5,000원으로 막은 경우라면 어떨까? 손실이 아니라 오히려 이득처럼 느껴질 것이다. 경제적으로는 내 지갑에서 돈이 빠져나가는 상황이지만, 심리적으로는 손실의 가치 곡선에서 이익의 가치 곡선 쪽으로 조금이라도 이동한다. 그런데 손실에 민감하다 보니 그 조금의 이동만으로도 느끼는 가치 효용의 변화는 크다. 이처럼 같은 사건도 어떤 틀에서 보느냐에 따라 판단이 달라지는 틀 효과와 손실 혐오는 긴밀한 관련을 맺고 있다.

사람은 손실에 민감해서 조금이라도 덜 잃으려고 안간힘을 쓴다. 그러다가 더 큰 손실이 발생할 수도 있는 위험을 감수하면서까지 손실에서 벗어나려고 한다. 즉 긍정적인 이득의 틀로 문제 상황이 제시되면 손실을 피하려고 노력하지만, 부정적인 손실의 틀로 문제 상황이 제시되면 오히려 손실 위험을 감내하려는 아이러니가 벌어지는 것이다. 위기 상황에서 더 무모한 결정을 내리는 경우가 많은 이유도 이와 같은 손실 혐오의 특성 때문이다.

간단한 실험으로 직접 손실 혐오의 특성을 확인해보자. 우선 다음 선택사항 중 선호하는 하나를 골라보자.

A) 25만 원을 확실하게 딴다.

B) 100만 원을 딸 확률이 25퍼센트이다.

자, 그러면 문제를 바꿔 다음 선택사항 중 하나를 골라보자.

C) 75만 원을 확실하게 잃는다.

D) 100만 원을 잃을 확률이 75퍼센트이다.

카너먼과 트버스키 교수의 연구에 따르면 첫 번째 선택문제에서는 실험참가자 대부분이 A를 선택하여 확실한 이득을 선호하는 모험 회피적 Risk Averse 선택을 보였다. 그러나 두 번째 선택문제에서는 확실한 손실(C)보다는 모험(D)을 골라 모험 추구적Risk Taking 선택을 했다. 두 번째 선택문제에서는 확실한 손실의 상대적 혐오성이 증가하여 이런 반전 현상이 일어나는 것이다.

참고항목

■ 보유 효과: 사람들이 어떤 물건이나 상태(재산, 지위, 권리, 의견)를 평가할 때 그것을 소유하고 있지 않을 때보다 실제로 소유하고 있을 때 그 가치를 높게 평가하는 현상.

■ 틀 효과: 똑같은 내용의 옵션도 이익의 틀로 제시하느냐, 손실의 틀로 제시하느냐에 따라 사람의 판단이 달라지는 현상.

027 심리적 반발 편향 Psychological Reactance Bias

낙. 서. 금. 지. 여기에 낙서 좀 해볼까?

정의 주변 환경에서 억압하면 오히려 그것을 적극적으로 추구하는 심리.

미국 텍사스 오스틴 대학의 제임스 펜베이커James Pennebaker와 데버러 샌더스Deborah Sanders 교수는 1976년에 실시한 실험에서 대학 목욕탕에 이렇게 써 붙였다. '어떤 경우에도 벽에 낙서하지 마시오.' 그리고 다른 목욕탕에는 수위를 낮춰 '낙서하지 말아 주세요'라고 정중히 썼다. 몇 주후 확인해보니, '어떤 경우에도 벽에 낙서하지 마시오'라고 썼던 목욕탕 벽에 훨씬 많은 낙서가 되어 있었다.

이처럼 심리적 반발 편향은 외부에서 누군가 특정 견해를 받아들이도록 압력을 가할 때 일어난다. 그 견해에 순응하기보다는 자신의 의지를 보여주려 아주 열심히 반발한다. 자유를 억압하는 외부 압력에 대한 반발은 자연스럽고 또 필요한 일이다. 그런데 이것이 편향으로 꼽히는 이유는 그 반응이 필요 이상으로 과장되기 때문이다. 평소에 자신이 생각하거나 행동하던 것 이상으로 과도하게 움직이게 된다.

아이는 엄마가 무엇을 하라고 강하게 말할수록 청개구리처럼 행동한다. 음주가 법으로 규제된 청소년기에는 어떻게든 술을 사 마시려고 애쓰지만, 술을 진탕 마셔도 되는 때가 되면 막상 그렇게 마시지 않는다. 그 밖에 막상 멍석을 깔아주면 하지 않던 일도, 멍석이 깔리지 않았을 때는 온 힘을 다한다.

심리적 반발 편향을 잘 활용하는 곳이 쇼핑센터이다. 평소에는 별로 신경 쓰지 않던 물건인데도 6시까지만 판매한다고 방송해서(즉, 구매의 자유를 박탈해서) 소비자의 구매욕을 자극한다. 더러는 활용을 넘어 악용할 때도 있다. 아예 "당신은 이런 것 못 사니까, 관심 끄세요"라며 선을 긋는 상인, "우리 조직은 아무나 들어오는 곳이 아니니, 그만 가주세요"라며 밀쳐내는 조직 등은 자신이 원하는 방향과 반대되는 메시지로 상대를 자극하여 결국 그들이 원하는 바를 얻는다. 하지만 피해자는 무엇에 홀린 듯 딱히 사고 싶지 않았던 상품을 사고, 자기가 애초 관심이 많지 않았던 조직에서 열정과 충성을 쏟으며 인생을 허비하기도 한다.

누군가 너무 티 나게 반대하거나 너무 강한 어조로 설득하려고 하면 경계하고 그 의도를 곰곰이 생각해보는 것이 좋다. 그가 원하는 방향으로 쉽게 끌려가지 않고 진짜 자기 의지로 결정하려면 말이다.

참고항목

■ 백파이어 효과: 자신의 신념과 반대되는 사실을 접했을 때, 원래 자신의 신념을 지키거나 더 강하게 밀어붙이는 현상.

028 애매성 효과 Ambiguity Effect

1지망 대학의 합격자 후보
vs 2지망 대학의 합격자

> **정의** 정보 부족, 즉 애매함이 의사 결정에 영향을 주는 것. 사람들은 긍정적인 사건의 경우, 애매한 것보다는 명확한 것을 선호한다.

애매성 효과는 1961년 하버드 대학의 대니얼 엘스버그Daniel Ellsberg 교수의 연구에서 처음으로 소개되었다. 30개의 공이 담긴 바구니가 있다고 하자. 공은 각각 빨간색, 검은색, 흰색이다. 그런데 10개의 공은 빨간색이 확실하지만, 나머지 20개는 검은색과 흰색 중 하나라는 사실만 확실할 뿐 각 색깔의 공이 몇 개인지 정확히 모른다.

이런 상황에서 게임을 시작하는데, 게임의 옵션은 2가지이다. X 옵션은 먼저 빨간색을 선택한 후 눈을 감고 공을 골라 실제로 빨간 공을 뽑으면 100달러를 받는 것이고, Y 옵션은 검은색을 선택한 후 실제로 검은 공을 뽑으면 역시 100달러를 받는 것이다. 그렇다면 게임의 승자가 되는 공을 뽑을 확률을 계산해보자. X 옵션은 30개 중 10개가 빨간색이니 3분의 1이고, Y 옵션은 검은 공의 정확한 개수는 모르지만 0에서 20개까지 가능하므로 결국 3분의 1이 되어 두 옵션의 확률은 같다(자세한 확률 계산은 참고문헌에 나온 논문 참조). 두 옵션의 중요한 차이는 객관적 확률 수치가 아니라, X 옵션은 유리한 결과 확률을 알 수 있지만 Y 옵션은 그 확률이 애매모호하게 제시되어 있다는 것이다. 현재 여러분이 느끼는 그대로 말이다.

그리고 이 같은 애매성은 명확하게 확률이 계산되는 X 옵션을 선택하게 한다. 100달러를 받을 확률이 두 옵션 모두 같다는 말을 들어도 애매모호한 것은 별로 선호하고 싶지 않기 때문이다. 그리고 애매모호하기 때문에 혹시라도 검은 공이 10개보다 적게 들어 있으면 빨간 공 10개가 있는 X 옵션보다 손해를 볼 것 같아서이기도 하다. 하지만 똑같은 논리로 검은 공이 10개보다 많을 수도 있다. 이런 식으로 결국 0에서 20개까지 가능한 검은 공의 개수 중 중간점을 찾으면 10개이며, 그래서 게임에서 승리할 확률은 결국 3분의 1이 된다(앞에서 자세한 확률 계산 운운한 것은 정보를 더 애매해 보이게 하기 위한 저자의 트릭이었다. 실험의 효과를 높이려고 이야기 장치를 쓴 것이니 넓은 마음으로 양해해 주시기를). 하지만 사람들은 단지 처음에 제시된 정보가 불충분하거나 애매모호하다는 이유만으로 해당 옵션을 포기한다.

애매성 효과는 대학에 입학원서를 쓸 때에도 일어난다. 수험생이 평소에 가고 싶어 했던 A 대학이 있다. 하지만 성적이 애매해서 추가 합격으로 들어갈 가능성은 있지만 합격 여부는 확실하지 않다. B 대학은 충분히 들어갈 성적도 되고, 좋은 평을 받는 곳이지만 수험생이 원하던 대학은 아니다. 이런 상황에 놓인 수험생에게 주위에서는 보통 B 대학에 원서를 넣으라고 권한다. A 대학에 추가합격으로 들어가서 원하던 대학 생활을 할 가능성도 있지만 떨어질 가능성도 있기 때문이다. 그래서 그 럭저럭 괜찮은 B 대학에 안정적으로 들어가 즐거움을 찾아보라고 말한다. B 대학의 세부 정보를 완벽히 알고 있지도 않고, 자기가 예상하는 구체적인 대학생활의 모습도 애매하며, 긍정적인 일들이 착착 일어날지 불확실함에도 말이다.

위의 공 실험을 바탕으로 애매성 효과를 다른 각도에서 해석할 수도 있다. 즉 확률이 좀 더 명백해 보인다는 이유로 어떤 대안을 선택하는 것이 사실은 더 우월한 선택은 아니라는 해석도 가능하다. 물론 이것도 불충분한 정보 조각을 채웠을 때나 내릴 수 있는 판단이지만 말이다. 만약 현명한 판단을 내리고 싶다면 애매하다는 이유로 바로 대안을 포기하지 말고, 불충분한 정보를 채우고 애매성을 걷어내어 대안의 진면목을 보려 노력해야 할 것이다.

> **참고항목**
> ■ 가확실성 효과: 사실상 불확실한 것인데도 마치 확실한 것처럼 결과를 지각하는 현상.

029 유희적 오류 Ludic Fallacy

인생은 게임이야!

> **정의** 어떤 문제와 관련하여 확률을 분석할 때 마치 게임을 하는 것 같은 좁은 틀에서 보는 것. 현실의 복잡한 요소를 고루 고려하고, 여러 규칙과 예외가 뒤섞여 있음을 인정하기보다는 간단한 퀴즈를 맞히는 것처럼 문제를 생각하여 나쁜 결과를 얻게 된다. 유희적(Ludic)이라는 용어는 '놀이, 게임, 운동, 여유'를 뜻하는 라틴어 'Ludus'에서 유래했다.

유희적 오류는 미국 뉴욕 대학 금융학 교수인 나심 니콜라스 탈레브 Nassim Nicholas Taleb가 2007년에 출간한 《블랙 스완The Black Swan》에서 나온 용어이다. 탈레브는 이 책에서 월스트리트의 허상을 파헤치며 '블랙 스완'이란 개념을 제시했다. 블랙 스완은 매우 개연성이 희박한 사건으로 다음의 3가지 특징을 띤다.

첫째 예측이 불가능하고, 둘째 엄청난 충격을 동반하며, 셋째 일단 현실로 나타나면 사람들은 뒤늦게 설명을 시도하여 마치 블랙 스완 즉 검은 백조의 존재가 설명 가능하고 예견 가능했던 것처럼 여기게 한다. 이처럼 유희적 오류는 자신이 겪는 사건을 마치 여유 있게 예측 가능한 게임처럼 충분히 제어할 수 있는 상황으로 보다가 결국 실패하는 상황을 뜻한다.

금융시장에는 미래를 예측하는 많은 수학적 모델이 있다. 그런데 이모델들 중에는 실제 현실의 복잡성을 고려했다기보다는 마치 주사위 게임 같은 단순한 논리로 세상을 바라본 것도 있다고 탈레브 교수는 비판한다. 이러한 수학적 모델은 카지노에서의 승률처럼, 명백하게 당첨 확률을 따질 수 있는 특정한 유희 상황에는 맞아떨어질 수 있다. 하지만 실제 금융 환경에 미치는 요인의 수를 정의하거나 사전확률을 따지는 것부터가 현실에는 잘 적용되지 않는다. 실제로 롱텀캐피털매니지먼트 Long Term Capital Management(LTCM)라는 금융투자사는 노벨 경제학상 수상자 2명이 만든 수학적 모델로 위험관리 솔루션을 만들고 과감한 투자를 진행했지만, 결국 엄청난 손실을 남기고 1998년에 파산했다. 현실 요소를 충분히 고려했다기보다는 수학적 모형에 맞춰 현실을 정의하고 마치 예측 게임을 하듯이 회사를 운영하다 위험관리에 실패한 것이다.

탈레브 교수는 《블랙 스완》에 다음과 같이 두 사람을 대상으로 한 사고 실험을 소개했다. 존 박사는 과학적이고 논리적으로 사고하는 사람이다. 토니는 재치 있는 사람이다. 그 둘에게 제3자가 "동전을 아흔아홉 번 던졌는데 매번 앞면이 나왔다면, 백 번째 동전 던지기에서 앞면이 나올 확률은 어떻게 될까?"라고 물었다고 하자. 과학적이고 논리적인 존 박사는 동전 던지기는 앞의 결과에 영향을 받지 않는 독립사건이므로 여전히 확률은 50퍼센트라고 대답할 것이다. 반면에 토니는 아흔아홉 번 연속해서 앞면만 나왔다면 그 동전을 던졌을 때 앞면이 나올 확률이 50퍼센트라는 가정 자체에 문제가 있다고 생각한다.

존 박사의 가정과 해결법은 그 동전에 아무 이상이 없을 때라는 이상적이며 단순화된 상황에서 작용할 수 있는 것이다. 그러나 현실에는 표면에 심하게 상처가 나거나 특정 부분이 구부러지거나 깨져서 특정 면이 더 잘 나오는 동전도 있다. 그런데 이런 동전은 이상화된 수학적 모델에서 돌발사건이며, 무시해도 좋은 예외처럼 치부된다. 현실에는 순전히 이상적인 가설을 그대로 적용할 수 없는 상황이 더 많은데도 말이다.

유희적 오류의 대표적인 사례는 바로 월가로 상징되는 미국 금융계이다. 탈레브 교수가 2007년 미국통계학회에 블랙 스완 이론을 소개하는 논문을 기고했을 때 함께 실린 다른 학자들의 반박 논문 세 편은 심하게 적대적이었다. 또 "상상하지도 못할 큰 충격이 앞으로 닥칠 것이다"라는 탈레브 교수의 말에 미국 금융계도 그가 잘 알지도 못하면서 하는 이야기라며 조목조목 비판했다. 탈레브 교수 역시 자신에게 쏟아진 비판을 항목별로 정리해서 자기 홈페이지에 반박문을 올리기도 했다.

갑론을박이 오갔지만 다수는 여러 수치와 근거를 들어가며 이론적으로 금융계의 건재를 여전히 확신했다. 그리고 미국 금융계는 2008년 혹독한 가을을 맞아야 했다. 2008년 9월 16일 세계 증시는 9·11 테러 이래 최대 폭락을 기록했다. 이날 하루 전 세계에서 6,000억 달러의 주식이 휴짓조각이 되었고, 리먼브러더스 등을 비롯한 월가 굴지의 투자은행 12개가 무너졌으며, 미국 정부는 미국 최대 보험회사인 AIG의 파산을 막으려고 850억 달러의 구제금융을 투입해야만 했다. 상황이 이렇게 되었지만 금융계는 예전과 똑같이 여러 곡선과 수치를 내놓으며 미래를 예측하려고 했다. 달라진 게 있다면 해당 사건이 일어날 수밖에 없었던 변수를 찾아 계산한 다음 자신들의 수학적 모델에 포함한 것이다.

사람들은 사건이 발생하고 나면 자신들을 놀라게 한 돌발사건이 발생한 것과 똑같은 방식으로 또 다른 돌발사건이 발생할지를 예측하려 한다. 사건이 다른 방식으로 일어날 가능성은 보지 못한다. 예측 게임에서 발견한 오류를 고쳤으니 다시 목표를 정조준하면 맞힐 수 있다며 애초 자신의 접근 방법 자체가 틀렸을 가능성을 무시한다. 마치 운동선수가 코치에게 지적받은 사항을 고치려는 것처럼, 혹은 게임에서 실패한 다음 다른 아이템을 장착해서 미션을 해결하려는 것처럼 세상 문제를 바라본다.

탈레브의 지적처럼 사람들은 측정할 수 없는 것을 측정할 수 있다고 자신을 기만하고 예외적인 사건이 일어날 가능성을 애써 회피한다. 자신이 측정할 수 없고 제어할 수 없는 사건이 있음을 인정하고 상황을 좀 더 큰 틀에서 보려고 노력하는 것이 유희적 오류를 피할 수 있는 유일한 대응책이다.

참고항목

■ 결합 오류: 단일 사건이 일어날 확률보다 2개 이상의 단일 사건이 결합되어 일어날 확률이 더 높을 것이라고 생각하는 것.

030 적대적 미디어 효과 Hostile Media Effect

이 신문은 매번
편향된 보도를 하고 있어

> **정의** 특정 이슈에 상반된 입장인 두 집단이 매스컴의 중립적 보도를 두고 서로 자기 집단에 적대적이라고 왜곡하여 지각하는 것. 같은 정보를 각자 입장에 따라 주관적으로 왜곡하되 부정적으로 처리한다. '적대적 미디어 현상'이라고도 한다.

적대적 미디어 효과는 스탠퍼드 대학의 로버트 발론Robert Vallone, 리 로스Lee Ross, 마크 레퍼Mark R. Lepper 박사의 1982년 연구실험으로 세상에 알려졌다. 그들은 실험참가자를 친 이스라엘파와 친 팔레스타인파로 나누고 당시 일어난 특정 사건과 똑같은 텔레비전 뉴스를 보게 했다. 그러자 친 팔레스타인파는 뉴스 내용 중 팔레스타인에 적대적인 내용이 더 많이 나왔다고 평가했고, 친 이스라엘파는 이스라엘에 적대적인 내용이 많이 나왔다고 평가했다. 똑같은 뉴스 장면을 보았지만 서로 자신의 입장에서 중립적 보도를 부정적으로 평가한 것이다. 연구진은 참가자들이 자신의 의견에 따라 정보를 선택적으로 지각해서 적대적 미디어 효과가 생겨난다고 해석했다.

특정 입장을 옹호하는 편향된 미디어가 아닌 중립적 미디어가 양쪽으로부터 비판을 많이 받는 것은 적대적 미디어 효과의 증거이기도 하다. 적대적 미디어 효과의 원인인 선택적 정보 지각은 미디어뿐만 아니라 다른 것에도 적용된다. 월드컵 경기에서 중립성이 검증된 주심이 열심히 뛰어다니며 심판을 본다. 100퍼센트 특정 팀에게만 반칙을 부여하는 경우는 있을 수 없다. 그런데도 팬들은 주심이 뇌물을 먹어서 우리 팀에 불리한 편파판정을 내린다고 흥분한다. 한쪽이 불공정하다고 생각하면 다른 편의 팬들은 흐뭇하게 주심을 바라봐야겠지만 역시 그쪽도 불공정하다고 흥분해 있기는 마찬가지이다.

1954년 미국의 심리학자 앨버트 하토프Albert Hartorf와 하들리 칸트릴 Hadley Cantril은 이런 경향을 연구를 통해 증명해낸 바 있다. 그들은 프린스턴 대학과 다트머스 대학 학생들에게 두 대학의 풋볼 경기 필름을 보여주었다. 결과는 앞에서 이야기한 것처럼 두 대학 학생 모두가 서로 자신들에게 불공정한 경기였다고 생각했다. 비록 이 연구는 적대적 미디어 효과에 관한 정식 연구는 아니었지만, 후에 적대적 미디어 효과의 근거가 되는 중요한 토대를 마련해주었다.

적대적 미디어 효과는 선거 방송, 예민한 정치적 사안에 관한 토론, 정치적 입장이 다르기 쉬운 특정 분쟁지역에 관한 보도 등에서 쉽게 확인할 수 있다. 지역감정과 관련한 사건 보도, 경제적 계급을 생각하게 하는 사회현상에 관한 객관적 보도, 심지어 드라마 내용에서도 자신의 뚜렷한 입장에 반대되는 메시지를 찾을 수 있다. 물론 해당 미디어가 실제로 편향된 시각을 담고 있어서일 수도 있지만, 자신의 시각이 너무 편향되어 있기에 그렇다고 왜곡하는 것은 아닌지 다시 한 번 생각하는 현명함이 필요하나. 편향된 시각은 정보를 한쪽에 치우쳐서 바라보게 함으로써 객관적인 정보 수용과 판단을 어렵게 하기 때문이다.

031 절제 편향 Restraint Bias

이거 하나만 먹고 그만 먹을 거야

> **정의** 어떤 유혹에 관해서 자신의 절제력을 과대평가하는 경향. 식욕, 성욕, 수면 욕구 등의 충동을 충분히 원하는 대로 제어할 수 있다고 믿지만, 실제로는 변화무쌍한 욕구에 굴복하게 되는 심리현상이다.

미국 노스웨스턴 대학 경영학과의 로란 노드그렌Loran Nordgren 교수와 동료들의 2009년 연구에 따르면, 절제 편향은 일상에서도 쉽게 확인할 수 있다. 연구진은 실험참가자 중 한 집단에는 쉬운 기억 과제를 주고, 다른 집단에는 어려운 과제를 준 후에 과제 피로도를 이겨낼 수 있는 자기의 능력(즉, 절제력)을 평가하게 했다. 쉬운 과제를 받은 집단은 자신의 능력치를 높게 평가했다. 사실은 과제가 쉬워서 그런 것임에도 말이다.

이어진 실험에서는 간이음식점에 있는 7개의 스낵바를 선호도에 따라 순위 매기고, 그중 하나를 골라서 가지고 가게 했다. 그리고 다음 주에 스낵바를 그대로 가지고 오면 4달러와 함께 스낵바를 주겠다고 약속

했다. 첫 번째 실험에서 자신의 절제력을 높게 평가했던 참가자들은 자신의 능력을 과신해서 신호도가 높은 스낵바를 선택했다. 일주일 후 돈과 함께 받아 자신이 좋아하는 스낵바를 즐기려고 말이다. 그러나 그들은 약속한 일주일을 버티지 못하고 스낵바를 바로 해치웠다. 즉 자기 절제에 실패했다.

사람들은 자기 자신에게 절제력이 있다고 믿는 절제 편향을 가지고 있다. 그래서 흔들리기 쉬운 심각한 유혹에 당당하게 자신을 노출시켰다가 헤어나지 못하기도 한다. 실험에 사용한 음식뿐만 아니라, 흡연, 음주, 심지어 마약이나 범죄 등에 빠진 사람과 인터뷰한 내용을 보면 처음에는 언제든지 자신의 의지로 빠져나올 수 있다고 생각했다는 사람이 많다. 혹은 담배를 피우고 있으면서도 마음만 먹으면 바로 끊을 수 있다고 말하는 사람까지 있다. 그러나 현실에서 유혹을 견뎌내고 자기를 끝까지 절제하는 사람은 상대적으로 극소수이다.

사람들은 실제로 유혹을 극복했던 경험이나 자신의 절제력을 높이 평가할 만한 근거가 많지 않은데도 자신은 절제력이 충분하다고 지각한다. 그리고 유혹 앞에서 자신의 감정이 어떻게 쉽게 흔들렸는지도 잘 기억하지 못한다. 그래서 절제 편향에 쉽게 빠져버린다. 문제는 절제 편향 때문에 자신의 절제력을 과신하여 올바른 판단을 내리지 못하고 똑같은 잘못이나 실수를 반복한다는 것이다. 음식이 눈앞에 없을 때는 절제한다고 믿다가, 음식 앞에 서면 순식간에 몇 그릇을 뚝딱 해치운다. 그러고는 이제부터는 달라질 거라며 당당하게 다이어트를 선언하기도 한다. 충분히 결심했으니 절제할 수 있으리라 생각하고, 또 유혹에 자신을 노출시킨다. 그리고 또 무너진다.

만약 자기 절제가 필요하다면 혼자서 선언하기보다는 내가 절제할 수 있게 주변 사람이 많은 곳에서 약속하는 것이 좋다. 절제에는 다른 사람의 도움이 필요하다. 혼자서는 안 된다. 그리고 만약 여러분이 누군가 절제하는 것을 도와주려면 끊임없이 자신이 한 약속을 떠올리게 해야 한다. 그리고 장난치며 일부러 유혹에 노출시키기보다는 유혹 대상을 눈앞에서 멀리 치워버려야 제대로 도와줄 수 있다.

참고항목

■ 통제감 착각: 자신의 통제력에 비현실적인 기대를 하는 현상.

032 측면별 제거 Elimination by Aspects

난 하나만 볼래!

> **정의** 선택 과제가 복잡한 경우에 전체 속성을 고루 평가하기보다는 한 속성값만 고려
> 하여 결정하는 것. 즉 어느 한 속성값이 두드러지면 다른 속성값은 망각하거나 아예
> 탐색하지 않고 선택한다. '속성값에 의한 제외', '요인별 제거법'이라고도 한다.

노벨 경제학상을 받은 인지심리학자 허버트 사이먼 교수가 정의한 만족
하기 규칙Satisficing은 사람들이 제한된 합리성 때문에 만족의 극대화를
추구하지 않고 그 정도면 충분하다 싶은 수준에서 멈추는 선택 방식이
다. 이 만족하기 규칙의 연장선상에 구체적인 판단전략으로 측면별 제거
법이 있다.

측면별 제거법은 여러 대안을 종합적으로 평가하지 않고, 한 번에 한
가지 측면씩 기준으로 삼아 평가하고 측면별 최소 준거를 충족시키지
못하는 대안을 제거하는 휴리스틱이다. 대안별로 여러 측면을 고려해야
할 때, 고전 경제학에서 예언하는 것처럼 효용을 계산하며 대안을 종합

비교해서 최적의 대안을 찾기는 쉽지 않다. 순간적으로 기억하고 처리할 수 있는 용량에는 제한이 있어서 여러 계산 및 규범적 판단 절차를 따르기가 쉽지 않기 때문이다. 그래서 일종의 지름길을 선택한다. 예를 들어, 가장 중요한 측면을 선택하고, 이 측면에서 상위에 놓이지 않는 제품은 고려 대상에서 제외한다. 그런 후, 나머지 제품을 다른 측면에서 비교, 평가하여 대상 범위를 다시 좁힌다. 이렇게 하면 인지적 부담을 덜면서 웬만큼 만족스러운 대안을 찾을 수 있다.

미국 플로리다 대학 경제학과 크리스티나 글래드윈Christina H. Gladwin 교수의 1980년 분석연구에 따르면 사람들은 자동차 구매와 같은 일상생활 속 선택에서도 자연스럽게 측면별 제거법을 사용한다. 자동차를 살 때 고려해야 하는 요소는 아주 많다. 브랜드 호감도, 안전성, 가격, 승차감, 유지비, 수리비, 리콜 사례, 내부 설치 옵션, 엔진 성능 등 여러 요인을 따져야 한다. 하지만 여러 회사의 여러 차종 및 옵션을 살펴보며 고른다 해도 모든 요인을 다 고려하기는 어렵다. 그래서 경제적 여유가 빠듯한 사람은 가격을 최고 기준으로 삼아 상당수의 후보 차종을 탈락시키고, 남은 차 중에서 승차감이나 연비 등을 고려하여 범위를 좁혀 나가면서 차를 고른다. 반면 어린아이를 포함해서 가족과 함께 자동차를 타려고 구매하는 사람은 안전성을 최고 속성으로 놓고 여러 대안을 제거하는 식으로 구매를 진행한다.

최고 대안을 골라내는 절대적인 속성은 없으며, 그때그때 소비자의 머릿속에 떠오르는 속성에 따라 선택 결과가 달라지기 쉬운 것이 바로 측면별(요인별) 제거법의 특성이다. 따라서 최적의 선택을 보장하지는 못한다. 아무리 다른 속성들이 훌륭하다 해도 우선순위가 앞선 속성에서 기준에 미달되어 제외되면 더는 고려 대상이 되지 못하기 때문이다.

　사람들이 복잡한 의사 결정을 할 때 선호하는 속성을 중심으로 측면별 제거법을 쓴다는 사실은 기업 입장에서 반가운 소식이다. 소비자가 선호할 만한 특정 속성을 강조하면 되기 때문이다. 애플은 아이폰 광고에서 소프트웨어의 편리함을 강조하고, 삼성은 하드웨어의 탁월한 성능을 강조한다. 어떤 아파트는 인테리어 디자인을 강조하고, 어떤 아파트는 조경 시설을 강조하거나 이웃 및 주변 입지를 강조하며 저마다 다른 속성에서 우위를 점하려 노력한다. 종합적으로 평균값을 계산했을 때 높은 평가를 받을 수 있는 속성을 두루 갖추고 있다는 식으로 광고하는 것보다, 특정 측면에서 특별한 장점을 갖고 있음을 어떻게든 강조하여 소비자의 머릿속에서 주요 측면으로 집어넣기 위함이다.

　시장점유율이 낮은 상품이나 신상품을 선전할 때 자기 상품의 독특한 장점이나 속성을 부각해 소비자로 하여 다른 측면들을 무시하고 그 속성 중심으로 다른 상품을 평가하여 제외하게 한다. 그래서 경쟁사 제품을 노골적으로 등장시켜 비판하는 네거티브 광고Negative AD를 하는 것이다. 아무리 좋은 속성이라도 우선순위에서 밀리면 아예 고려대상도 되지 않으며, 설령 여러 속성 평가에서 끈질기게 살아남는다 해도 결국에는 현재 고려 대상인 특정 속성에서 최고인 대안을 선택할 것이기 때문이다. 일부러 특정 속성을 순서대로 떠올려 자사의 제품이나 서비스를 선택하게 유도하기도 한다.

　예를 들어 "등산복은 아주 많습니다. 하지만 그 등산복이 평소에도 입고 다닐 수 있도록 디자인이 산뜻한가요?"라며 '방한성', '내구성' 등의 속성에서 강자인 다른 제품들을 아예 고려 대상에서 빠지게 한다.

그다음 광고에서 "몇 개 안 되는 평범한 색상으로 여러분의 개성을 표현할 수 있을까요?"라면서 녹색, 회색, 빨간색 등을 주로 사용하는 다른 디자인 경쟁사도 탈락시킨다. 그다음에서야 "가벼워서 불편하지 않고" 등등의 다른 요소를 부각한다. 만약 가벼운 원단을 맨 먼저 고려하게 했다면 다른 경쟁사가 자사의 제품보다 먼저 고객의 머릿속에 떠올랐을 수 있다. 색상을 먼저 강조했다면 다른 화려한 색상의 일반 의류와 비교되면서 해당 제품이 초라하게 느껴졌을 것이다. 하지만 광고 순서대로 판단을 내린 소비자는 해당 제품이 여러 측면을 고려했을 때 최고의 대안인 것처럼 느끼게 된다.

참고항목

- 기준점 설정 휴리스틱: 제시된 정보의 일부분, 혹은 하나의 특징을 중심으로 판단하는 것.
- 가용성 휴리스틱: 모든 정보를 골고루 탐색하는 것이 아니라 인지처리 용량의 한계 때문에 가용한 정보 안에서 판단을 내리는 것.
- 대표성 휴리스틱: 사건의 발생 확률을 정확히 판단하는 것이 아니라, 사례가 얼마나 모집단을 대표하는지 즉, 제시된 정보가 얼마나 그럴듯한지를 바탕으로 타당성을 쉽게 평가하는 것.

033 클러스터 착각 Clustering Illusion

내 눈에는 어떤 흐름이 보인다

> **정의** 무작위로 발생하는 사건이 연속해서 일어나면 거기에 무언가 특별한 범주로 묶을 만한 연관성이 있다고 착각하는 것. 한마디로 연속동일사건 발생에 의한 착각이다. '군집 착각'이라고도 한다.

부정이 개입되지 않는 한, 주사위나 룰렛 등을 활용하는 도박이나 복권 당첨번호는 이전 사건은 물론 이후 사건과도 관련이 없다. 즉 매 사건이 독립적으로 일어나며, 무작위로 당첨번호가 정해진다. 그런데 그 사건이 1회로 끝나지 않고, 도박은 바로 이어서 매회, 로또는 매주 연속해서 같은 사건이 일어나면 마치 특정한 패턴이 있는 것처럼 보인다. 심지어 10회 때는 홀수가 많이 나왔으니 11회째에는 짝수가 많이 나올 것이라는 식으로 이전 사건들을 구체적으로 군집화한다. 그러나 이것은 명백한 편향이다. 매 사건은 독립적으로 발생하며, 이전 사건과 무관하므로 어떤 관련성도 있을 수 없다. 그런데도 무작위로 발생하는 사건들 속에서 관련성을 찾아 패턴을 이야기한다면 그것은 돈벼락 맞을 비법을 알고 있는 것이 아니라, 단지 클러스터 착각에 빠진 것뿐이다.

같이 한 가지 실험을 해보자. 다음은 동전을 연속해서 던진 결과이다. H는 앞면이고 T는 뒷면이다.

HHTTHTHTHHTT

어떤 패턴이 보이는가? 앞면이 두 번 나오면, 뒷면도 두 번, 앞면이 한 번 나오면 뒷면도 한 번 나온다. 만약 앞면이 세 번 나오면 어떻게 될까? 맞출 수 있겠는가? 만약 여러분이 뒷면이 세 번 나올 것이라고 생각한다면 지금 클러스터 착각에 빠진 것이다. 동전을 던져 앞면과 뒷면이 나올 확률은 같으며, 결과에 어떤 패턴이 있을 수 없다. 매 사건은 연속될 뿐 각각 독립된 확률로 움직인다. 그런데도 사람들은 무작위로 발생한 결과들 속에서 억지로 연관성을 만들어내는 편향을 보이는 것이다. 이것이 로또 당첨번호 예상 사이트와 스포츠 토토 예상 사이트가 인기를 끄는 이유이다. 카너먼과 트버스키 교수는 이러한 클러스터 착각과 연관된 사례를 대표성 휴리스틱으로 설명하기도 했다.

클러스터 착각에 빠지면 존재하지도 않는 패턴에 투자해서 손실을 볼 수 있으니 경계해야 한다. 당첨 확률이 높은 복권 번호를 알려준다는 사이트에 가입해서 월 회비를 날리기도 한다. 주식시장에는 자신이 개발한 투자 차트 분석법에 따라 남몰래 투자하다 망한 사람이 많다. 눈앞에 패턴인 듯한 결과가 있는데도 유혹에서 벗어나는 것은 힘들다. 그럴 때는 패턴이 아니라 사건의 본질을 봐야 한다. 그저 무선적으로 발생하는 사건이 연속된 것뿐인지 아닌지 말이다. 굳이 패턴이라는 신념 때문에 투자하고 싶어 못 견디겠으면, 최소한만 투자해보는 것도 방법이다. 그게 피해를 최소화하는 길이다.

참고항목

- 착각적 상관: 본질적으로 관련성이 없는 두 사건이 상관관계가 있다고 착각하는 것.
- 대표성 휴리스틱: 사건의 발생 확률을 정확히 판단하는 것이 아니라, 사례가 얼마나 모집단을 대표하는지 즉, 제시된 정보가 얼마나 그럴듯한지를 바탕으로 타당성을 쉽게 평가하는 것.
- 도박사의 오류: 사건 전후의 확률에 따라 독립적인 사건의 승률이 달라질 것이라 믿는 현상, 즉 확률을 주관적으로 해석하는 오류이다.
- 뜨거운 손 현상: 성공은 또 다른 성공을 연속해서 낳는다는 믿음에 빠져 연속 사건의 승률을 자신 있게 예측하는 현상.

034 타조 효과 Ostrich Effect

안 보면 그만이야!

> **정의** 객관적으로 존재하는 위험 정보를 일부러 무시하며 실제로 없는 듯이 왜곡하는
> 것. 마치 모래 속에 머리를 파묻으면 위험이 사라진다고 여기는 타조처럼 위험 정보를
> 아예 차단함으로써 문제를 해결하려는 현상이다. 또한 정보를 차단하여 위기에 적절
> 히 대처하지 못하는 현상을 지칭하기도 한다.

타조 효과라는 용어는 타조의 특성에서 유래했다. 타조는 궁지에 몰리면 모래에 머리를 처박고 움직이지 않는다. 눈을 감으면 위기를 모면할 수 있다고 여기는 것이다. 그러나 사실 타조에게는 이런 특성이 없다. 사람들이 잘못 알고 퍼트린 일종의 전설일 뿐이다.

비록 타조에게는 모래 속에 머리를 처박는 습성이 없지만 사람에게는 비슷한 사고 특성이 있다. 예루살렘 히브루 대학의 댄 갈라이Dan Galai와 올리 사드Orly Sade 박사의 2006년 연구에 따르면 사람은 자신이 손해 볼 것이라는 정보를 회피하는 경향이 강했다. 손해 볼 것이라는 정보가 있으면 대응 방법을 찾아 위기를 모면하는 것이 아니라, 그저 경고 자체를

무시함으로써 위기가 없고 이익을 남길 수 있다고 생각했다.

부정적인 상황을 반길 사람은 거의 없다. 특히 위기의 강도가 크거나 속도가 빠르면 앞길이 막막해진다. 그래서 부정적인 상황을 회피하고 싶은 마음에 아예 눈을 감아버린다. 위기에 당당히 맞서는 것보다는 위기가 없는 것처럼 행동하는 게 더 쉽다. 그래서 타조 효과가 일어난다.

미국 카네기멜론 대학의 조지 뢰벤스타인George Lowenstein 교수 등이 2009년에 실시한 연구를 보면, 경기가 나쁠 때 사람들이 자신의 재무 상태를 확인하는 정도는 평소보다 50퍼센트에서 80퍼센트 적었다. 바닥난 은행 잔액을 보면서 앞으로 어떻게 살지 생각하기보다는 아예 회피하며 아직 자신은 괜찮다는 믿음을 강화하는 것이다. 모래에 머리를 파묻고 아무것도 자신에게 덤비지 않으니 안전하다고 믿는 것처럼.

타조 효과는 경영 사례에서 많이 찾을 수 있다. 2008년 9월 글로벌 금융위기의 도화선이 된 것은 미국 투자은행 리먼브러더스의 파산이었다. 그런데 당시 회장이었던 리처드 풀드Richard Fuld는 주택 담보 대출의 증가와 금융시장의 불안 요인 증가 등 여러 위험 정보를 무시했다. 그리고 전략 수정을 요구한 리스크관리책임자CRO를 파면하고 회계 조작을 지시했다. 게다가 이런 사실을 안 수석 부사장의 위험 경고를 무시했을 뿐만 아니라 그를 파면하기까지 했다. 오히려 역발상 투자를 운운하면서 닥쳐오는 위기에 그대로 노출될 때까지 천문학적으로 손실을 키우기만 했다. 그렇게 창업 150년이 넘은 리먼브러더스는 쓰러졌고, 금융시장은 투자사의 연쇄 도산으로 크게 흔들렸다.

토요타 자동차의 1,000만 대 대형 리콜 사태도 타조 효과의 사례로 손꼽힌다. 토요타는 이미 여러 해 전부터 미국 소비자들의 불만 접수가 이어져 가속 페달의 문제점을 알고 있었다. 그러나 토요타 경영진은 토요타 생산 시스템의 우수한 경영성과를 홍보하느라 바빴다. 그리고 훌륭한 시스템에서 그런 잘못이 일어날 수 없다며 차량 결함이 아닌 운전자의 부주의로 사고 원인을 몰고 갔다. 그러다 소비자의 원성을 사 결국 대량 리콜을 하며 경제적 손실 및 오랫동안 노력해서 도달한 시장점유율 1위라는 신뢰성에도 심각한 타격을 입었다.

토요타 경영진은 위험 정보를 철저히 무시했다. 2004년과 2005년에는 판매 대수보다 리콜 대수가 오히려 많았다는 내부 정보도 무시했다. 오직 성공과 관련한 것만 보려 했다. 하지만 그것은 진실이 아니었다. 그들은 성공의 길이 아니라 실패의 길을 걷고 있었고, 대량 리콜 이후 신뢰를 잃어 현대자동차 등의 후발 주자에게 시장의 상당 부분을 내주게 되었다.

타조 효과에 빠지면 앞의 경영 사례처럼 손실이 엄청나게 커진다. 경영을 책임지는 사람일수록 위험 정보에 주목해서 적극적으로 해결하려는 노력이 필요하다. 또한 타조 효과를 방지하려면 위험 정보를 제대로 인지하고 대처할 수 있도록 업무처리 시스템을 만드는 것도 필요하다. 그렇다고 꼭 새로운 시스템을 만들 필요는 없다. 원래 이사진 회합이나 주주 총회도 회장이 낸 안건에 대한 거수기 역할을 하려고 존재하는게 아니라 부정적인 내부 정보를 포함한 다양한 정보의 교류를 위해 만든 것이다. 모래가 아닌 건전한 반대 의견을 수렴할 수 있는 창구를 찾는 것이 현명한 위기 해결 전략이 될 것이다.

개인에게도 타조 효과는 문제이다. 파산 지경까지 과소비하거나, 저축하지 않고 나태하게 살 수 있기 때문이다. 정기적으로 자신의 상태를 확인하는 습관을 길러야 한다. 달력에 적거나 은행에서 보내는 정기적인 메일 서비스를 신청하는 등의 노력이 필요하다. 금융 문제만이 아니라, 다른 인간관계나 일상생활의 문제도 정기적으로 확인하며 부정적인 상황도 점검하려 노력한다면 오랫동안 일부러 위험 정보를 무시해서 생기는 타조 효과를 막을 수 있다.

참고항목

■ 정상화 편향: 위기 상황에서도 자신만은 괜찮을 것이라고 믿는 것.

035 통제감 착각 Illusion of Control

운도 우연도 내가 다 통제할 수 있어

> **정의** 사실상 통제할 수 없는 일인데도 자신에게 통제할 능력이 있다고 과대평가하는 것. 심지어 운이나 우연도 자신이 통제할 수 있다고 믿는다. 흔히 '사람들은 모두 제 잘난 맛에 산다'라고 말한다. 즉 불행한 사건이 일어날 가능성은 낮게 보고 남들보다 행복한 미래가 기다리고 있다고 생각하는 것처럼 우연에 의해 결정되는 일도 자신이 통제력을 행사할 수 있다고 믿는 것이 바로 통제감 착각이다.

1975년 미국 심리학자 엘런 랑거Ellen Langer는 다음과 같은 실험으로 통제감 착각을 증명했다. 랑거는 실험참가자에게 버튼 1개를 주고 버튼을 누르는 행동과 전등이 켜졌다 꺼졌다 하는 것에 어떤 관련이 있는지 평가하게 했다. 사실 전등이 켜지고 꺼지는 것은 버튼을 누르는 행동이 아니라 버튼이 전등과 연결된 방법과 관련이 있었다. 한 조건은 참가자가 누르는 버튼과 전등이 연결되어 있었지만, 다른 조건은 연결되어 있지 않았다. 즉 연결된 버튼은 당연히 통제감이 있어야 정상이지만, 연결되지 않은 버튼을 눌렀을 때 통제감을 느끼는 것은 착각일 수밖에 없는 논리로 실험이 설계된 것이다. 그런데도 실험참가자들은 자신들의 행동이 전등을 통제했다고 보고했다. 통제감 착각이 일어난 것이다.

통제감 착각으로 유명한 인물은 제2차 세계대전 당시 일본제국 해군 연합함대를 지휘한 야마모토 이소로쿠山本五十六 제독이다. 야마모토는 뛰어난 리더십을 가진 군인이고 자신의 결정에 확고한 믿음을 갖고 있었다. 그는 진주만 공격을 성공으로 이끈 주역 중 한 사람이자 영국과 네덜란드를 몰아내고 남태평양과 인도양 일부의 제해권을 장악한 인물이기도 하다.

말 그대로 승승장구하던 야마모토는 하와이를 둘러싼 중태평양까지 진출할 계획을 세운다. 그는 항공모함을 동원해 미 해군이 힘을 기르기 전에 태평양에서 몰아내야 한다며 하와이 침공을 제안했다. 군 지도부는 병력 부족과 계획의 무모함을 들어 난색을 표했으나 야마모토 제독은 반대론자들이 제기한 다양한 문제점을 다 통제할 수 있다고 생각했다. 하지만 끝내 원하는 지원을 받지 못하자 계획을 수정해서 하와이에서 멀리 떨어졌지만 공군기지가 있는 섬인 미드웨이를 공략해서 자신의 중태평양 평정 계획을 밀어붙이기로 했다.

야마모토는 자신감에 넘쳐 있었다. 심지어 모의훈련에서 자신의 전략을 따른 일본군이 패하는 것을 확인했음에도 미군 역할을 한 팀이 반칙해서 그런 결과가 나온 것일 뿐, 그런 예외 상황마저도 자신이 통제할 수 있을 것이라며 강하게 밀어붙였다. 야마모토 제독 개인의 통제감 착각이 불러온 결과는 심각했다. 중태평양 진출은커녕 태평양 전체에서 일본이 패주하는 손실을 본 것이다. 전세는 급격히 미국과 연합군으로 기울었고, 육상에서만 고군분투하던 일본은 결국 패망했다.

야마모토 제독처럼 승승장구하는 사람만 통제감 착각을 가진 것은 아니다. 복권 번호를 자신이 직접 선택하거나 자동으로 선택하거나 확률은 같은데도 사람들은 자신이 직접 번호를 선택해야 직성이 풀린다. 운을 통제할 수 있다고 생각하기 때문이다. 어떤 중국인은 복을 나타내는 숫자인 '8'자로 이루어진 전화번호 8888-8888을 얻으려고 233만 위안(28만 달러)을 지급하기도 했다.

통제감 착각에 빠지면 긍정적인 결과가 생길 가능성을 과대 지각하게 되면서, 부정적인 결과는 잘 생기지 않을 것이라고 왜곡하는 경향을 보인다. 끼리끼리 모이듯이 착각은 다른 착각과 함께 찾아오는 법이다. 물론 그 무리에서 가장 치명적인 힘을 가진 것은 야마모토 제독 사례에서도 확인할 수 있듯이 통제감 착각이다.

사실은 통제할 수 없는 일을 통제할 수 있다며 스트레스를 받거나, 충격을 받을 수도 있으니 자신의 통제 능력과 해당 사건의 본질이 통제 가능한 것인가에 관해서 정확하게 평가하려는 노력이 필요하다. 그것이 여러분 자신은 물론 함께 일하는 다른 사람, 나아가 사회에도 좋은 영향을 줄 것이다.

참고항목

- 희망적 사고 편향: 어떤 근거에 의한 것이 아니라, 단지 긍정적인 결론을 선호하기 때문에 자신이 믿고 싶어 하는 긍정적 결론에 맞춰 생각하는 현상.
- 우월성 편향: 자신이 평균 이상의 능력이나 성품 등 긍정적 특성을 지녔다고 생각하고 동시에 부정적 특성은 평균 이하뿐이라고 생각하는 현상.

036 틀 효과 Framing Effect

포장이 중요해

> **정의** 같은 정보도 어떤 틀로 제공하느냐에 따라 사람들의 판단이 달라진다. 사실상 똑같은 판단 옵션도 긍정적인 틀(이익)로 제시하느냐, 부정적인 틀(손해)로 제시하느냐에 따라 사람들이 생각하는 양상이 달라지는데 이를 이르는 말이다. '프레이밍 효과', '틀 제시 효과'라고도 하며, 영어로는 Frame Effect라고도 표현한다.

다음과 같은 문제 상황이 있다. 여러분은 어떤 판단을 내릴 것인가?

"아프리카에 전염병이 퍼졌다. 새로운 치료제를 사용하면 600명 중 200명을 살릴 수 있다. 새로운 치료제를 사용하겠는가?"

그럼 다음과 같은 문제 상황에서는 어떻게 하겠는가?

"아프리카에 전염병이 퍼졌다. 새로운 치료제를 사용할 때의 구제율은 약 33퍼센트이다. 그러나 약 66퍼센트는 새로운 치료제를 사용해도 살릴 수 없다. 새로운 치료제를 사용하겠는가?"

두 문제 상황의 생존율은 3분의 1로 똑같다. 하지만 600명 중 200명을 살린다고 하는 첫 번째 문제의 제시 틀이, 600명 중 400명이 죽을 것이라는 두 번째 제시 틀보다 더 좋아 보인다.

1981년 대니얼 카너먼과 아모스 트버스키 교수는 실제로 위의 문제 상황을 가지고 실험을 했다. 그 결과, 첫 번째 문제 제시 틀처럼 이익을 제시했을 때 손실을 제시한 두 번째 문제 상황보다 더 치료제 사용에 적극적이었다. 첫 번째 문제 상황에서는 72퍼센트의 실험참가자가 치료제 사용에 동의했지만 두 번째 문제 상황에서는 28퍼센트의 참가자만 동의했다.

카너먼과 트버스키 교수는 다음과 같이 문제를 살짝 바꿔서 다른 실험참가자에게도 제시했다.

> "아프리카에 전염병이 퍼졌다. 새로운 치료제를 사용하면 600명 중 400명이 죽는다. 새로운 치료제를 사용하겠는가?"

그럼 다음과 같은 문제 상황에서는 어떻게 하겠는가?

> "아프리카에 전염병이 퍼졌다. 새로운 치료제를 사용하면 모든 사람이 하나도 죽지 않고 살 수 있는 확률이 33퍼센트이다. 그러나 600명이 전부 죽을 확률도 66퍼센트이다. 새로운 치료제를 사용하겠는가?

세 번째 문항과 네 번째 문항은 첫 번째 문항과 두 번째 문항의 제시 틀을 바꾼 것이다. 그런데 이번에는 네 번째 문항의 제시 틀에는 78퍼센트의 실험참가자가 동의한 데 반해, 세 번째 문항에는 22퍼센트만 동의했다. 생존의 틀로 제시했을 때 가장 높은 응답률을 기록했던 문항이 결과는 똑같지만 사망의 틀로 제시했을 때 가장 낮은 응답률을 기록한 것이다.

600명 중 400명이 죽는다는 것은 200명을 살릴 수 있다는 얘기이기도 하다. 실험에 참가한 프린스턴 대학 학생들이 문제를 숫자로 계산할 능력이 없어서 이런 결과가 나온 것은 물론 아니다. 인간에게는 보편적으로 이익을 선호하고 손해는 피하고 싶은 손실 혐오 성향이 있으며, 두 번째 문제 제시 틀과 세 번째 문제 제시 틀이 손실을 더 강조하게 구성되어 있기에 선택을 피한 것이다.

틀 효과의 원인은 조망 이론으로 설명할 수 있다. 사람들은 같은 양이라도 이익보다 손해라고 지각할 때 더 민감하게 반응한다(026. 손실 혐오 참조). 또 확실성 효과에서도 다른 원인을 찾을 수 있다. 카너먼과 트버스키 교수가 사용한 첫 번째 문제는 확실히 200명을 살릴 수 있다고 쓰여 있는 데 반해, 두 번째 문제는 확률로 표시되어 있어 확실성이 떨어진다. 사람들은 불확실성보다는 확실성을 추구하므로 긍정적인 틀로 제시된 문제 상황 중 첫 번째 문항을 선택한 것이다. 그리고 세 번째 문항은 확실히 사망할 것이라고 쓰여 있으므로 그나마 생존 확률을 따져 볼 수 있는 네 번째 문항을 선택한 것이다.

틀 효과는 광고에 많이 활용된다. 쇼핑센터에서는 물품을 싸게 파는 타임 서비스를 하면서 '지금 사시면 돈 벌어 가시는 것이에요'라고 광고한다. 쇼핑은 돈을 쓰는 것인데도 마치 소비가 돈을 버는 일처럼 틀을 바꿔 제시하는 것이다. 그리고 우리가 당연히 여기는 긍정적 광고에도 틀 효과는 숨어 있다. 현재 99퍼센트 성공률을 자랑하며 광고하는 피임약이 틀을 바꾸어 100명 중 1명꼴로 약효가 들지 않아 원치 않는 임신을 한다고 광고한다면 매출 실적에 분명 큰 차이가 생길 것이다.

회사의 실적 발표에도 틀 효과는 숨어 있다. 신규 인력 채용률이 상승한 것을 보면 취업률이 증가한 것 같아 긍정적 판단을 내리기 쉽지만, 해당 지표에는 신규 인력에 자리를 내준 퇴직자 수가 포함되어 있다. 그러나 부정적 이미지인 퇴직률 대신 긍정적 이미지 틀을 가진 신규 인력 채용률을 보고함으로써 긍정적인 판단을 이끌어낸다. 정부 정책의 효과 발표에도 이전 정부보다 20퍼센트 더 많은 국민이 정부 정책에 긍정적인 평가를 하고 있다고 선전한다. 그러나 그 출발점이 10퍼센트인 경우, 여전히 국민 3명 중 2명은 정부 정책에 불만을 품고 있다는 얘기가 되지만 긍정적인 틀로 제시함으로써 그런 사실을 숨길 수 있다.

틀 효과는 사회문제뿐만 아니라 인생에 관한 개인적 판단에도 영향을 미친다. 인생의 출발점이 아주 충만했던 것이라고 생각하는 틀에서는 매 순간이 뭔가를 잃는 좌절의 연속으로 다가온다. 그러나 애초에 출발점은 '0'이었고 '적어도 옷 한 벌은 건지는' 것이 인생이라고 생각하는 틀로 본다면 그렇게 서운할 것도 많지 않다.

참고항목

■ 손실 혐오: 같은 양이지만 이익을 얻었을 때의 반응에 비해 훨씬 더 민감하게 손실을 피하려는 성향을 말한다.

037 파레이돌리아 Pareidolia

달 속에는 토끼가 살지

정의 특정 방향으로 해석하기 모호한 대상에서 의미 있는 형태를 찾아내려는 심리 현상. 즉 해당 대상에는 그런 의미가 없는데도 특정한 이미지가 있다고 왜곡하는 것으로 '자기가 자기를 속이는 현상'이라고도 한다.

파레이돌리아는 평범한 사람에게서도 쉽게 확인할 수 있다. 바닥이나 벽의 얼룩에서 사람의 얼굴이나 특정한 기호, 상징을 보는 것이 가장 대표적인 예이다. 사람들이 달에서 토끼의 모양을 본 것도 파레이돌리아 때문이다. 한반도의 지형을 호랑이나 토끼 모양으로 보거나, 이탈리아 반도를 보면서 장화를 떠올리는 것도 마찬가지이다. 원래 달이 생성될 때 토끼와 비슷한 무늬를 누군가 새겨 넣은 것도 아니니 그렇게 의미를 넣어서 해석하는 것은 사물을 있는 그대로 바라보지 못한다는 측면에서 분명 왜곡이다.

어떤 사람은 명상이나 기도 중에 신비한 현상을 보거나, 숲 속에서 귀신의 모습을 보거나, 하늘에서 UFO를 보기도 하는데, 이것도 파레이돌리아에 해당한다. 명상이나 기도를 하다 신비한 현상을 목격했다면, 그것도 똑같은 장소와 똑같은 시간대에 그랬다면 분명 신기한 경험인 것은 맞다. 하지만 특정 방향으로 모든 정신적 노력이 기울었을 때 모호한 대상에서 그 당시 가장 집중하고 있던 의미 있는 형태가 보이는 편향일 가능성이 더 크다. 똑같은 숲 속인데 낮에는 보이지 않던 귀신이 밤이 되자 깜짝 등장하는 것도 어둑어둑해서 나무의 형체가 모호해진 숲에서 자신이 평소 무서워하던 귀신을 찾아낸 것에 불과하다. 그리고 각각 다른 구름 모양에서 UFO를 보는 것도 모호한 대상에서 의미 있는 형태를 찾아내려는 편향이 작용해서이다.

심리학에서는 파레이돌리아를 이용해서 심리검사를 하기도 한다. 그 예가 로르샤흐 잉크점 검사Rorschach Inkblot Test이다. 모호한 자극을 어떤 의미로 해석하는지 관찰해서 검사 대상자의 심적 상태를 해석하는 것이다. 로르샤흐 잉크점 검사에 사용하는 잉크점은 특정 사물을 닮지 않은 모양을 세심하게 고른 것이니, 거기에서 특정 사물을 본다면 그만큼 검사 대상자가 해당 대상에 집중하고 있다고 추론하는 것이다(097. 착각적 상관 이미지 참조).

이미지뿐만 아니라 소리를 듣고도 파레이돌리아가 일어날 수 있다. 팝송이나 샹송, 칸초네 등의 외국 노래를 들으며 한국어를 듣게 되는 경우가 그렇다. 영어를 잘 모르는 사람은 팝송 가사 속 '렛 미 비Let Me Be'를 '냄비 위'로 들으며 신기해한다. 이 같은 소리 파레이돌리아는 개그 등의 방송 프로그램의 단골 소재로 쓰이기도 한다. 1990년대에는 가수 '서태지와 아이들'의 음반을 거꾸로 들으면 악마의 목소리가 들린다고 해서 화제가 된 적도 있다. 커다란 소음을 자신을 부르는 목소리로 듣거니, 무슨 물체인지 모르는 것이 터지며 낸 소리를 개가 크게 짖는 것으로 듣는 것 등도 파레이돌리아이다.

2001년 9·11 테러 당시 현장에 있었던 많은 사람이 치솟는 연기 속에서 악마의 얼굴을 보았다고 주장했다. 또는 어떤 사람들은 자연적으로 형성된 나무 모양에서도 악마의 형상을 보기도 하며, 인면어와 같은 물고기의 무늬에서 사람의 얼굴을 보기도 한다. 모두 파레이돌리아이다. 사람은 자신에게 믿음이 강하다 보니 자신이 보고 들은 것을 지나치게 신뢰할 때가 있다. 하지만 파레이돌리아의 여러 사례를 살펴보았듯 자신이 분명히 본 것 혹은 들은 것이라고 다 믿을 수 있는 것은 아니다. (자신이 느끼기에는 아주 자연스럽게 지각되는 것이지만) 내가 억지로 의미를 부여한 것일 수 있기 때문이다.

참고항목

■ 착각적 상관: 본질적으로 관련성이 없는 두 사건이 상관관계가 있다고 착각하는 것.

038 편승 효과 Bandwagon Effect

머스트 헤브 아이템이라는데
나도 사야지!

> **정의** 다수가 내린 결정에 개인의 판단을 맞추는 것. 자기 판단의 정확성보다는 다른 사람의 결정이 최종 판단에 더 큰 영향을 주는 것이 편승 효과의 특징이다. 'Bandwagon'을 직역하여 '악대차 효과'라고 하거나, '밴드왜건 효과'라고 번역하기도 한다.

편승 효과(밴드왜건 효과)라는 용어는 '시류에 편승하다Jump on the Bandwagon'라는 표현에 뿌리를 두고 있다. 서커스나 퍼레이드 행렬을 보면 맨 앞에 밴드가 탄 마차(악대차)가 있는데, 이 마차를 밴드왜건이라고 한다. 밴드왜건은 행렬 앞에서 분위기를 띄우며 무리를 인도하는 역할을 하는데, 1848년 댄 라이스Dan Rice라는 광대가 선거운동에 밴드왜건을 사용해 사람들의 관심을 끄는 데 크게 성공한 이후 많은 정치가가 밴드왜건에 올라타서 선거운동을 하게 되었다. 그리고 실제 사람들의 호응을 얻어 선거에서 긍정적 결과를 얻자 하나의 정치 전략 트렌드로 자리 잡게 되었다. 정치 분야에서 흔히 '세몰이'라고 하는 것이 바로 편승 효과를 지칭한다고 할 수 있다.

편승 효과가 생기는 이유는 사회적 압력 때문이다. 1951년 스워스모어 대학의 솔로몬 애쉬Solomon E. Asch 교수가 진행한 실험은 편승 효과의 작동원리를 잘 보여준다. 그는 대학 게시판에 시력검사에 참여할 사람을 모집한다고 알려 실험참가자를 모집했다. 하지만 사실은 시력검사를 가장한 사회심리학의 동조 실험이었다. 애쉬는 실험참가자를 약 7명에서 9명 정도 되는 집단으로 나눠 배치했다. 그리고 2개의 카드에 표시한 수직 직선의 길이를 맞추는 검사를 했다. 첫 번째 카드에는 1개의 직선을 그려 놓았고, 두 번째 카드에는 아래 그림의 오른쪽같이 3개의 직선을 그렸다. 두 번째 카드에 표시된 3개의 직선 가운데 하나는 첫 번째 카드의 직선과 길이가 같았다.

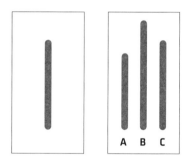

연구진은 실험참가자에게 첫 번째 카드를 보여준 후, 두 번째 카드에서 첫 번째 카드에 표시된 선의 길이와 일치하는 선을 찾는 검사를 열여덟 번 실시했다. 그런데 사실 실험 집단의 구성원 7명에서 9명 중 진짜 실험참가자는 1명뿐이었으며, 나머지 사람들은 애쉬 교수의 지시를 받은 대로 움직이는 가짜 실험참가자, 즉 실험협조자였다. 애쉬 교수는 실험협조자들에게 총 열여덟 번의 검사 중 여섯 번은 정답을 말하고, 나머지 열두 번은 미리 정해둔 오답을 똑같이 말하게 했다(위 그림에서 C가 정답이다).

이런 상황을 전혀 모르는 진짜 실험참가자는 일곱 번째 실험에서 자기 앞의 모든 사람이 틀린 답을 선택하는 것을 보며 크게 당황했다. 그리고 실험참가자의 75퍼센트가 자신이 생각하는 확실한 답이 아닌 다른 사람들이 말한 오답을 따라 선택했다. 오직 25퍼센트의 실험참가자만이 외부에 영향을 받지 않고 자기 생각대로 결정을 내렸다. 애쉬 교수는 사람들이 주위의 다수 의견을 일종의 사회적 압력으로 받아들여 자신의 의사 결정에 반영하기 때문에 이런 결과가 나왔다고 설명했다.

현실에서도 편승 효과는 쉽게 찾을 수 있다. 소문난 맛집을 기를 쓰고 찾아다니고, 필요하다 싶어 구매하려던 물건도 이전 구매자의 평가가 나쁘면 구매를 주저하거나 포기한다. 또 특정 시즌 유행 아이템이라며 대다수가 사는 물건은 필수품으로 여기며 따라 산다. 그 물건이 자신의 경제 범위를 넘는 명품이라고 해도 말이다. 이렇듯 어떤 무리의 사람들이 유행을 이끌면 다른 사람들이 이에 따르는 현상이 바로 편승 효과이다. 무리 속에서 다수의 숫자가 불어날수록 편승 효과도 더 큰 힘을 발휘한다. 그래서 무리 효과Herd Effect라고 부르기도 한다.

편승 효과는 기업의 성공 여부를 좌우하는 아주 중요한 요소이기도 하다. 그 예가 바로 소니Sony의 베타 비디오Beta Video 사업 실패이다. 소니는 당시 압도적인 기술력으로 미디어 시장을 선점하려고 신기술 비디오 재생 방식을 표준으로 내놓았다. 좋은 화질과 빠른 재생속도, 안정성 등 기술적으로는 시장을 제패하고도 남았다. 그러나 사람들은 한 시간

동안 고화질로 녹화할 수 있는 베타 비디오보다 화질은 떨어지지만 더 긴 시간 녹화할 수 있는 VHS 방식을 선택하기 시작했다. 소니의 예상과 다르게 초기 시장에서 일단 한 무리가 VHS 방식의 밴드왜건에 올라타자 사태는 걷잡을 수 없이 진행되었다. 사람들은 소수 전문가와 시장 분석가의 리뷰가 어떻든 간에 다수가 쓰기 시작한 VHS 방식을 선호했다. 그 결과 소니는 막대한 비용을 투자한 베타 방식의 비디오 사업을 바로 접어야만 했다.

조직에서 프로젝트를 진행할 때 편승 효과는 부정적으로 작용할 수도 있다. 왜냐하면 프로젝트 책임자와 핵심 인원이 어떤 의견을 입을 모아 일관되게 주장하면 사람들은 다른 생각을 하고 있어도 겉으로는 반대하기가 쉽지 않다. 그렇다 보면 결함 있는 사업인데도 그대로 진행되어 손실을 보는 경우가 많다. 이는 편승 효과를 부추기는 집단사고 Groupthink 때문이기도 하다(081. 집단사고 참조).

편승 효과는 우리가 매일 사용하는 인터넷에서도 힘을 발휘한다. 인터넷 포털 사이트의 검색어 순위가 높으면 자신도 모르게 클릭해서 정보를 보게 된다거나, 트위터나 페이스북에서 다수와 네트워크를 맺고 있는 사람과 어떻게든 연결되려 노력하고, 인터넷 쇼핑몰에서 구매 지수가 높은 상품을 선호하게 되는 것 등 인터넷 세계에는 편승 효과 사례가 가득하다. 구글은 아예 다수가 선택한 것을 검색 결과에 먼저 나오게 하는 알고리즘으로 큰 성공을 거두었다.

오프라인 매장에서도 여러 사람이 우우 몰려들면 일단 발걸음을 옮겨 살펴보게 되며, 한산해서 조용히 먹을 수 있는 식당보다 사람이 많이 앉아 있는 식당을 기웃거리는 것도 편승 효과 때문이다. 광고에서 가장 많이 팔린 차, 가장 많이 팔린 책, 가장 많이 팔린 옷 등을 강조하며 이미 많이 팔린 제품의 수요를 자극하는 것도 편승 효과를 믿고 있기 때문이다.

주식시장은 편승 효과에 특히 민감하다. 경기는 별로 나아지지 않았는데, 여러 전문가를 동원해서 주식시장 긍정론을 내놓고 최근 주식투자로 성공한 사례가 선전되면 개미 투자자들이 우르르 주식시장에 몰려들어 장세가 호황으로 바뀌는 것도 편승 효과의 한 예이다. 또한 한번 장세가 기울면 걷잡을 수 없이 빠지는 이른바 '널뛰기 장세'가 1년에 수십 번 반복되는 것도 마찬가지이다. 이렇듯 금융 경제뿐만 아니라 지금까지 살펴본 여러 경제 관련 분야에서는 편승 효과가 고객의 수요를 새롭게 창출하거나 시장의 상황을 변형시킬 정도로 강력한 것으로 보고 있다.

그러나 편승 효과를 가장 잘 쓰는 분야는 그 유래에서 알 수 있듯이 정치 분야이다. 정치인은 때로 연설장에서 한 무리의 박수 부대를 동원해 다른 사람의 동조를 이끌어 내기도 한다. 또한 정치인이 개인적으로 어떤 의견을 내는 것이 아니라, 어떤 협회나 단체의 이름으로 성명을 발표해서 여론을 이끄는 것도 다수의 사회적 압력을 통해 일반인의 생각을 손쉽게 바꾸기 위함이다. 이렇듯 편승 효과는 잘못 사용되면 진실을 호도하여 여론을 조작하거나 사람들을 정치인이 원하는 방향으로 함부로 이끌 수 있다는 측면에서 사회적으로 해로울 수 있다.

미국 켄터키 대학의 로버트 괴델Robert K. Goidel과 토드 실즈Todd G. Shields 박사의 1994년 연구에 따르면, 사람들은 편승 효과 때문에 평소 자신의 신념과 완전히 반대되는 정치적 결정을 내릴 수 있다고도 한다.

괴델과 실즈 박사는 실험참가자 180명을 9개 그룹으로 나눈 다음 똑같은 선거 시나리오를 들려주고 대답하게 했다. 시나리오에는 민주당 후보에 관해서 '당선 가능성이 높은 후보자'라는 정보가 들어 있었는데, 어느 특정 정당을 선호하지 않았던 사람 중 70퍼센트가 시나리오에서 지정한 민주당 후보에게 표를 던졌다. 그리고 시나리오를 공화당 후보에게 유리하게 바꾸었을 때에는 공화당 후보에 표를 던졌다. 심지어 공화당원이었던 사람들도 시나리오에서 민주당 후보가 당선이 유력한 것으로 나오면 민주당 후보에게 표를 주는 경향이 강하게 나타났다.

괴델과 실즈 박사의 연구를 보면, 정치가가 여론조사 순위에 민감한 이유가 쉽게 이해된다. 신문이나 방송에서 유력하다고 선전이 되면, 유권자 대다수의 기존 판단을 바꿔 표를 모을 수 있기 때문이다. 설문조사에 참여하는 사람은 전체 유권자 수에 비하면 보잘것없는 숫자이다. 하지만 해당 설문조사 결과를 접한 개인은 자신보다 많은 수의 사람이 결정한 것이라며 대부분 설문조사 결과에 자신의 결정을 맞추려는 편승 효과를 보인다.

참고항목

▪ 집단사고: 응집력이 강한 집단 내에서 구성원이 갈등을 최소화하며, 의견 일치를 보이려고 집단의 결정에 비판적인 생각을 하지 않게 되는 현상.

▪ 스놉 효과(Snob Effect): 편승 효과와는 정반대로 다수가 소비하면 그 상품의 수요가 감소하는 현상. 스놉 효과는 다른 사람과 차별적인 소비를 추구하는 성향 때문에 나온다고 알려졌다. 한정판 판매를 고집하는 이유도 스놉 효과를 염두에 둔 회사의 전략이다.

039 편향 맹점 Bias Blind Spot

내가 하면 완벽한 논리,
남이 하면 편향

> **정의** 자신이 편향을 범하고 있는지 본인은 잘 알지 못하는 현상. 즉 '인지 편향에 대한 인지 편향'이다. 그래서 이 편향을 메타 편향(Meta Bias)이라고도 한다.

편향 맹점이라는 용어는 인간의 시각이 인지하지 못하는 영역, 즉 시각적 맹점이 있는 것처럼 인지적 맹점이 있다는 뜻으로 프린스턴 대학의 사회심리학자인 에밀리 프로닌Emily Pronin의 연구팀이 만들었다.

2002년 프로닌의 연구팀은 편향 맹점을 확인하는 실험을 했다. 그들은 실험참가자에게 우월성 편향Better-than-average Bias, 후광 효과Halo Effect, 자기 배려 편향Self-serving Bias 등 일반적으로 사람이 범하는 인지 편향에 관해 설명했다. 그런 다음 각 편향과 관련된 질문을 넌지시 던졌다. 예를 들어 우월성 편향과 관련한 질문으로 성격 특성 중 "당신은 성실한가?" 하고 물으면 실험참가자는 자신은 평균 이상으로 성실하다고 답했다. 그리고 부정적인 성향이 있느냐고 물었을 때는 보통 사람들보다 적다고 대답했다. 바로 이전에 설명한 우월성 편향에 빠진 것이지만 본인은 자신이 편향에 빠졌다고 생각하지 않았다. 즉 다른 사람은 그런 편향을 갖고 있다는 것을 이해했으면서도 자신의 생각에는 그런 편향이 작용하고 있음을 인지하지 못해 스스로 생각을 교정하지 못했다.

사람들은 자신이 인지하는 내용이 누가 봐도 그럴 만한 것이라고 여기기 때문에 자신이 편파적으로 사고하고 있다고 인식하지 못한다. 만약 다른 사람이 본인의 판단을 이상하게 여기면 자기 자신의 편향을 반추하기보다는 바로 그 사람이 편향된 것이라고 생각한다. 결국 다른 사람은 쉽게 편향을 범해도 자신은 그다지 편향을 범하지 않은 사람으로 남게 되는 것이다. 하지만 이런 생각 자체가 자신의 편향을 보지 못하는 편향 맹점에 완전히 빠져 있는 것이다.

편향 맹점은 그 내용을 이해하면서도 빠져나가기 어렵다는 면에서 최악의 편향으로 손꼽히기도 한다. 일상생활에서 사람들은 다른 사람들이 갖가지 편견에 빠져 판단 내리는 것을 못마땅하게 여긴다. 예를 들어 어떤 대학생이 "전라도 사람들은 다 거칠어"라는 부모의 말을 들으면 구태의연한 지역감정에 빠져 개인의 특성을 제대로 보지 못한다고 생각할 수 있다. 하지만 그 대학생도 후배의 특정 행동 하나를 보면서 대뜸 '요즘 신입생은 하나같이 이기적이야'라고 생각할 수 있다. 전라도 사람이 신입생으로 바뀌었을 뿐 생각하는 구조는 똑같다. 하지만 그 대학생에게 물어보면 근거 없이 말한 부모와 달리 정확한 사고 패턴을 거쳐 그렇게 말한 것이라며 갖가지 이유를 대 정당화할 것이다. 물론 부모에게 물어봐도 구구절절 갖가지 사례와 근거는 들 수 있다. 한마디로 정리하면 '내가 하면 논리, 남이 하면 편향'인 것이 편향 맹점의 핵심이다.

참고항목

- 자기 배려 편향: 자신에게 편하고 유리한 방식으로 정보를 왜곡해서 처리하는 것.
- 우월성 편향: 자신이 평균 이상의 능력이나 성품 등 긍정적 특성을 지녔다고 생각하며 동시에 부정적 특성은 평균 이하로 가졌다고 생각하는 현상.

---

040 평균으로의 회귀 무시 Disregard of Regression toward the Mean

프로 데뷔 2년생의 징크스

> **정의** 아주 좋은 수행 결과를 보인 후 다음에도 똑같은 결과가 있을 것으로 기대했지만, 다음 수행에서 덜한 결과가 나오면, 사람들은 그 원인을 설명하려고 한다. 이때 자연적인 상태에서는 최고값이 계속되지 않고 평균값을 중심으로 여러 결과가 모인다는 사실은 무시하고 다른 인위적 이유를 대는 현상을 말한다.

통계학과 유전학 연구로 유명한 영국의 과학자 프랜시스 골턴Francis Galton은 아들과 아버지의 키에 어떤 연관이 있는지를 연구하다 아들의 키가 평균으로 돌아가려는 경향이 있음을 찾아냈다. 즉 키 큰 아버지에게 유독 키 작은 아들이 많았다. 골턴은 그 이유가 자연이 평균으로 회귀하는 성질이 있기 때문이라고 생각했다. 만약 키 큰 아버지가 키 큰 아들을 낳는 식의 패턴이 계속된다면 자연 상태는 평균을 중심으로 가장 많은 개체의 숫자가 배치되는 집단이 아니라 두 극단값, 즉 키 큰 종족과 키 작은 종족으로 나뉘게 될 것이다. 그러나 현재 우리가 보듯이 세상은 평균 키에 해당하는 사람이 가장 많고 극단값이 가장 적은 안정된 형태로 되어 있다.

자연은 통계적으로 보았을 때 극단치가 계속되는 것이 아니라 평균값을 향해 움직이는, 즉 평균으로 회귀하는 특성을 보인다. 그래서 첫 번째 수행에서 극단값을 보였어도 다음에는 그 극단값과는 달리 평균에 가까운 결과가 나온다. 그래서 첫 번째와 두 번째 (혹은 세 번째 등) 결과를 비교하면 전혀 다른 성질을 보여 이런 차이를 발생시킨 다른 변수를 찾아 설명해야 할 것 같지만, 평균으로 수렴하는 특성 때문에 나타난 결과일 뿐이다. 하지만 사람들은 이러한 통계적 특성으로 상황을 판단하지 않는다. 뭔가 체계적인 이유가 영향을 미쳤다고 생각한다.

예를 들어 야구선수가 프로에 데뷔한 첫해에 아주 좋은 성과를 거둔 후 2년 차에 주춤한 성적을 보이면 '2년생 징크스'라고 말한다. 그런데 그 성적은 정말 형편없다기보다는 다른 선수와 비슷한 성적, 즉 평균에 가까울 뿐이다. 그러나 워낙 1년 차에 극단적으로 잘해서 엄청나게 퇴보한 것처럼 보인다. 그래서 2년생 징크스로 정신적 문제가 개입했다거나, 일찍 성공해서 긴장감이 떨어졌다거나, 행운이 더는 따르지 않는다는 등의 다른 변수를 들어 설명한다. 평균으로 회귀하는 특성을 무시하고 말이다. 자연의 통계 법칙을 무시하고, 있지도 않은 원인이나 현상을 만들어 자연스러운 변화를 이해하려 한다는 점에서 '평균으로의 회귀 무시'는 명백한 편향이다.

일상생활에서 자신의 행운이나 불행 뒤에 겪는 변화 때문에 너무 좌절하거나 들뜰 필요가 없다. 평균으로의 회귀가 작용한 것이지 흔히 사람들이 말하는 복잡한 이유가 작용한 것은 아닐 수 있다. 이렇게 생각하면 좀 여유 있게 변화에 대처할 수 있을 것이다. 시험을 완전히 망쳐

40점을 받았어도 다음에 자기 실력을 발휘해서 평균 점수 이상을 받을 수 있다. 대대로 내려온 지능지수나 억세게 운이 나쁜 운명론으로 자신을 괴롭힐 이유가 없다. 음모론으로 굳이 설명하지 않아도 된다.

어쩌면 주식시장에서 비법이라고 돌아다니는 주가의 쇠락과 급등 패턴도 크게 보면 평균으로의 회귀의 적용 사례일 수 있다. 단 그런 통계적 특성을 무시하고 다른 여러 복잡한 설명 변인을 넣어 설명하는 사람이 더 많지만 말이다.

참고항목

■ 이야기 모델 편향: 세상의 복잡한 사건과 관계들을 모두 고려해서 어떤 현상을 설명하기보다는, 중요하다 싶은 요소를 섞어 하나의 이야기로 엮을 수 있으면 충분히 설명된다고 믿는 현상.

---

041 확률 무시 | Neglect of Probability

확률은 무슨…,
그냥 딱 보면 알지

> **정의** 불확실한 상황에서 결정을 내릴 때, 확률을 완전히 무시하거나 예상 확률과 관련된 처리 규칙을 위반하는 현상.

사람들은 확률을 따져 '어떤 일이 벌어질 가능성이 얼마'라는 식으로 세상을 이해하기보다는 '어떤 일이 벌어진다'나 '어떤 일이 벌어지지 않는다' 같은 방식으로 이해하길 좋아한다. 이런 경향이 확률 무시 편향을 만든다. 확률을 계산한다고 하지만, 100퍼센트의 확률 아니면 0퍼센트의 확률 중 하나를 생각하거나, 아예 확률을 무시하는 것이다.

1993년 미국 펜실베이니아 대학 심리학과의 조너선 바론 교수는 확률 무시에 관한 실험을 진행했다. 연구진은 한 가지 시나리오를 아이들에게 들려주고 무엇을 해야 하는지를 물어보았다.

"수잔과 제니퍼는 운전할 때 안전띠를 매야 하는지에 관해 말싸움을 하고 있다. 수잔은 안전띠를 매야 한다고 하고, 제니퍼는 매지 않아야 한다고 말한다. 제니퍼는 사고가 나서 차가 호수 속으로 곤두박질쳤을 때나 불이 났을 때 운전자가 안전띠 때문에 빠져나오지 못했다는 뉴스를 들은 기억이 있다고 했다. 자, 이에 관한 여러분의 생각은 어떠한가?"

이 질문을 받은 아이들은 사건이 발생할 확률과 각 경우의 수를 따져서 대답하기보다는 그때그때 질문을 받는 대로 안전띠를 매야 한다고 했다가, 말아야 한다고 했다가 갈팡질팡했다. 예상되는 위험을 종합해서 가장 좋은 대안을 선택하는 기본적인 판단 결정의 규칙이나 확률 자체를 무시했다. 그저 평소에 안전하려면 안전띠를 매야 한다고 대답했다. 그러나 사고 때 안전띠가 탈출에 방해될 수도 있다고 하자, 안전띠를 매지 않는 것이 좋겠다며 흑백 논리의 대안을 번갈아 선택했다. 즉 확률을 전혀 고려하지 않았다.

확률 무시 편향은 아이에게만 나타나는 것이 아니다. 병원을 찾은 어른에게 의사가 "악성 종양일 확률이 30퍼센트입니다"라고 말하면 "그래서 문제가 있다는 것이냐 없다는 것이냐" 하며 되묻는다. 사장은 직원이 여러 변수를 따져 확률을 계산해 올린 보고서를 훑어보고는 "그래서 신사업을 진행하는 것이 좋다는 것이냐, 아니냐?" 하고 따져 묻는다. 불확실성이 큰 사항일수록 오히려 확률을 못 참는다. 날씨예보에서 50퍼센트의 강수 확률이라고 하면 우산을 챙겨 나갈지 고민하다 괜히 기상 캐스터에게 화풀이한다.

불확실성이 크다는 것은 그만큼 확률이 복잡하다는 것이다. 최종 사건이 벌어지기까지 여러 작은 사건들이 발생해야 하므로 최종 사건의 확률은 아주 미미할 수밖에 없다. 그런데 낮은 확률의 사건들까지 신경 쓰기에는 우리의 인지처리 용량에 한계가 있다. 그리고 우리의 인지가 정서에 따라 많은 영향을 받는다는 사실도 확률 무시 현상을 증가시킨다(003. 감정 편향 참조). 우리의 인지는 긍정적인 결과가 제시되면 확률을 쉽게 무시한다.

미국 시카고 대학 경영대학원의 로텐스트리치Y. Rottenstreich와 히시C. K. Hsee 박사는 2001년 연구에서 실험참가자를 두 집단으로 나누어 실험을 했다. 연구진은 실험참가자들이 심리학 실험에 참가했다는 가정하에 답하게 했다. 한 집단에는 실험할 때 아프지만 몸에 위험하지는 않은 짧은 전기 충격을 받을 수도 있다고 하고, 다른 집단에는 실험 중에 20달러의 벌금을 물 수도 있다고 했다. 그리고 실험참가자에게 전기충격이나 20달러의 벌금을 피할 수 있는 확률이 1퍼센트, 99퍼센트, 100퍼센트가 되는 기회가 있다고 할 때 각각의 기회에 얼마의 돈을 낼 수 있느냐고 물었다. 실험참가자들은 아픈 전기 충격을 피할 확률이 99퍼센트라면 10달러를 기꺼이 내겠다고 답했다.

그런데 그 전기 충격을 피할 수 있는 확률이 고작 1퍼센트일 때도 7달러나 내려 했다. 확률의 기댓값 공식을 생각하면 1센트 정도면 충분할 텐데 말이다. 즉 사람들은 확률 정보를 제대로 고려해서 합리적인 판단을 내리지 못한다. 그저 긍정적인 결과가 있다면 마음이 움직인다. 그러나 아무리 좋은 것이라도 자신이 얻을 가치에 맞게 정확히 자원을 투자할 줄 알아야 한다. 흑백논리로 세상사를 받아들이기보다는 확률로 제대로 짚어가며 세상을 사는 지혜가 필요하다.

참고항목
- 감정 편향: 정서적인 내용에 민감하게 영향을 받아 판단을 내리는 현상.

042 확증 편향 Confirmation Bias

그 남자 B형이라고?
절대로 만나지 마!

> **정의** 자신의 신념과 일치하는 정보는 받아들이고 일치하지 않는 정보는 무시하는 경향. 즉 자신이 생각한 바를 확증하려고 인지적인 왜곡을 범하는 현상이다. 객관적으로 무엇이 옳든 자기가 믿는 방향을 고수하게 된다고 해서 내쪽 편향(Myside Bias)이라고도 한다. 영어로는 Confirmatory Bias라고도 한다.

확증 편향에 빠지면 정보의 사실 여부와 관계없이 자신의 선입관이나 신념에 일치하는지에 따라 정보의 가치가 평가 및 처리된다. 그래서 자신의 신념을 뒷받침하는 정보가 헛소리에 지나지 않고, 신념에 반대되는 정보가 아무리 사실이라고 남들이 지적해도 확증 편향에서 벗어나기 어렵다.

미국 스탠퍼드 대학 심리학과의 찰스 로드Charles Lord 박사 연구팀의 1979년 연구는 확증 편향이 무엇인지를 확실히 보여준다. 스탠퍼드 연구팀은 주요 범죄에 부과하는 형벌에 관해 주관이 뚜렷한 실험참가자들을 모았다. 그리고 사형제도에 찬성하는 참가자와 반대하는 참가자를 같은 숫자로 절반씩 맞춘 다음, 2개의 연구보고서를 읽게 했다. 하나는 미국의 사형제도가 있는 주와 사형제도가 없는 주를 비교한 연구보고서였고, 다른 하나는 사형제도가 도입되기 이전과 이후의 살인 범죄율을 비교 연구한 보고서였다. 연구진은 각 연구 결과를 읽은 다음에 연구가 잘되었는지, 그리고 연구보고서는 잘 써졌는지를 실험참가자에게 평가해 달라고 했다. 또 실험참가자에게 자신들의 견해가 바뀌었는지 묻는 설문조사도 했다. 그런데 연구보고서는 실제 보고서가 아니라 가짜로 만든 것이었다.

찰스 로드의 연구에서 실험참가자 모두가 똑같은 2개의 연구보고서를 읽은 것에 주목할 필요가 있다. 연구팀은 다만 2개의 보고서 중 한 보고서는 사형제도가 효과가 있다고, 다른 보고서는 그렇지 않다고 했다고 귀띔해주기만 했다. 그러자 각 보고서는 실험참가자들에게 다르게 영향을 미쳤다. 즉 실험참가자들은 자신이 애초에 가졌던 형벌에 관한 주관에 따라 연구보고서를 평가했다. 자신의 주관에 맞는 정보는 쉽게 통과시켰지만, 그렇지 않은 정보는 아주 높은 판단 기준을 적용하여 어떻게든 문제점을 찾았다. 그 결과 똑같은 보고서라 해도 연구팀이 사형제도가 효과적이라고 말했을 때 사형제도 반대론자는 보고서 내용을 무시했고, 사형제도 찬성론자는 더 잘 기억했다. 그리고 보고서를 반복해서 더 자세히 읽을수록 자신의 선입관대로 정보를 처리해 결국 자신의 태도를 강화시켰다. 이렇듯 확증 편향은 사실 여부와 관계없이 작용하며, 정보의 차이가 아닌 최초 신념의 차이로 나타난다.

미국의 심리학자 스튜어트 서덜랜드Stuart Sutherland와 토마스 키다는 일본의 진주만 침공에 무력하게 당한 것도 당시 미국 사령관이었던 허즈

번드 킴멜Husband E. Kimmel의 확증 편향 때문이라고 분석했다. 당시 일본은 진주만을 향해 병력을 증가했으며, 각종 훈련을 하는 등 친공의 징후들이 여기저기에서 나타났다. 하지만 미국 사령관은 일본이 미국을 감히 공격할 수는 없을 것이라며 해당 징후들을 무시했고 아무 대비도 하지 않았다. 그리고 우리가 알다시피 역사에 남을 커다란 피해를 보았다.

확증 편향은 음모론을 만들어내는 주범이다. 존 F. 케네디John F. Kennedy 암살의 미스터리나 9·11 테러에 관한 음모론을 끊임없이 제기하는 사람들의 자료를 보면, 각본을 쓴 것처럼 앞뒤가 치밀하게 들어맞아 사실이라고 믿기 쉽다. 그러나 그 자료는 다른 수많은 가능성을 배제한 채 실제 있었던 일의 일부분만을 편집해 넣은 것이거나, 사실 확인이 안 된 것을 마구 끼워 넣은 것에 더 가깝다. 음모론에 빠져들면 빠져나오기 어려운 것도 확증 편향 때문에 그것이 사실이라고 믿게 되어 다른 정보를 배제하거나 경시하기 때문이다.

확증 편향은 세상에 잘못된 사이비 지식이 잘 없어지지 않는 이유이기도 하다. 한 예로 혈액형과 성격의 연관성은 아무런 과학적 근거가 없지만 사람들은 혈액형에 따라 그 사람의 성격을 조목조목 설명하며 하나의 중요한 심리학 이론이나 되는 것처럼 나름대로 체계화한다. 혈액형과 성격이 관련 있다는 생각으로 사람들의 행동을 관찰하며 다른 정보는 무시하기 때문에 세상 사람을 혈액형에 따라 나눌 수 있다고 믿는다. B형 남자는 성격이 못됐다고 생각하는 사람에게 친절한 B형 남자가 눈앞에 나타나도 소용없다. 그런 B형 남자는 예외라며 무시하거나, 그가 어쩌다가 친절한 것이지 결국 본색을 드러낼 것이라고 왜곡한다. 혈액형

심리학책을 읽으면서 그럴듯하다고 생각하는 이유도 이미 혈액형과 성격이 관련되어 있다는 선입견이나 기대로 책을 고른 독자가 자기 신념에 부합하는 증거를 쉽게 발견하는 확증 편향이 작용하기 때문이다.

다른 예로 이른바 보름달 효과Lunar Effect가 있다. 보름달 효과는 특정 사건을 보름달과 연결하는 것이다. 예를 들어 보름달이 뜬 저녁에 교통사고가 잦다고 믿는 사람은 보름달이 뜬 날에 일어난 사고에만 주목하고 그 밖의 기간에 일어난 사고는 무시한다. 그러면서 보름달과 사고가 밀접한 연관성이 있다는 생각을 다진다. 그리고 그런 믿음은 반복적으로 그와 관련된 정보만 모으게 한다. 보름달을 보면 사람들의 정서 상태가 변한다는 정보, 예전의 늑대인간이 보름달이 뜰 때 출현했다는 정보, 달의 밝기가 오히려 집중력을 흐트러뜨린다는 정보 등등 사실 여부를 확실히 알 수 있거나 하나로 연결하기 어려운 것투성이지만 선입관을 가진 사람에게는 자신의 믿음이 확고한 사실임을 증명해주는 보물창고처럼 보인다(097. 착각적 상관 참조).

확증 편향이 일어나는 근본적 이유는 인간의 인지 특성 때문이다. 인간은 여러 정보를 동시에 처리하지 못하는 제한된 인지체계를 가지고 있다. 그래서 전체를 항상 종합적으로 처리하기보다는 제한된 인지 용량 안에서 처리하기 쉬운 정보 조각에 매달리게 된다(001. 가용성 휴리스틱 참조). 그리고 그 정보 조각은 자신이 기존에 정보를 처리하던 유형에 따라 습관적으로, 즉 자동적으로 처리된다. 그래서 사람은 자신의 선입관, 신념, 가설에 의해 심리적 부담이 없는 정보에 주목하는 것이다. 결국 사람은 확증 편향에 의해 '확고한 믿음으로 확고한 사실을 생산'한다. 확고한 사실을 보고 확고한 믿음을 갖는 게 아니고 말이다.

- 과도한 자신간 편향: 자신의 능력, 상태, 통제력, 일이 범위, 성과 등을 과대평가하는 것.

- 희망적 사고 편향: 어떤 근거에 의한 것이 아니라, 단지 긍정적인 결론을 선호하므로 자신이 믿고 싶어 하는 긍정적 결론에 맞게 생각하는 것.

- 자기 충족적 예언(Self-fulfilling Prophecy) : 어떻게 행동할 것이라는 주위의 예언이나 기대가 행위자에게 영향을 미쳐 결국 그렇게 행동하게 하는 현상이다. 피그말리온 효과(Pygmalion Effect), 로젠탈 효과(Rosenthal Effect), 자성적 예언이라고도 한다. 확증 편향은 자신의 믿음을 강화하는 정보를 모으며 자신의 믿음이 곧 현실이라고 믿는 것이지만, 자기 충족적 예언은 자신의 믿음을 바탕으로 결국 현실을 만들어내려 한다는 측면에서 다른 개념이다.

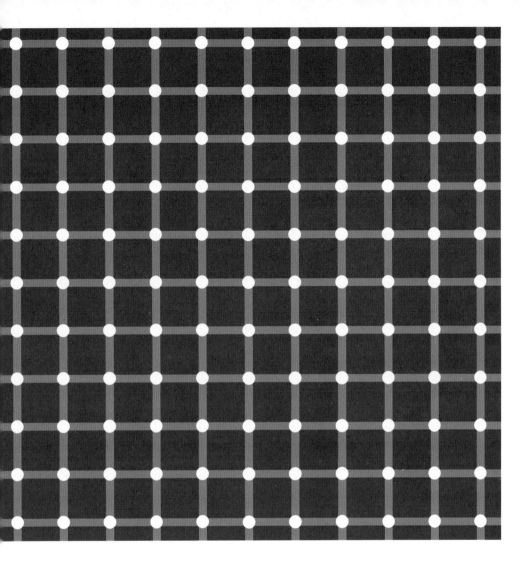

02
우리의 **신념**에
영향을 주는 **편향**

043 고정관념 Stereotyping

핑크색 옷을 입은 걸 보니
공주님이네요!

> **정의** 개인이나 낱개의 정보를 있는 그대로 별도의 존재로 보지 않고, 어떤 집단이나 특정 유형으로 일반화해서 보는 현상. 고정관념은 이전에 자신이 갖고 있던 믿음을 바탕으로 현재 정보를 단순화하여 처리함으로써 생기는 편향이다.

고정관념에 의한 정보 처리는 대상의 특정 속성이 뚜렷이 드러나고, 그 속성이 이전에 자신이 가지고 있던 가정과 일치할 때 일어난다. 예를 들어 핑크색 옷(특정 속성)을 입은 아기를 보고 여자아이일 것이라고 판단하는 것처럼 말이다. 이렇게 고정관념으로 정보를 처리하면 속도는 빠르지만, 단순화 혹은 과대 일반화를 범해 문제를 일으키기 쉽다. 부모가 핑크색이 예뻐서 남자아기인데도 입힌 것일 수 있기 때문이다. 반대로 여자아기인데 옷 색깔만 보고 "장군감이네" 하는 것도 고정관념이 불러온 난감한 상황일 수 있다.

　고정관념의 하위체계화 모델Subtyping Model에 의하면 하나의 고정관념은 다른 세부적인 고정관념을 낳기 쉽다. 비록 그 정보가 기존의 상위 고정관념과 배치되는 것이더라도 고정관념을 바꾸기보다는 새로운 고정관념을 낳는다. 예를 들어 한국인은 이기적이라는 고정관념을 가진 미국인이 있다고 하자. 그가 어느 날 한국의 시골을 방문해서 특유의 정을 듬뿍 느꼈다. 이제 그는 한국의 시골 사람은 다 정이 많다는 세부적 고정관념을 만들고, 도시의 한국인은 이기적이라는 기존의 고정관념을 강화할 수 있다.

고정관념이라는 말 자체에도 드러나듯이 고정관념은 쉽게 변하지 않는다. 자신의 고정관념과 배치되는 정보를 접해도 선택적 지각과 확증 편향으로 고정관념을 지키려 한다. 그러나 고정관념을 바꿀 방법이 전혀 없는 것은 아니다. 아주 충격적인 증거 앞에서는 고정관념이 바뀌기도 한다. 전쟁은 불가피하다며 참전했던 사람이 전쟁터에서 겨우 목숨을 건져 살아나온 다음에 반전주의자가 되는 것처럼 말이다. 하지만 이런 극단적인 경험은 현실에 그리 많지 않다.

전체를 한꺼번에 바꾸려고 하기보다는 '나눠서 정복하기' 전략을 써야 한다. 즉 고정관념을 더 작은 관념으로 나눠서 조금씩 변화시키는 전략이다. 만약 지역감정에 빠진 사람이 있는데, 그가 주로 적대하는 것이 다른 지역의 남자라면, 그 지역의 아이나 여자에 관한 정보를 주고 다른 신념을 갖도록 유도하여 고정관념을 서서히 변화시킬 수 있다. 인종, 국가, 성별, 기업, 이웃, 자기가 속한 집단 등에 관한 편견도 마찬가지이다.

우리가 범주화할 수 있는 대상에는 고정관념이 작용하고 있을 수 있다. 편향 맹점 때문에 우리 자신이 고정관념에 빠져 있음을 알아채지 못할 뿐이다. 고정관념에 빠지지 않으려면 고정관념의 뿌리가 될 수 있는 자신의 신념이 얼마나 타당한가를 살피고, 인식 대상을 개별적인 단위로 나눠 있는 그대로 보려고 노력해야 한다.

반대로 누군가 나를 고정관념으로 본다면 상대의 고정관념이 만든 울타리를 파악하고 내가 그 안에 속한 집단과 어떻게 다른지 차별성을 강조해야 고정관념으로 말미암은 피해를 막을 수 있다.

참고항목

- 선택적 지각: 외부 정보를 있는 그대로 받아들여 처리하지 않고, 자신의 신념이나 생각과 일치하거나 자기에게 유리한 것만 선택적으로 받아들여 처리하는 것.
- 확증 편향: 자신의 선입관에 따라 자기가 믿고 싶어 하는 대로 정보를 처리하는 현상.
- 편향 맹점: 자신이 편향에 빠져 있음을 인지하지 못하는 것. 즉 '인지 편향에 대한 인지 편향'.

044 과다합리화 효과 Overjustification Effect

특별 세일을 하길래 샀을 뿐이야!

> **정의** 자신이 어떤 행동을 한 이유를 내적인 욕구나 성격 등에서 찾는 것이 아니라, 눈에 확 띄는 보상 등 외적인 동기에서 찾는 현상. '과잉정당화 효과'라고도 한다.

미국 심리학자 데이비드 그린David Greene, 베티 스턴버그Betty Sternberg, 마크 레퍼 박사의 1976년 연구에 의하면 사람들은 어린 시절부터 과다합리화 성향을 지니고 있다. 이들은 한 실험에서 초등학생들에게 평소에 자주 즐기는 수학 게임을 하게 했다. 그리고 시간이 좀 지난 후, 게임을 잘했는지에 따라 보상을 주었다. 그런데 초등학생들은 보상을 받자마자, 게임을 바로 그만두었다. 갑자기 게임이 지겨워진 걸까?

연구진은 과다합리화 효과 때문에 게임을 그만둔 것이라고 설명한다. 원래 보상을 받기 전에는 재미있게 즐기는 수학 게임이었지만, 게임 결과에 따라 보상을 받고 보니 자신의 행동이 처음부터 보상을 바라고 한 행동으로 생각되어 보상 후에 바로 게임을 그만두게 되었다는 얘기다. 즉 학생들은 내적인 재미 추구에서 행동의 원인을 찾은 것이 아니라, 쉽게 눈으로 확인할 수 있는 외적인 보상을 중심으로 자신의 행동을 합리화했다. 이와 비슷한 왜곡이 일어나는 심리적 작동은 인지부조화Cognitive Dissonance 편향에서도 확인할 수 있다. 그러나 인지부조화 편향은 외적인 보상이 아닌 내적인 이유를 찾는 쪽으로 변화한다는 점에서 차이가 있다.

과다합리화 효과는 일상 속에서 쉽게 찾을 수 있다. 쉬운 예를 하나 들어보자. A는 자신이 좋아하는 브랜드 매장에 들렀다가, 우연히 고객 카드 소지자에 한해 특별 세일을 한다는 광고를 보았다. 이게 웬 횡재냐 싶어 마음에 드는 옷을 골라 구매한다. 그러고는 매장을 나오며 (애초 그곳에 왜 갔는지는 잊고) 마치 할인 행사 때문에 옷을 산 것처럼 생각한다.

A가 자신의 구매 행동을 합리화하는 데 사용한 과다합리화 효과는 물건을 파는 기업에서 볼 때 아주 유용한 카드다. 그런데 이런 식으로 구매를 유도하는 것이 기업에 꼭 이익만은 아니다. 보상을 받고 나자 게임을 바로 멈춘 초등학생처럼 브랜드의 내적인 충성도가 강화되는 것이 아니라, 할인할 때만 골라 구매하는 소비 패턴으로 바뀌거나 아예 더 많은 할인 보상을 해주는 다른 브랜드로 옮겨갈 수 있기 때문이다.

만약 여러분이 외적인 보상을 줄 수 있는 위치에 있는 사람이라면 과다합리화 효과에 관해서 진지하게 고민해야 한다. 보상이 내적 동기를 오히려 저하시킬 수도 있기 때문이다. 또한 상대방의 행동을 장기적으로 유도하기 위해서 꼭 화려한 보상이 필요한 것은 아니다. 상대가 진정 원하는 것을 고민해서 주는 것이 필요하다. 앞의 실험에서 아이들에게 게임을 잘했다고 상을 주기보다, 더 재미있는 게임을 함께하자고 제안했나면 아이들은 게임을 바로 그만두지 않았을 수 있다. 내적 동기와 연결되는 것을 파악하면 물리적으로 만질 수 있는 보상이 아닌 미소와 같은 추상적 반응이나 심지어 아주 작은 보상만으로도 사람의 행동을 유도할 수도 있다.

참고항목

- 인지부조화: 자신의 신념과 일치하지 않는 행동을 한 후 부정적인 감정에서 벗어나려고 신념을 바꿔버리는 현상.

---

045 과도한 자신감 편향 Overconfidence Bias

위대한 기업은 다 어디로 갔을까?

> **정의** 자신의 능력, 상태, 통제력, 일의 범위, 성과 등을 과대평가하는 현상. 사람은 실제 자신이 가진 것에 부정확한 믿음(과한 믿음)을 지녀 종종 착각에 빠지곤 한다.

과도한 자신감은 자기 자신을 과대평가한 데서 생겨난다. 1960년 미국의 심리학자 애덤스 박사 부부P. A. Adams & J. K Adams의 연구를 보면, 사람들이 철자 오류가 없다고 100퍼센트 확신한 글을 분석해보니 80퍼센트만 맞았다고 한다. 자신의 능력을 20퍼센트 과대평가한 것이다. 이와 비슷한 연구 사례는 많다. 미국 심리학자 바루크 피쇼프Baruch Fischhoff의 1977년 연구에 의하면, 일반상식 문제를 풀면서 100점을 확신한 실험 참가자의 실제 점수는 70~80점에 그쳤다.

과도한 자신감은 다른 편향인 계획 오류, 통제감 착각 등에 영향을 주기도 한다. 즉 과도한 자신감은 자신의 일 처리 속도나 배분 능력을 과대평가해서 일정을 빡빡하게 잡게 하고, 실제로는 자신이 통제할 수 없는 일인데도 통제했다고 과대 지각하게 한다.

미국의 심리학자 스튜어트 오스캄프Stuart Oskamp 박사의 1965년 연구를 보면, 정보를 많이 보유할수록 과도한 자신감 편향에 쉽게 빠진다. 실험에 참가한 대학생의 자기 판단을 확신하는 정도는 관련 정보를 더 많이 접할수록 정보를 상대적으로 적게 가진 학생보다 강했다. 과도한 자신감 편향의 이런 특성은 회사에서 승진하여 이전보다 많은 정보를 접하면 지나친 자신감이 생겨 자기주장만 내세우거나 일을 무리하게 추진하다가, "승진하더니 사람이 변했어"라는 소리를 듣게 되는 원인이 되기도 한다.

또한 과도한 자신감 편향은 운이 좋아 생긴 일도 자신의 능력이 빚어낸 당연한 성과라고 착각하게 한다. 그래서 제2차 세계대전 때 진주만 침공을 성공으로 이끌고 승승장구하다 적을 과소평가하여 미드웨이 해전에서 크게 패하고 전국의 주도권을 미국에 내준 야마모토 이소로쿠 연합함대 사령관 같은 실수를 저지르게 한다. 그는 자신의 능력으로 모든 것을 이룬 양 오만하게 굴고 자신이 감당할 수 없을 정도로 큰일을 기획해서 대재앙을 불러왔다.

벼락출세한 사람이 그 후 허망하게 파산하거나 일을 수습하지 못하고 나락으로 떨어지는 이유도 과도한 자신감 편향으로 상황을 왜곡하기 때문이다. 미국의 저명한 경영 컨설턴트 짐 콜린스Jim Collins는《위대한 기업은 다 어디로 갔을까How the Mighty Fall》라는 책에서 기업 쇠락의 첫 단계가 리더의 교만 혹은 과도한 자신감이라고 지적했다.

자신감을 갖고 사는 것은 좋은 일이지만, 문제는 과도하다는 것에 있다. 과도한 자신감은 개인에게 불행을 안겨준다. 과다 대출, 신용카드를 사용한 과소비 등이 대표적인 예다. 때로는 자신의 능력이 엄청나서 다른 사람이 모두 인정할 것이라는 착각에 사직서를 던지고 나와 실업자 신세로 오랜 시간을 괴로워하기도 한다. 과도한 자신감에 청구되는 감정 소모 비용은 엄청나서 무릎을 바로 꺾게 한다. 과도한 자신감을 보이던 사람이 갑자기 우울증이나 염세주의자로 돌변하는 것도 그래서이다.

비현실적인 자신감은 삶의 밑천이 아니라 저주이다. 정확히 자신의 능력을 판단하려는 노력이 필요하다. 그렇다고 일부러 깎아내려서 우울증에 빠질 위험을 자초해서도 안 된다. 과대평가나 과소평가 모두 문제이다. 자신이 평가를 내리면 왜곡될 확률이 더 높다. 여러 경로를 통해 다른 사람의 평가와 의견을 듣고 종합해서 자신의 능력, 성과, 특성 등을 파악하려고 노력해야 과도한 자신감이 불러올 피해를 막을 수 있다.

> **참고항목**
> ■ 계획 오류: 어떤 일을 진행하면서 계획을 세울 때 낙관적인 전망에 의지해 전체 투입 시간을 과소평가하는 것.
> ■ 통제감 착각: 자신의 통제력에 비현실적인 기대를 하는 현상.

046 권위에의 호소 편향 Appeal to Authority Bias

전문가가 하는 말은 뭐가 달라도 달라

> **정의** 권위 있는 사람이 주장한다는 이유만으로 그 내용이 사실이라고 믿는 현상. 권위는 전문성, 유명함, 권세 등 다양한 요소에서 나오며, 권위가 거짓을 사실로 둔갑시킬 힘을 지닌 것은 아니다. 하지만 사람들은 권위 있는 사람의 주장은 그 타당성을 자세히 살펴보기보다 권위에 더 큰 영향을 받아 판단한다. 영어로는 'Appeal to Misleading Authority Fallacy', 'Argument from Authority'로 표현하기도 한다.

자기 생각과 달라 수긍하기 어려운 말이지만, 그 말을 권위 있는 사람이 했다는 이유로 쉽게 믿는 경우가 있다. 친구 혹은 자신보다 못한 사람이 했다면 열심히 비판했을 말도 권위 있는 사람이 하면 쉽게 받아들인다. 권위에 눌려 내용의 타당성을 제대로 살피지 못하기 때문이다.

권위에의 호소 편향을 잘 활용하는 것은 광고와 텔레비전 방송이다. 광고는 치과의사를 모델로 내세워 흔히 치아와 턱에 좋지 않을 것이라고 비판받는 껌을 사라고 부추긴다. 만약 해당 제품의 열혈 소비자가 광고에 나와서 "치아에 도움이 돼요"라고 했다면 반발했을 시청자도 "껌이 오히려 치아에 좋다고? 정말 그런가 보네"하면서 넘어간다. 텔레비전 방송에서는 해당 분야의 전문가가 아닌데도 그저 어느 대학 교수 혹은 박사라는 이유로 특정 멘트를 요청한다. 시청자가 그 사람의 전문성을 정확히 평가해서 메시지를 받아들이는 것이 아니라 일단 권위가 있으면 메시지를 쉽게 받아들인다는 사실을 잘 알기 때문이다. 그래서 가끔 내과 의학박사가 아침 방송에 나와 정신과 질환에 관해서도 의견을 내고, 심지어 정치사회 문제에 관해서도 논평할 수 있는 것이다.

권위는 단지 유명하다는 이유만으로 생기기도 한다. 사람들은 유명인(특히 연예인)이 왔다 간 음식점이라면 일단 맛집이라 믿고 찾아간다. 심지어 드라마에서 권위 있는 의사 역할을 한 배우가 약품 광고 모델로 나와 약을 추천하고 또 사람들은 의심 없이 믿고 그 제품을 구매하는 진풍경도 나온다.

권위에의 호소 편향에서 벗어나려면 세심한 주의가 필요하다. 첫째, 권위자의 권위가 인정할 만한지 살펴봐야 한다. 전문가를 믿거나 그의 의견을 높이 평가할 수 있는 것은 그가 전문성을 갖춘 분야에서 타당한 사고 과정을 거쳐 의견을 낼 때일 뿐이다. 그렇지 않은 의견은 전문성을 발휘하지 않은 것이니 특별히 존중할 이유가 없다.

둘째, 전문가들은 특정 분야에 많은 지식과 경험이 있지만 기본적으로 자신의 주관이 뚜렷한 사람이다. 즉 자신이 선호하는 특정 방향으로 편향되어 이야기할 가능성이 높다. 그리고 그가 해당 분야 전체를 대표하는 전문가도 아니므로 그의 의견도 단지 개인의 생각에 지나지 않을 확률이 더 높다. 무조건 믿고 따르기보다는 그의 편향을 살피는 세심함이 필요하다.

셋째, 자신이 결정해야 하는 문제가 권위자의 의견이 필요한 문제인지 살피는 것이다. 당장 나가서 배고픔을 해결할 식당을 고르는 일에 음식 전문가와 연예인의 인증이 필요한지, 대통령감을 고르는 데 텔레비전에 출연한 변호사의 전문성이 필요한지 등의 문제를 면밀하게 살펴보는 것도 방법이다.

047 낙관 편향 Optimism Bias

내가 힘을 좀 썼으니
반드시 성공할 거야

> **정의** 명확한 근거 없이 미래의 성과를 낙관하는 성향. 흔히 사람은 자신이 기획한 일의 결과를 실패보다는 성공, 부정적 결과보다는 긍정적 결과를 얻는 것이 당연한 것처럼 예상한다. '낙관적 편의', '낙관주의 오류'라고도 한다.

낙관 편향에는 긍정적 사건이 발생할 가능성은 과대평가하고, 부정적 사건이 발생할 가능성은 과소평가하는 성향도 포함된다. 이렇게 왜곡하여 정보를 처리하는 이유는 사람들이 자신의 능력을 평균 이상으로 지각하는 우월성 편향에 빠져들기 때문이다.

낙관 편향은 개인은 물론 집단에도 큰 영향을 미친다. 어떤 사건이 발생했을 때 실제보다 긍정적인 방향으로 진행될 것이라는 막연한 기대감을 주어 늑장 대응의 원인이 되기도 한다. 그래서 비용 및 손실은 높이고 이익은 줄여서 원래 낙관했던 긍정적 결과를 내지 못하게 하는 문제점이 있다. 2007년 서브 프라임 모기지론의 영향으로 급속도로 경제 위기에 봉착한 미국이 대표적 낙관 편향의 피해 사례로 꼽힌다. 당시 미국은 경제 불황이 계속되는데도 저축이나 다른 대비는커녕 오히려 부동산 구매 및 대출을 늘리다 위기를 맞았다. 많은 사람이 2007년 금융시장 몰락 직전까지만 해도 낙관적으로 미래를 내다보았지만, 나쁜 사건들은 지진해일처럼 월가와 세계 경제를 삼켰다.

1980년 미국 애리조나 대학 심리학과 교수인 닐 웨인스타인Neil D. Weinstein은 200명이 넘는 대학생을 대상으로 실험을 했다. 그는 학생들에게 다른 사람과 구별되면서 자신만의 경험이 될 42가지 사건을 꼽고, 그 사건들이 발생할 가능성을 예측해 보라고 했다. 대다수 학생이 긍정적인 사건은 평균 이상으로 많이 일어나고, 나쁜 사건은 평균 이하로 일어날 것이라 예상했다.

후속 연구에서 웨인스타인 교수는 120명의 여성 실험참가자를 따로 추려서 분석했다. 그 결과 사람들은 자신이 비현실적인 성과를 이룰 수 있는 요소를 많이 가지고 있다고 믿거나 그런 정보에 집중함으로써 비현실적으로 낙관에 빠지는 것으로 나타났다.

낙관적인 것은 좋다. 하지만 비현실적이라는 게 문제이다. 낙관 편향이 문제가 되는 것도 삶을 긍정적으로 보는 시각이 나빠서가 아니라, 비현실적으로 긍정적인 성과를 기대하기 때문이다. 비현실적이라는 것은 긍정적인 성과가 있으려면 그만한 노력과 자원 투입이 필요한데 그런 것 없이 긍정적인 성과만을 막연히 바란다는 뜻이다.

낙관 편향이 우리 삶에 미치는 영향은 주변에서 쉽게 찾을 수 있다. 종합병원에 가면 "내가 이렇게 될 줄 몰랐다"는 환자를 쉽게 만날 수 있다. 나쁜 사건이 생길 가능성을 과소평가했던 것이다. 교통사고 환자도 자신이 사고를 당한 것이 믿기지 않는다고 한다. 한국은 교통사고 발생률이 아주 높은 나라인데도 말이다.

흔히 사람들은 충분히 갚을 수 있을 것이라 생각하며 대출을 받지만 현실적으로는 대출의 짐에 눌려 허덕이게 될 확률이 더 높다. 계속 증가하는 가계 부채와 그 증가 속도를 보면 객관적으로 확인할 수 있음에도 나는 그러지 않을 거라며 비현실적으로 낙관적인 희망을 품는다.

시험을 보기 전에 자신의 성적을 낙관한 학생은 성적표를 받고 억울해한다. 자신의 능력을 과대평가하고 다른 사람의 실력을 과소평가했기 때문이다. 학교 시험을 잘 보면 취업도 잘될 것이라 기대를 품지만, 면접장에서 면접관이 던지는 돌발 질문은 학교 시험 문제와는 다르다.

낙관 편향에 빠지면 일정을 실제로 필요한 것보다 더 짧게 잡아 결국 일을 그르치는 계획 오류에 빠지기 쉽다. 자신의 능력을 정확히 파악하고, 상황을 객관적으로 판단해서 현실적인 준비를 해야 진정 좋은 성과를 얻을 수 있다. 꿈을 열심히 꾸는 것만으로는 성과를 누릴 수 없다. 행동을 열심히 해야만 그 꿈이 현실이 된다.

참고항목

- 계획 오류: 어떤 일을 진행하면서 계획을 수립할 때 총 투입 시간을 과소평가하는 것.
- 우월성 편향: 자신이 평균 이상의 능력이나 성품 등 긍정적 특성을 지녔다고 생각하는 한편, 부정적 특성은 평균 이하로 지녔다고 생각하는 것.
- 염세 편향(Pessimism Bias): 발생 가능성이 낮은 재난이나 사고 등 나쁜 사건이 발생할 확률을 과대평가하고 자신의 대처 능력을 과소평가하는 현상. 낙관 편향이나 염세 편향 모두 사건의 발생 가능성과 자신의 능력을 왜곡한다는 점에서 같지만, 그 방향은 반대이다. 염세 편향보다는 낙관 편향이 때로는 더 큰 피해를 준다.

048 내성 착각 Introspection Illusion

나는 나 자신을 아주 잘 알아

정의 자기 평가를 할 때 자기관찰에 의한 통찰의 비중을 과다하게 높이는 현상. 사람들은 자신을 신뢰하기 때문에 외부 정보의 도움을 받지 않고 자기 생각을 관찰하는 주관적인 자기관찰로 자신을 평가해도 충분하다고 판단한다. 반면 다른 사람은 신뢰할 수 없으므로 객관적인 행동을 통해서만 평가해야 한다고 생각한다. '자기관찰의 착각'이라고도 한다.

기본적 귀인 오류Fundamental Attribution Error는 부정적인 결과가 나왔을 때, 자신의 경우에는 기질이 아닌 환경적 요인에서 원인을 찾고, 다른 사람의 경우에는 그 사람의 기질을 탓하는 편향이다. 또한 자기 배려 편향은 일의 결과를 아전인수식으로 자기에게 유리하게 해석하는 편향이다. 이에 비해 내성 착각은 사건의 결과가 부정적이냐 긍정적이냐에 상관없이 자신과 다른 사람을 평가하는 방법에 차이를 두는 것이 특징이다.

내성 착각은 자신의 생각, 감정, 동기, 의도 등 심리를 판단할 때 일어난다. 자신에 관한 정보는 본인이 가장 많이 가진 게 당연하다. 하지만 거기에 너무 큰 비중을 두어 자신에 관한 내성內省(자기관찰)이 자신을 가장 정확히 평가할 수 있는 근거라 생각하는 것은 오류이다. 왜냐하면 우리는 자기관찰을 할 때 전체 정보를 통찰한다기보다는 일부 부각되는 정보를 중심으로 판단할 확률이 높기 때문이다. 또한 자신의 자기관찰은 신뢰하면서, 다른 사람이 그 자신을 자기관찰로 파악한 것은 신뢰할 수 없다고 생각하며 배척하는 모순을 보인다는 점에서 내성 착각은 심각한 편향이다. 내성 착각은 자칫 잘못하면 자기가 다른 사람보다 우월한 통찰력을 가졌다는 그릇된 자신감과 연결되어 인간관계에서 갈등을 빚기도 한다.

사람은 자신의 심리적 요인을 자신이 직접 관찰하면 잘 알 수 있다고 생각하지만, 인지부조화 이론에 의하면 사람은 자신의 행동을 일으킨 심리적 상태에 관해서 사실과 다른 결론을 내리는 경우가 더 많다.

미국 미시간 대학 심리학과의 리처드 니스벳Richard Nisbett과 티머시 윌슨Timothy D. Wilson 박사는 1977년 연구에서 실험참가자들에게 저마다 해결해야 하는 과제를 주고 문제를 해결할 아이디어를 제시하게 했다. 그러고는 해당 과제를 해결하면서 왜 자신이 특정 아이디어를 생각해냈는지 머릿속에서 떠오르는 대로 소리 내어 말하라고 했다. 실험참가자들은 자신의 머릿속을 뒤져 그럴듯한 이유를 들어가며 아이디어의 근거를 설명했다.

그런데 나중에 연구진이 실험참가자들이 한 말을 기록해서 분석해보니 그들은 자기 아이디어의 원천을 제대로 모르고 있었다. 즉 참가자들은 자신이 결론으로 내린 아이디어와 관련한 힌트가 제시되었는지조차 제대로 모르고 있었기에 그게 외부에서 주어진 힌트를 바탕으로 생각하게 된 것인지, 원래 자신이 알던 것을 조합해서 아이디어로 만든 것인지 확실히 구별하지 못했다. 또한 어떻게 자신이 만든 아이디어에 도달했는지 등 아이디어 생성 과정 전반도 자기관찰을 통해 제대로 보고하지 못했다. 연구진은 사람이 평소 생각하던 것만큼 자신의 머릿속에 일어나는 일을 자기관찰로는 제대로 확인할 수 없다고 실험 결과를 해석했다.

2006년 영국 런던 컬리지 대학 인지과학과의 피터 요한손Peter Johansson 박사와 동료들은 니스벳과 윌슨 박사의 연구에 영감을 얻어 내성 착각의 한 형태인 선택맹Choice Blindness에 관한 실험을 했다. 선택맹은 원래 우리가 A를 원했지만 B가 주어졌을 때 B가 더 좋은 대안이라는 갖가지 근거를 찾아 자기 자신이 사실은 줄곧 B를 원했다고 생각하게 되는 현상이다.

연구진은 실험참가자에게 2개의 여성 사진을 보여주고 어느 쪽이 더 매력적인지 판단하게 했다. 그러고 나서 그들이 선택한 사진을 더 자세히 관찰한 다음 왜 그런 선택을 했는지 즉시 설명하게 했다. 이 과제는 사진을 바꾸어가며 열다섯 번 반복되었다. 그런데 사실은 열다섯 번의 실험 중에 세 번은 실험참가자 몰래 그들이 선택한 사진을 바꿔치기했다. 즉 실험참가자들은 자신이 선택하지 않은 사진을 왜 선택했는지 설명하는 상황에 빠진 것이다.

실험 결과는 아주 흥미로웠다. 실험참가자 대다수가 사진이 바뀐 사실조차 알아채지 못했다. 자신이 왜 그 사진을 선택했는지 이유까지 들어가며 당당하게 이야기했다. 예를 들어 "내가 원래 금발을 좋아했으므로 이 여성이 마음에 든다"라는 식으로 말이다. 그 실험참가자가 원래 선택한 여성은 흑발이었으니 이유를 억지로 만들어 자신의 선호 패턴을 설명한 것이지만, 본인은 실제로 금발을 좋아해서 선택했다고 믿었다.

흔히 이 같은 변화가 일어나면 금방 알아챌 것이라 생각한다. 실제로 피터 요한손 박사 등은 실험이 끝난 후 같은 실험참가자에게 만약 실험에서 사진이 바뀐다면 알아차릴 수 있을 것 같으냐고 물었고, 참가자의 84퍼센트는 당연히 알아차릴 것이라고 응답했다. 하지만 실제로는 실험참가자의 절대다수인 75퍼센트가 자신이 선택한 대안이 변했다는 사실을 알아차리지 못했다. 흥미로운 것은 사진을 다시 보게 하고 그 이유를 설명할 시간을 더 많이 줄수록 더 자세한 이유를 제시한다는 것이다. 실제로는 본인이 거부한 대안임에도 말이다.

하지만 실험참가자 본인은 자기관찰로 자신이 왜 이 선택을 했는지 명확히 알고 있다고 생각했다. 선택 대상(사실은 자신이 선택하지 않은 대상)에 대한 자신의 정서 상태뿐만 아니라 자신이 선택하지 않은(사실은 자신이 선택했던) 대상이 왜 싫은지에 관한 묘사까지 했다. 결론적으로 말해 자기관찰은 믿을 것이 못 되는 것이다.

심리학자들은 질문지나 실험, 인터뷰로 실험참가자들에게 자신의 심리 상태를 말하게 한다. 그러면 참가자들은 자기관찰을 통해 자신의 심리 상태를 진술한다. 만약 자기관찰이 이토록 믿을 수 없는 것이라면 자기관찰에 바탕을 둔 연구 결과 해석에 조심할 수밖에 없다. 설령 자기관찰이 정확하다고 하더라도 자기관찰은 기본적으로 한계가 있다. 자기관찰은 의식 영역만 접근할 수 있으며 심리 저변의 무의식적인 영역이나 자동화된 심적 정보처리 영역은 인식할 수 없다는 한계가 있다.

일상생활에서도 상대방에게 심리 상태를 물어 답을 구했을 때, 그것에 너무 의지하지 않는 것이 좋다. 그 자신도 모르게 그럴듯한 이야기를 만들어낸 것일 수 있기 때문이다.

049 단순 사고 효과 Mere Thought Effect

다른 거 다 필요 없고,
이거 하나만 따져보세요!

> **정의** 단순히 생각하는 것만으로 그 대상이 더 의미 있고 중요하게 느껴지는 현상. 특정 대상에 생각을 집중할수록 다른 대상은 상대적으로 사소하게 보여 극단적으로 행동할 가능성을 높이는 편향이다.

단순 사고 효과는 반복적 사고만으로 특정 대상에 관한 기존의 태도를 더욱 극단적으로 만든다. 하지만 나중에 오랫동안 깊이 생각해보면 그 대상이 그다지 대단하지 않았음을 깨닫게 되고, 더러는 거꾸로 실제보다 더 작게 느껴 극단적이었던 태도가 교정되기도 한다.

미국 조지아 대학 심리학과의 아브라함 테서Abraham Tesser 교수는 1978년 실험참가자들을 둘씩 짝을 지은 후, 한 집단에는 파트너의 좋은 점을 생각하게 하고 다른 집단에는 나쁜 점을 생각하게 하는 실험으로 단순 사고 효과를 증명했다. 실험 결과, 좋은 점을 생각하게 한 집단은 파트너에게 호의적인 반면 나쁜 점을 생각하게 한 집단은 매우 적대적인 것으로 나타났다.

연구진은 단순 시고는 특정 대상에 생각을 집중함으로써 그 대상을 특별한 것으로 지각하게 하여 대상을 향한 극단적인 감정을 불러일으킨다고 설명했다. 즉, 단순히 생각하는 것만으로도 극단적인 태도가 형성된 것이다. 특정 연예인이나 물건에 죽기 살기로 매달리다가 시간이 흐른 다음에 자기가 왜 그런 행동을 했는지 고개를 갸웃거리고, 이후에는 오히려 관심이 평균보다 더 적어지는 것이 하나의 예가 될 수 있다.

단순 사고 효과는 마케팅이나 정치 메시지에 자주 이용된다. 평소에 별생각 없던 것도 "당신은 이 문제(서비스나 제품)를 어떻게 생각하시나요?"라는 질문을 광고나 홍보 요원을 통해서 반복적으로 들으면 해당 문제(서비스나 제품)가 더 중요하게 생각되어 더 극적으로 반응하게 된다.

일상생활에서 상대방을 설득하고 싶다면 여러분이 원하는 주제를 상대방이 생각할 수 있도록 질문하거나 계속 메시지를 주면 된다. 그렇게 다른 것을 생각할 기회를 줄이고 특정 대상에 몰입하게 하면 무언가에 홀린 듯 왜곡된 반응을 끌어낼 수 있다. 홈쇼핑 광고에서 다른 것을 생각할 틈을 안 주고 상품의 특정 요소 또는 특정 구매 혜택을 중요한 구매 요소라고 계속 몰아가는 것도 이 때문이다.

단순 사고 효과를 노리는 사람들은 상대방을 터널 입구로 밀어 넣으려 한다. 그래야 양옆이 벽으로 막혀 오직 앞으로 나아갈 뿐인 극단적인 상황이 연출되기 때문이다. 결국 단순 사고 효과로 피해를 보지 않으려면 시간을 두고 깊이 생각하면서 다른 대안이나 대상을 찾으려고 노력하는 길밖에 없다. 다양성을 추구하며 깊게 생각하는 습관을 들이면 단순 사고 효과에 의한 손실을 막을 수 있다.

참고항목

■ 단순 노출 효과: 단순한 노출 경험이 반복되어 친숙도가 쌓이면 더 큰 호감을 느끼는 현상. 한마디로 자주 볼수록 좋아지는 현상이다. 파리의 에펠탑이 좋은 예다. 에펠탑은 300미터에 달하는 높이 덕택에 파리 시내 어디서나 볼 수 있다. 그런데 1889년에 건설 계획이 발표되었을 때는 철제구조물이 파리의 분위기와 맞지 않는다고 반대가 심했다. 하지만 에펠탑이 건설되자 반응은 달라졌다. 눈만 뜨면 보게 된 파리 시민들이 차츰 호감을 느껴 극찬하기에 이르렀다. 이 때문에 이 심리 효과를 에펠탑 효과라고도 부른다.

땜질식 가설 Ad Hoc Hypothesis

점쟁이에게 따지러 갔다가
복채까지 주고 오는 이유

> **정의** 자신의 믿음이나 이론에 반하는 사실을 회피하려고 임시방편으로 그럴듯한 가
> 설을 만들어 설명하는 현상. 자신의 기존 이론을 합리화하려고 끊임없이 땜질하듯 가
> 설을 만들어 대응하려는 것을 말한다.
> 'Ad Hoc'는 '특별한 목적을 위해서'라는 뜻의 라틴어이다. 여기서 파생하여, 어떤 일이
> 발생하면 그때의 상황 변화에 맞춰 반응하는 임기응변이라는 의미를 나타낸다. 원래
> 뜻에 의미를 두어 '임시 가설 편향', '임시변통 가설', '임시 방편적 가설', '미봉 가설' 등
> 으로도 번역할 수 있다.

땜질식 가설 편향은 사이비 과학자의 이론이나 초과학 연구에서 흔히
볼 수 있다. 대표적인 사례가 바이오리듬 이론Biorhythm Theory이다. 바이
오리듬 이론은 인체에는 신체, 감성, 지성의 세 주기가 있으며, 출생일을
기점으로 신체는 23일, 감성은 28일, 지성은 33일의 주기를 가지고 상
승 또는 하강한다고 주장한다.

　실제로 따져보면 패턴이 맞는 사람도 있지만, 그보다 훨씬 많은 사람

이 바이오리듬 이론에서 말하는 주기 패턴과 맞지 않는다. 그러나 바이오리듬 이론가들은 이런 사실을 인정하고 싶지 않다. 그래서 패턴이 맞지 않는 사람들을 새로운 집단으로 분류하여 바이오리듬 이론 안에서 설명하려고 한다.

심지어 바이오리듬으로 태아의 성별도 예측할 수 있다고 주장하는 연구자도 있었다. 그래서 미국 워싱턴 대학 사회학과의 윌리엄 베인브리지William. S. Bainbridge 교수는 바이오리듬 전문가의 예측과 실제로 태어난 아기의 성별을 비교했다. 예측 정확도는 50퍼센트였다. 바이오리듬의 복잡한 패턴을 연구해서 예측하기보다는 동전을 던져 앞면과 뒷면이 나오는 확률로 예측했어도 되는 정확도였다. 베인브리지가 이런 연구 결과를 발표하자 바이오리듬 전문가는 아이에게 있을지 모르는 동성애적 성향 등 다른 변인을 포함시켜 자신의 이론이 맞는다고 주장했다. 이런 방식으로 반대 증거의 효과를 교묘하게 경감시키며 이론을 정당화하는 것이 땜질식 가설 편향의 특징이다.

생활 속에서 땜질식 가설 편향을 가장 쉽게 볼 수 있는 곳은 점집이다. 점쟁이는 모든 것을 다 아는 듯이 말하지만, 그들의 예측이 틀리면 정성이 부족했다거나 부정이 탔다거나 조상 중 얼어 죽은 사람에게 제사를 지내지 않아서 그렇다 등등 갖은 구실을 대가며 예측이 빗나간 이유를 설명한다. 절대로 자신의 예측이 틀렸다고 하지 않고 그럴듯하게 설명하려고 새로운 가설을 만들어낸다. 그렇게 설명할 수 있었다면 일을 그르치기 전에 왜 먼저 말하지 않았을까? 이렇게 질문하면 점쟁이는 '천기누설 죄' 운운하며 그에 맞는 구실을 내놓는다. 그러면서 자신의 믿음이 확고하다며 당당해한다. 새는 구멍이 보일 때마다 재빨리 땜질하는 것은 얼마든지 가능하기 때문이다.

> **참고항목**
>
> ■ 확증 편향: 자신의 선입관에 따라 자기가 믿고 싶어 하는 대로 정보를 처리하는 현상.

051 바넘 효과 Barnum Effect

신문의 운세풀이는
왜 딱 내 이야기 같을까?

> **정의** 사람들이 보편적으로 가지고 있는 심리나 성격을 자신만의 특성으로 여기는 성향. 한마디로 주관적 타당화(Subjective Validation) 편향이다.
>
> 바넘 효과라는 말은 서커스 단원이었던 바넘(P. T. Barnum)의 이름에서 유래했지만, 정작 그의 행적은 이 효과와 상관없다. 폴 밀(Paul E. Meehl)이라는 심리학자가 그의 이름을 사용하며 바넘 효과 개념을 소개한 것이 이어져 정착되었을 뿐이다. 바넘 효과는 이를 실험으로 증명한 학자인 포러의 이름을 따서 '포러 효과(Forer Effect)'라고도 한다.

1949년 미국 심리학자 버트럼 포러Bertram R. Forer는 성격검사 결과를 활용해 한 가지 실험을 했다. 일단 다음의 성격검사 결과지를 읽어보자.

당신은 다른 사람이 당신을 좋아하고 존경해주길 바라는 욕구가 있습니다. 하지만 아직 당신은 자신을 비판적으로 바라보는 경향이 있습니다. 성격에 약점이 있기는 하지만 이런 결점은 극복할 수 있습니다. 당신에게는 숨겨진 훌륭한 재능이 있습니다. 겉으로 보기에 당신은 잘 절제할 수 있고 자기 억제력도 있습니다. 하지만 내면적으로는 걱정도 있고 불안정한 점도 있습니다. 때로는 '올바른 결단을 내린 것일까? 올바른 행동을 한 것일까?' 하며 깊이 고민하기도 합니다. 어느 정도 변화와 다양성을 좋아하고, 규칙이나 규제에 묶이는 것을 싫어합니다. 스스로 다른 사람의 주장에 충분한 근거가 없다면 받아들이지 않을 수 있는 독자적인 사고를 하는 사람으로 여기며 자랑스러워하고 있습니다. 당신은 어떤 때는 외향적이고 붙임성이 좋지만, 가끔은 내향적이고 과묵한 때도 있습니다. 당신이 가진 희망 중의 일부는 좀 비현실적이기도 합니다.

이 실험 내용을 설명하기 전에 분명히 해둘 것이 있다. 나는 이 책에서 여러분에게 성격검사를 하지 않았다. 하지만 위의 분석 내용을 읽으며 자기 성격을 잘 드러낸다고 생각한 사람도 분명히 있을 것이다. 이것이 바로 바넘 효과 때문이다. 여러분에게 실시하지도 않은 성격검사의 정확성 때문일 수는 없으니 말이다.

포러는 학생들을 대상으로 성격검사를 한 뒤, 실제 검사 결과와는 상관없이 모든 학생에게 위의 내용을 검사 결과라고 주었다. 그리고 자신과 잘 맞는지에 따라 0에서 5까지의 점수로 평가해 달라고 했다. 실험 결과 평균 4.26의 점수가 나왔다. 자기 성격을 너무 잘 짚어냈다고 반응한 것이다.

이처럼 바넘 효과는 일반적인 정보가 주어졌을 때 그 힘을 발휘한다. 즉 특별히 반대할 만한 내용이 없을 때 나타나는 현상이다. 정보가 애매하게 주어져도 바넘 효과는 일어날 수 있다. 독자가 자기에게 맞게 내용을 능동적으로 재해석하며 애매한 내용에 의미를 부여하며 읽기 때문이다.

신문에 나오는 오늘의 운세를 보고 자기에게 특별한 의미가 있다고 생각하는 것도 바넘 효과 때문이다. 구독자 중에 같은 해에 태어난 사람이 몇 명일지 생각해보면 그런 글을 보면서 자신의 운명에 딱 맞는다고 생각하는 것이 얼마나 허황된 일인지 쉽게 알 수 있다.

참고항목

■ 확증 편향: 자신의 선입관에 따라 자기가 믿고 싶어 하는 대로 정보를 처리하는 현상.

---

052 사회적 바람직성 편향 Social Desirability Bias

천사표 행동 뒤에 숨은 나쁜 본성

> **정의** 사람들이 자신의 행동이나 의견을 밝힐 때 있는 그대로를 표현하는 것이 아니라, 사회가 바람직하다고 생각하는 가치에 맞춰 왜곡해 표현하는 것. 즉 다른 사람이 호감을 느낄 만한 방향으로 바꿔 응답하는 편향이다.

'사회적 바람직성'은 사회적으로 바람직하다고 생각되어 각 개인에게 권장되는 생각이나 행동이다. 흔히 사람은 타인에게 긍정적인 평가를 받으려고 사회적으로 바람직한 행동이나 의견은 더 과장하여 이야기하고, 나쁜 행동이나 의견은 아예 말하지 않거나 줄여서 이야기한다. 이 편향은 자기 보고Self-reports 방법을 쓰는 연구, 특히 각종 설문조사 연구에 큰 영향을 미쳐 사회현상에 관한 여론조사 예측이 빗나가게 한다. 그 대표적인 사례가 브래들리 효과Bradley Effect이다.

브래들리 효과는 미국의 선거 여론조사에서 유래한 용어이다. 1982년 미국 캘리포니아 주의 주지사 선거에 당시 로스앤젤레스 시장이었던 토마스 브래들리Thomas Bradley가 민주당 후보로 출마했다. 그는 여론조사와 출구조사에서 공화당 후보인 조지 듀크미지언George Deukmejian을 앞섰지만, 실제 선거 결과에서는 패배했다. 학자들은 이런 예기치 못한 현상의 원인이 무엇인지 다각도로 분석했다.

미국 UC 버클리 대학 찰스 헨리Charles Henry 교수는 1983년 연구를 통해서 민주당 후보 브래들리가 흑인이라는 점이 선거 결과에 영향을 미쳤을 수 있다고 결론 내렸다. 즉 일부 백인이 인종적 편견을 숨기려고 투표 전의 각종 조사에서 흑인 후보를 지지한다고 거짓으로 진술했을 가능성이 있다는 것이다. 그리고 상당수의 백인 유권자는 여론조사원에게 아직 후보를 결정하지 못했다거나 인종과 상관없이(즉 백인이 아닌) 후보를 지지한다고 말했지만 실제 투표장에서는 백인 후보를 찍은 것일 수 있다. 또한 투표 후의 출구조사에서는 출구조사원의 인종에 따라 자신이 지지하는 후보를 밝히기가 어려웠을 수도 있다. 그래서 선거 전후의 각종 조사에서 승리가 예상되었던 후보가 실제로는 탈락하는 현상이 생긴 것이다. 즉 사회적으로 부정적인 가치를 지닌 인종 차별주의자로 보일까 염려한 사람들이 자신의 판단을 있는 그대로 표현하지 않은 것이 선거 예측의 오류를 만든 것이다. 연구진은 이러한 현상을 브래들리 후보의 이름을 따서 브래들리 효과라고 이름 붙였다.

브래들리 효과에 관해서는 당시의 여론조사 기법이 부정확해서 나온 현상이라는 주장도 있다. 당시 공화당 후보 측 선거전략 책임자였던 켄 가치기안Ken Khachigian은 여론조사 시점이 사람들이 개인 시간을 가지려는 주말이거나 선거 캠페인이 본격화되어 효과를 나타내기 전이라서 오차가 발생할 확률이 높았다고 지적했다. 또한 출구조사도 '부재자 투표'

를 고려하지 않고 단순 집계한 것이라 문제가 있을 수밖에 없다고 했다.

2000년대 들어 미국 정치에서는 여론조사 방법의 발전 등으로 브래들리 효과가 줄어든 것으로 알려졌다. 특히 2008년 대선에서 민주당 후보 버락 오바마Barack Obama가 각종 여론조사의 예측대로 최초의 흑인 대통령으로 당선된 사례에서처럼 브래들리 효과는 이제 유효하지 않은 개념일 수도 있다.

그러나 다른 맥락에서 사회적 바람직성은 여전히 영향을 미치고 있다. 예를 들어, 사람들은 성性 문제를 다루는 설문에서 '성적 욕구를 매매춘으로 해결한 경험이 있나요?'라는 질문이 있는 경우 답변을 회피하거나 거짓으로 답하기 쉽다. 그래서 이런 설문 결과를 매매춘 실태에 관한 통계자료로 쓰면 현실을 제대로 반영하지 못할 가능성이 크다.

사회적 바람직성 편향을 일으키기 쉬운 주제는 낙태, 종교 선택의 자유, 애국, 개인 소득, 기부, 자신의 과오, 폭력 등 다양하다. 이런 민감한 주제는 설문을 통한 연구 결과가 오염되기 쉽다. 그래서 연구자들은 보완책으로 응답자가 사회적 바람직성에 따라 답하는지를 알아보는 MCSDMarlowe-crowne Social Desirability 같은 검사 척도를 사용하기도 한다. 이러한 검사 척도로는 MCSD 이외에 BIDRBalanced Inventory of Desirable Responding과 PDSPaulhus Deception Scales등이 있다.

참고항목

■ 침묵의 나선: 자기 의견이 소수 의견에 해당한다고 생각하면 다수에게서 나쁜 평가를 받거나 고립될 것을 두려워해서 아예 의견을 개진하지 않으려는 심리.

053 사후 구매 합리화 Post-purchase Rationalization

내가 산 물건이
비싼 데는 그럴 만한 이유가 있다

> **정의** 비싼 물건 혹은 결점이 있는 물건을 사거나, 주문을 잘못한 다음에 자신의 구매
> 행동을 합리화하는 것.

어떤 물건을 너무 비싸게 샀거나, 새로 산 물건의 흠을 발견하면 후회하
는 것이 당연하다. 그러나 자신이 후회할 결정을 내렸다는 사실을 많은
소비자가 불편해한다. 그래서 싸게 산 다른 사람보다 더 좋은 대접을 받
으면서 물건을 샀으니 됐다고 생각하거나, 이 정도 흠은 자신의 넓은 아
량으로 감내할 수 있다고 생각하는 등 사후에 자신의 구매 결정을 합
리화한다. 이렇게 하면 자기 결정이 잘못되었다고 인정하지 않아도 되기
때문이다.

물건을 살 때는 비싼 가격이나 흠이 눈에 들어오지 않을 정도로 정서
적으로 흥분한 상태여서 그저 빨리 갖고 싶은 마음뿐이다. 그러나 물건

을 사서 집에 가져온 후 물건과 영수증을 들여다볼 즈음에는 심리 상태
가 훨씬 자분해신다. 즉 감정적인 인지 경로가 아닌, 이성적인 인지 경로
가 활성화된다. 그래서 경제성을 따져보니 슬슬 후회가 밀려온다. 그때
그 부정적인 감정을 누르기 위해 사후 구매 합리화가 시작된다.

구매 행동은 이미 과거의 일이며, 없던 일로 만들 수도 없다. 반면에
구매 행동에 관한 현재의 평가는 변화시킬 수 있다. 그래서 변화시킬 수
있는 평가, 즉 인지를 돌이킬 수 없는 행동에 맞춘다. 정리하자면 사람
은 인지와 행동이 일치하지 않는 조건에서 인지를 변화시켜 합리화하려
고 한다.

예를 들어 최신 휴대전화를 사서 친구에게 전화를 걸어 자랑했더니,
친구가 자기야말로 더 최신 휴대전화를 싸게 샀다며 역으로 자랑한다.
듣고 보니 친구의 구매 방법이 더 그럴싸하다 싶지만 이미 개통한 휴대
전화라 어쩔 수 없다. 자신의 구매 결정을 합리화하는 수밖에.

이제 나는 "네 것이 싼 데에는 그럴 만한 이유가 있을 거야"라고 깎아
내리거나 "내 것이 비싼 데에는 다 그럴 만한 이유가 있을 거야"라고 생
각한다. 혹은 구매할 때는 미처 고려하지 못했던 디자인의 미묘한 차이
나 세부 기능을 들춰가며 자기가 더 우월한 선택을 했다고 생각한다. 심
지어 이미 구매한 상품의 정보를 찾으려고 여러 웹사이트를 뒤지기도
하며, 댓글을 유도하여 다른 사람의 동의를 구하기도 한다. 이것이 바로
사후 구매 합리화이다.

사후 구매 합리화에 빠지지 않는 방법은 간단하다. 사전에 합리적으
로 구매하려고 노력하는 것이다. 감정에 휘둘리지 말고 여러 대안을 비
교하면서 시간을 두고 고민하면 좀 더 만족스러운 결정을 내릴 수 있을

것이다. 혹은 사후 구매 합리화를 하기보다 자신의 잘못된 결정을 인정하고 그것을 체크리스트로 만들어 다음 구매에 활용하는 것도 현명한 방법이다.

참고항목

■ 인지부조화: 자신의 신념과 일치하지 않는 행동을 한 후 부정적인 감정에서 벗어나려고 신념을 바꿔버리는 것.

---

054 수면자 효과 Sleeper Effect

묵히면 더 강해진다

> **정의** 메시지의 설득 효과가 시간이 지나면서 감소하는 것이 아니라 오히려 증가하는 현상. 특히 신뢰도가 낮은 출처에서 나온 정보가 시간이 갈수록 더 설득력이 높아지는 이유를 설명하는 효과이다.

불황이 계속되는 상황에서 정부 대변인이 정부 정책을 옹호하려고 "경기부양책이 효과를 낼 것이므로 앞으로 경제 전망은 밝다"라고 말한다면 그 말을 얼마나 믿을 수 있을까? 정부 대변인이 경제 전문가도 아니며 구체적 수치와 근거를 댄 것도 아니다. 또한 이런 종류의 발표는 수시로 있었기 때문에 설득력이 약할 것 같다. 하지만 현실에서는 그렇지 않다. 신뢰도가 낮은 출처에서 나온 메시지인 것은 맞지만, 시간이 지나면서 메시지(경제 전망)와 출처(대변인)의 연합은 약해지고 메시지만 남는다. 즉 그 말을 누구에게서 들었는지 잊어버리는 대신 메시지 자체를 더 오래 기억하면서 메시지의 신뢰도가 높아진다. 이런 특성을 아주 잘 알고 있는 대변인은 기회가 있을 때마다 자기 조직에 유리한 이야기와 경쟁자에게 불리한 소문을 쏟아 놓기에 바쁘다.

수면자 효과를 가장 많이 활용하는 분야는 광고이다. 부작용이 우려되는 제약회사의 광고에서조차 의사가 아닌 연예인이나 일반 소비자가 약품의 효과를 설명한다. 그러면 일정한 시간이 지난 후에 소비자가 약품 효과에 관한 긍정적인 메시지만 기억할 것이라는 전략이 광고 속에 들어 있다. 어떤 광고는 메시지를 전달하는 사람보다는 아예 메시지 내용 자체를 더 쇼킹하게 꾸며 기억에 남기려 한다. 정보 출처는 어차피 사라질 것이라고 생각하기 때문이다. 메시지보다 출처가 더 잘 기억에 남는다면 광고의 본래 목적을 이루지 못한 것이다. 광고 모델은 기억하는데 무엇을 광고했는지는 모르는 경우보다 광고 모델은 기억하지 못해도 광고 문구를 기억하는 것이 광고주가 바라는 바이다.

만약 여러분이 어떤 중요한 결정을 내린다면, 여러분이 믿고 있는 것의 근거가 무엇인지를 분명히 할 필요가 있다. 최종 결과로 수집한 매력적인 정보의 내용만이 아니라 출처도 꼼꼼히 살피다 보면, 차라리 무시하는 게 더 좋은 신뢰도 낮은 메시지도 포함되어 있음을 깨닫게 된다. 세상에 떠도는 연예인의 갖가지 스캔들과 음모론 같은 속칭 엑스파일x-file에 처음에는 회의적이었지만, 시간이 갈수록 마치 설득력이 높은 정보인 듯 받아들이는 사람이 많아지는 것도 수면자 효과의 사례라고 할 수 있다.

그러나 현재 수면자 효과에 이견을 제시하는 사람도 많다. 여러 생활 사례와 광고 사례가 있지만 학문적으로는 수면자 효과를 지지하는 실험 결과와 그렇지 않은 실험 결과가 공존하고 있어 논쟁 중이다. 특히 메시지 설득력은 시간이 지나면서 여러 요인의 영향을 받을 수 있는데, 이를 엄격히 통제하지 않은 상태에서 효과를 검증하는 연구 방법론이 강하게 비판받고 있다. 미국 심리학자 토마스 쿡Thomas D. Cook 박사 등 비판론자의 주장에 따르면, 수면자 효과는 다음과 같은 4가지 조건을 갖추었을 때에만 발생한다.

1 태도에 즉각적으로 강한 영향을 미칠 수 있는 메시지가 있다

: 이번 학기가 끝나면 졸업을 하는 A는 점점 심각해지는 실업률로 고민하던 중 내년에는 경기가 확 좋아지고 취업률도 급증할 것이라는 말을 듣는다.

2 메시지를 긍정적으로 평가할 수 없게 하는 할인단서(신뢰도가 낮은 출처 등)가 있어서 메시지를 접하자마자 태도 변화가 일어나지 않는다

: A는 내년 경기에 관한 밝은 전망이 인터넷 유머 게시판에 뜬 글이라는 사실을 알게 된다.

3 시간이 지나서 할인단서와 메시지 간의 단절이 일어난다

: 학기가 본격적으로 시작되고 토익, 학점 관리, 공모전 등을 챙기며 바쁜 시간을 보내느라 취업 걱정을 할 틈도 없다.

4 할인단서와 메시지 간의 단절이 비교적 빠른 시일 내에 일어나서 메시지의 효과만 상대적으로 많이 남아 있다

: 학기가 끝나 친구들끼리 술자리 모임을 하게 된 A. 취업 문제로 서로 고민을 나누다가 내년에는 경기도 좋아지고 취업률도 높아질 거라는 말을 들은 것이 생각나서 말을 꺼낸다. 친구는 "어디에서 그 말을 들었는데?"라고 물어보지만 어딘지는 잘 기억나지 않는다. 다만 꽤 괜찮은 기관에서 발표한 전망이니 믿어도 될 거라고 이야기한다.

결론이 내 마음에 들면
다 올바른 것이다

> **정의** 삼단논법 추리와 같은 일정한 형식의 추론에서도 논리적 분석이나 규칙을 적용하기보다는 자신의 일반 지식이나 신념에 기초하여 명제를 평가하는 현상. 즉 결론 명제에 이르는 과정이 논리적으로 타당하냐 아니냐를 살피는 것이 아니라, 그 결론이 자기 신념에 일치하면 옳은 것으로 판단하고 그렇지 않으면 그른 것으로 판단하는 현상을 말한다.

삼단논법은 일정한 논리적 형식으로 추론하는 대표적인 추론 방법이다.

1 모든 사람은 죽는다.

2 소크라테스는 사람이다.

3 그러므로 소크라테스는 죽는다.

대전제에서 출발해 소전제를 거쳐 구체적인 결론에 이르는 과정이 논리적으로 문제없으니, 위의 결론 명제는 참이다. 그렇다면 다음 명제는 어떤가?

4 모든 사람은 착하다.

5 히틀러는 사람이다.

6 그러므로 히틀러는 착하다.

일단 대전제인 4번 명제부터 참과 거짓을 논하기 어렵다고 생각하기 쉽다. 하지만, 삼단논법에서 전제는 참과 거짓을 따지는 판단의 대상이 아니라 기본 가정이다. 즉 1번 대전제에서 출발한 추론이 3번 결론에 이르는 과정이 논리적으로 타당했고, 4번에서 출발한 추론이 6번에 이르는 과정이 같았으니 평가도 마찬가지여야 한다. 그런데 두 번째 삼단논법 추론에 관한 판단이 첫 번째 추론의 3번 결론 명제를 봤을 때와 다르게 주저된다면 혹은 그 추론이 틀렸다고 생각된다면 여러분은 신념 편향에 빠져 있는 것이다.

삼단논법의 구조는 첫 번째 추론 예시나 두 번째 추론 예시나 같다. 그렇지만 평소 가지고 있던 일반지식, 즉 히틀러는 유대인을 무자비하게 죽인 독재자이자 제2차 세계대전을 일으킨 주범 중 하나라는 신념과 '히틀러는 착하다'라는 결론이 상충하므로 명제가 참이라고 결정하지 못한 것이다. 만약 히틀러를 강한 지도력을 갖춘 리더라고 긍정적으로 평가하는 사람은 6번 명제가 참이라고 결정할 것이다. 그러나 이 경우에도 삼단논법의 논증 구조에 따른 것이 아니라, 마지막 결론 명제가 자신의 신념과 맞느냐 아니냐로 평가하는 오류를 범한 것은 같다.

사람들은 종종 논리 과정의 타당성을 떠나 결론이 자신의 신념과 일치한다는 이유만으로 그 결론이 참이라고 생각한다. '모로 가도 서울만 가면 된다'며 어쨌든 결론이 마음에 드니 그게 곧 진리라는 생각은 아주 위험한 편향이다. 독재자는 과정을 무시하고 결과를 강요한다. 그리고 자신의 신념만이 궁극적 진리라고 강조한다. 즉 신념 편향은 마음속의 독재자이다. 독재자의 끝은 안 좋다. 열심히 노력해서 꼭 마음 밖으로 몰아내야 한다.

생활 속에서도 신념 편향은 많은 영향을 미친다. 논리적 검토를 거친 보고서를 본 팀장은 "내 생각은 이와 다른데" 하면서 보고서의 결론이 사실이 아니라고 주장한다. 논리적 근거를 대서 비판하기보다 자기 생각과 신념이 다름에서부터 이야기를 시작한다. 이때 직원들 역시 팀장이 하는 이야기 속에서 결론에 이르는 논리적 추론의 타당성은 따지지 않고, 결국 자신의 결론과 다르다는 이유로 거부한다면 마찬가지로 신념 편향에 빠져 있는 것이다.

이미 다른 입장에 선 사람을 논리적으로 설득하기 어려운 이유도 바로 신념 편향 때문이다. 중간 과정이 아무리 타당해도 결론이 그 사람의 신념과 반대이면 바로 거짓이라고 생각하기 쉽다. 예를 들어 신념 편향 때문에 다른 종교의 신도에게 선교하기 어렵다. 해당 종교를 믿는 사람에게는 매우 타당한 논리이지만, 다른 종교 신도에게는 그 논리가 눈에 들어오지 않는다. 결론만이 중요하다.

그러나 가끔 선교에 성공할 때도 있다. 현명한 선교사들은 결코 서두르거나 목소리를 높이지 않는다. 서로 다른 신념을 확인하기보다는 다른 활동을 함께하고 다른 이야기를 나누는 식으로 문제가 되는 신념이 아닌 지식, 경험을 공유한다. 그리고 나서 점점 '상대방과 나'가 아닌 '우리'라는 생각이 들 때 야금야금 논리를 전개한다. 자기 입장에서 논리를 전개하지 않고 상대방 신념의 결론이 적용되지 않는 사례를 조금씩 보여준다. 즉 자신의 결론이 맞음을 보여주는 것이 아니라, 상대방의 결론이 틀릴 가능성을 보여준다. 그러면 그가 신념을 조금씩 바꾼다. 그리고 스스로 내부의 싸움으로 설득의 벽은 허물어진다.

신념 편향을 피해 가는 설득 과정은 종교뿐 아니라 다른 분야에서도 활용할 수 있다. 사람들은 외부의 변화 요구에는 완강하게 반발하지만, 내부의 설득의 목소리에는 힘없이 무너지는 특성이 있으니 말이다.

> **참고항목**
> ■ 결과 편향: 과거 의사 결정의 질이 얼마나 타당했는지 분석하기보다는 당시의 의사 결정이 어떤 결과를 가져왔는지를 기준으로 삼아 꿰맞추는 것.
> ■ 심리적 반발 편향: 외부의 압력이 있으면 오히려 더 과장되게 반발하는 현상.

056 실용 오류 Pragmatic Fallacy

내가 청국장을 먹고 두통이 나았으니 너도 머리 아플 때 먹어봐

> **정의** 어떤 일이 잘된다거나 자신이 만족한다는 이유만으로 그 일이 사실이라고 주장하는 것. 실용 오류에 빠지면 내재한 원리나 근거라고 주장하는 것의 사실 여부, 작동 기제 등 상세한 내용을 따져보지 않고 겉으로 드러난 결과만으로 평가한다.

철학에서는 실용 오류를 논리적 오류의 대표 사례로 다룬다. 예를 들어 '자연은 아름답기 때문에 신은 존재할 수밖에 없다'라는 표현도 유용성을 놓고 본질적 문제를 추론하는 실용 오류이다. '내가 바이오리듬에 따라 행동을 조절하면 마음이 편해지므로 바이오리듬 이론은 사실이다'라는 것도 실용 오류의 하나이다.

제대로 과학적 검증이 안 된, 소위 대안 치료법이 실제로도 효과가 있을 것이라고 믿는 것도 여기에 해당한다. 예를 들어 어떤 시술을 받은 후에 통증이 사라지면, 그 시술이 통증을 없앴다고 생각하기 쉽다. 하지만 이는 청국장을 먹고 두통이 없어졌다고 해서, 적절한 검증 없이 청국장을 두통 치료제로 생각하는 것과 같다. 우연히 통증이 사라진 것일 수도 있으니, 설령 효과를 봤다고 하더라도 그 시술이 진정한 원인인가 하는 문제는 남는다. 또한 자신의 경험이나 다른 사람의 경험담이 곧 실험을 통한 검증은 아니다. 그러나 해당 시술로 효과를 봤다는 이유로 깊게 생각하지 않고 바로 사실이라고 생각하면서 실용 오류에 빠져든다.

그래서 광고는 제품의 뛰어난 효용을 보여주며 실용 오류를 부추긴다. 비타민으로 암을 고치는 것도 가능하고, 화장품을 바르면 주름이 좍좍 펴져 금방 10년은 젊어질 것인 양 포장해 사람들의 지갑을 연다. 제품을 받아 보면 부작용을 경고한 내용이나 함유 성분, 효능을 담은 설명서가 있지만, 구매자는 잘 읽지도 않을 뿐더러 혹여 읽는다고 해도 그 내용에 영향받지 않는다. 왜냐하면 그래서 유용성이 있느냐 없느냐의 결과에만 관심을 두기 때문이다.

셰익스피어의 '끝이 좋으면 모든 것은 좋다'라는 말을 실용 오류에 맞게 고치자면 '끝이 좋으면 모든 것은 사실이 될 수 있다' 정도일 것이다. 양자 물리학에 관해서 잘은 모르지만, 양자 물리학을 이용한 원자력 개발과 여러 기기가 유용하니 양자 물리학 이론이 사실이라고 생각하는 사람이 많다. 하지만 양자 물리학자 사이에서도 이론은 계속 검증되고 있고 끊임없이 수정되고 있다. 실용과 본질은 서로 관련이 있기는 하지만 다른 차원임을 잊어서는 안 된다.

참고항목

■ 희망적 사고 편향: 어떤 근거에 의한 것이 아니라, 단지 긍정적인 결론을 선호해서 자기가 믿고 싶어 하는 긍정적 결론에 맞게 생각하는 것.

057 영향력 편향 Impact Bias

나 없으면 죽는다고 난리 치더니 청첩장을 보내?

> **정의** 정서적 사건에 관해 예상할 때, 그 영향력을 실제보다 강하고 오래갈 것이라고 과대평가하는 것. 영향력 편향은 긍정적인 사건이나 부정적인 사건 모두에 해당한다. '충격 편향'이라고도 한다.

행복 연구자로 유명한 미국 심리학자 대니얼 길버트Daniel Gilbert 교수는 오랜 연구를 통해 영향력 편향을 밝혀냈다. 그에 따르면, 사람들은 직업적 성공, 애정 관계 형성, 원하는 물건 구매, 원하던 곳으로 떠난 여행 등에서 느끼는 행복이 대단할 것이라 예상했다. 하지만 실제로는 그런 긍정적 사건에 의한 감정은 예상보다 변화폭이 좁고 지속시간은 짧았다. 승진 실패, 낙선落選, 가족의 죽음 등 부정적 사건에 의한 감정의 변화폭과 지속시간 역시 마찬가지였다. 즉 사람들은 자신의 감정이 어떻게 될지 제대로 계산하지 못하고 과대평가하고 있었다.

사람들은 사랑을 시작하면 많이 기쁘고 그 감정이 아주 오랫동안 지속될 것이라고 생각한다. 하지만 사랑의 감정은 상상했던 것만큼 대단하지 않고 짧게 확 치솟았다 사라질 수도 있다. 또한 사랑하는 사람과 이별하면 고통에 겨워 오랫동안 밥도 제대로 먹지 못할 것 같지만, 며칠 뒤면 밥을 목구멍으로 넘기는 것이 사람이다. 대중가요 가사처럼 너무도 사랑했기 때문에 이별 후에 좌절과 상심으로 비척댈 줄 알았는데, '한 순간뿐이더라 밥만 잘 먹더라 죽는 것도 아니더라'가 된다. 대니얼 길버트 교수의 연구에 따르면, 관계가 끝나고 2개월이 지나자 사람들은 대개 그들이 생각한 것만큼 불행한 감정에 허덕이고 있지 않았다.

사람들은 자기가 응원하는 스포츠 팀이 우승하면 아주 오랫동안 기쁨이 넘칠 것이라 생각한다. 하지만 기쁨의 강도는 예상과 다르고, 기간도 일주일을 넘기기 어렵다. 취업만 하면 나날이 행복에 젖어 살 것 같은 백수도 막상 취업하고 어느 정도 시간이 지나면 스트레스에 고개를 숙이게 된다. 긍정적 사건에는 긍정적인 감정을, 부정적 사건에는 부정적 감정을 느끼지 않는다는 것이 아니다. 다만 예상했던 것만큼은 아니라는, 즉 자신의 감정에 미치는 사건의 영향력을 과대평가했다는 점에서 오류인 것이다.

영향력 편향은 힘든 세상살이에서 사람이 버틸 수 있는 힘이 되기도 한다. 만약 부정적 사건을 만났다고 해서 원래 예상했던 것만큼 강한 슬픔에서 오랫동안 벗어나지 못한다면 인간은 극단적인 선택을 할지도 모른다. 그러나 영향력 편향 덕분에 더 빠르게 정신적 상처에서 벗어날 수 있다.

대니얼 길버트는 영향력 편향이 생기는 이유를 정보 집중의 문제라고 밝혔다. 특정한 미래 사건에 생각을 집중하면서 다른 사건이 어떻게 되는지 무시하기 때문에 특정 사건의 영향력만 과대평가하게 된다는 것이다.

인생은 수많은 크고 작은 사건이 서로 맞물려 움직인다. 어느 한 사건이 모든 것을 한 번에 바꿀 가능성은 아주 낮다. 살다 보면 기쁜 일도 생기고, 슬픈 일도 생긴다. 그리고 그런 일들이 미치는 영향력은 우리가 흔히 예상하는 것보다 작다. 그러므로 앞으로 다가올 불행을 너무 미리 걱정할 필요는 없다. 물론 그 반대도 마찬가지이다.

참고항목

■ 감정 편향: 정서적인 내용에 민감하게 영향을 받아 판단을 내리는 현상.

---

058 우월성 편향 Better-than-average Bias

내 얼굴이 평균 이상은 되지

> **정의** 자신이 평균 이상의 긍정적 특성을 지녔다고 생각하는 현상. 동시에 부정적 특성
> 은 평균 이하를 지녔다고 생각한다. 2가지 특성 모두 결국은 긍정적인 방향에서 자신
> 을 평균 이상으로 생각한다는 점에서 우월성 편향이라고 한다.
> '자기 긍정 편향'이라고도 하며, 'Superiority Bias', 'Lake Wobegon Effect(워비곤 호수
> 효과)', 'Better-average-effect', 'Illusory Superiority' 등 다양한 표현이 있으나 모두 같
> 은 개념이다.

1976년 미국에서 100만 명을 대상으로 적성검사를 한 결과, 자그마치
70퍼센트가 자기 리더십을 평균 이상이라고 답했다. 이를 계기로 우월
성 편향에 관심이 일기 시작했다. 평균은 정확히 50퍼센트 지점인데 70
퍼센트가 평균 이상이라고 답했으니, 사람은 자기를 평균 이상으로 긍
정하는 경향이 있다고 해석할 수 있다. 적성검사에서 대인관계에 관한
질문에는 응답자의 85퍼센트가 평균 이상으로 원만하게 잘 지내고 있
다고 대답했다. 더 놀라운 것은 대인관계가 우수한 상위 1퍼센트에 자
신이 들어간다고 응답한 사람이 25퍼센트였다는 것이다.

나름대로 논리적인 사고 훈련을 받으며 박사학위까지 딴 대학교수들은 오히려 우월성 편향이 더 심했다. 미국 네브래스카 대학의 퍼트리샤 크로스Patricia Cross 교수가 1977년 실시한 연구에 따르면, 대학교수 95퍼센트가 자신의 강의 능력이 평균 이상이라고 답했다. 그리고 68퍼센트는 자신이 상위 25퍼센트에 든다고 자신했다.

다른 연구도 있다. 스웨덴 스톡홀름 대학 심리학과의 올라 스웬슨Ola Swenson 교수의 1981년 연구에 따르면, 미국 대학생의 88퍼센트와 스웨덴 대학생의 77퍼센트가 자신이 평균보다 더 안전하게 운전한다고 응답했으며, 미국 대학생의 60퍼센트는 자신의 운전 실력이 상위 20퍼센트 안에 든다고 생각했다. 그리고 운전 기술에 관해서는 미국 대학생의 무려 93퍼센트가 평균 이상이라고 생각했다.

미국 심리학자인 캐롤라인 프레스턴Caroline Preston과 스탠리 해리스Stanley Harris는 1965년 자기 과실로 교통사고를 낸 운전자 50명을 인터뷰했는데, 그들은 다른 운전자와 마찬가지로 자신이 평균치 이상으로 안전하게 운전한다고 답했다. 명백한 자기 과실임이 확인된 사고로 다쳐 병원에 입원해 있는 동안에 한 인터뷰에서 말이다. 그들에게 안전 수칙은 평균 이하의 능력을 가진 사람을 위한 것일 뿐, 자신처럼 평균 이상인 사람에게는 적용되지 않는다고 생각한다.

이런 경향은 한국 운전자의 일상 대화에서도 쉽게 찾을 수 있다. 도로에는 평균 이하로 멍청하게 운전하는 사람 천지이지만 다행히 자기처럼 평균 이상으로 운전을 잘하는 사람이 기민하게 대처해서 사고를 막는다며 목소리를 높이는 사람이 많다. 하지만 한국은 자동차 사고율이 아주 높은 나라이며, 부주의로 일어난 접촉 사고 때문에 길거리에서 언성을 높이는 사람을 흔히 볼 수 있는 나라이다.

우월성 편향은 다른 사회생활에 관한 판단에도 영향을 미친다. 마크 알리케Mark Alicke 등의 2001년 연구에 따르면, 학생들에게 공동과제를 시켰을 때도 스스로 평균보다 더 많이 참여했다고 묘사하는 경향이 강했다. 하지만 실제로 공동과제를 수행하는 같은 조의 모든 학생이 과제에 참여할 수 있는 횟수는 통제되었으므로 똑같았다. 회사에서도 비슷한 일이 많이 생긴다. 함께 팀으로 일했지만 저마다 자기가 평균 이상으로 일했다며 인센티브를 많이 요구한다. 그리고 그 요구가 받아들여지지 않으면 우월한 자신에게 걸맞은 지원을 할 다른 직장으로 옮긴다. 그리고 거기에서도 평균 이상의 자기 능력을 발휘한다고 생각한다.

우월성 편향은 가정에서도 일반적으로 일어난다. 평균 이상으로 잘하는 자신을 왜 아내는 못마땅하게 여기는지 이해하지 못하는 남편이 많다. 평균 이상으로 재능이 많다고 생각하는 아이는 적당한 때가 오면 자신의 진가가 발휘될 것인데 그걸 모르고 잔소리나 늘어놓는다며 엄마 앞에서 짐짓 여유를 보인다. 한편 평균 이상으로 요리할 줄 안다고 생각하는 아내는 반찬 투정하는 남편과 아이가 복에 겨워 헛소리를 하는 것처럼 여긴다. 그렇게 참다가 서로 평균 이상으로 폭발해 소란이 일기도 한다. 하지만 그런 소란은 평균 가정보다 훨씬 드물게 일어난다고 믿으며 산다.

참고항목
- 자기 배려 편향: 자신에게 편하고 유리한 방식으로 정보를 왜곡해서 처리하는 현상.
- 통제감 착각: 자신의 통제력에 비현실적인 기대를 하는 심리현상.

059 이야기 모델 편향 Story Models Bias

그렇게 말하니 정말 그럴듯하네

> **정의** 세상의 복잡한 사건과 관계들을 모두 고려해서 어떤 현상을 설명하기보다는 중요하다 싶은 요소를 섞어 하나의 이야기로 엮을 수 있으면 충분히 설명된다고 믿는 현상.

2002년 미국 UC버클리 대학 언어학과의 조지 레이코프George Lakoff 교수는 신실한 종교적 신념이 있으면서 정치적으로 활동하는 성인 128명을 인터뷰했다. 그 결과 인터뷰에 응한 사람들이 보수와 진보를 구별하는 데 있어서 일종의 가족 이야기 상황과 같은 비유를 가졌음을 밝혀냈다. 예를 들어 정치 지도자는 부모 같은 존재이고, 정치가의 정책은 마치 부모가 아이를 키우는 방법인 것처럼 생각하고 있었다. 그래서 자신의 가족 이야기 모델에 맞는, 즉 부모가 되어 아이들을 잘 키울 것 같은 정치가에게 표를 주고 있었다.

보수 진영의 정치 지도자는 엄격한 아버지 같은 존재로 받아들여지고 있었다. 엄격한 아버지는 정책을 만들고 실행할 수 있는 권위와 가족을 보호해야 하는 책임을 지닌다고 여겨졌으며, 나머지 가족은 그에게 존경을 표하고 복종해야 했다. 이에 비해 진보 진영의 정치 지도자는 마치 자애롭게 양육하는 부모처럼 여겨졌다. 자애로운 부모는 사랑과 공감을 우선시하고, 나머지 가족을 존중하고 배려한다고 인식되었다.

이러한 가족 비유 모형은 그럴듯해서 정치적 입장 차이를 이해하는 데 충분히 도움이 될 것 같다. 하지만 현실에서의 정치가들은 이런 모형과 맞지 않는 행동을 할 때가 더 많으며, 이 비유는 매우 복잡한 정치 상황을 아주 간단하게 묘사한 것이기에 사실과 부합하지 않아 오류에 빠질 가능성이 있다. 그런데도 사람들은 가족 비유 모형에서 벗어나지 못한다. 이야기로 그럴듯하게 풀리면 충분하다고 여기는 이야기 모델 편향이 작용하기 때문이다.

미국 콜로라도 대학 심리학과의 낸시 페닝턴Nancy Pennington과 리드 해스티Reid Hastie 박사는 1986년 연구에서 실험참가자들에게 일종의 법정 영화를 보여주었는데, 영화를 본 실험참가자들은 영화에 나온 여러 요소를 이해하려고 하나의 맥락으로 이어지는 이야기로 만들어 기억했다.

낸시 페닝턴과 리드 해스티 박사가 한 다른 실험에서는 이야기를 구성하기 쉬운 순서로 정보가 제공될수록 실험참가자들이 똑같은 이야기를 구성할 확률이 높아졌다. 그리고 유죄를 입증하는 법정 증거가 이야기 순서로 편하게 제공되면 실험참가자의 78퍼센트가 피고인이 유죄라고 판단한 것에 반해, 증거가 이야기 순서를 따르지 않고 뒤섞여 나오면 실험참가자의 31퍼센트만이 유죄라고 판단했다. 즉 이야기 구성 용이성에 따라 판단이 크게 달랐다.

이들의 연구는 사람을 설득하려면 이야기로 구성하기 쉬운 순서로 정보를 제공하는 것이 유리하다는 사실을 알려준다. 반대로 자연스러운 이야기로 들린다고 그것이 사실이라고 쉽게 판단하면 안 된다. 사기꾼의 말은 청산유수로 하나의 이야기가 되지만 그 속에 진실은 거의 없다.

> **참고항목**
>
> ■ 평균으로의 회귀 무시: 예전에 아주 극단적으로 좋은 수행 결과를 보인 다음에 똑같은 결과가 있을 것으로 예측했지만 다음 수행에서는 그보다 못한 결과가 나온 경우, 사람들은 그 원인을 설명하려고 한다. 이때 자연적인 상태에서는 극단값이 계속되는 것이 아니라 평균값을 중심으로 여러 결과가 모이는 특성이 작용할 수밖에 없음을 생각하지 않고 다른 인위적 이유를 대며 생각하는 현상을 말한다.

060 인지부조화 Cognitive Dissonance

오늘 지구가 멸망하지 않은 건
그분이 뜻을 바꾸었기 때문입니다

> **정의** 자신의 신념과 일치하지 않는(부조화) 행동을 한 후 자신의 선택을 합리화하려고 신념을 바꾸는 현상. 외적인 보상으로 동기에 관한 합리화가 달라지는 과다합리화 효과와 다른 개념을 강조하기 위해 최소합리화(Minimal Justification) 효과라고도 부른다.

사람들은 자기가 한 행동을 정당화할 외적인 근거가 부족할 때, 즉 최소 합리화밖에 할 수 없을 때 행동을 논리적으로 설명하려 할수록 앞뒤가 맞지 않게 된다. 그래서 자기에게 원래부터 그 행동을 할 의지나 생각 등 내적인 근거가 있었다고 아예 자신의 판단을 바꾼다.

미국의 사회심리학자 레온 페스팅거Leon Festinger는 1959년 연구를 통해 이 같은 인지부조화를 증명했다. 그는 실험참가자에게 지루한 과제를 시켰다. 그리고 나서 실험참가자에게 대기실에 있는 여자에게 가서 과제가 얼마나 재미있었는지 설명해주고 그녀가 실험에 참가하게 도와 달라고 부탁했다. 그리고 수고비 명목으로 실험참가자들에게 돈을 주었다. 이때 한 집단에는 1달러를, 나머지 다른 집단에는 20달러를 주었다. 그리고 나시 최종적으로 실험참가자들에게 자신이 한 지루한 과제에 관한 느낌을 묻는 설문에 응답하게 했다. 그 설문 응답 분석 결과는 흥미로웠다.

20달러를 받은 사람은 과제가 지루했다고 응답했다. 연구진이 일부러 지루한 과제를 시켰으니 당연한 결과라고 생각할 수 있지만, 20달러라는 당시로서는 큰 보상을 받고서도 자신의 신념을 바꾸지 않고 부정적으로 응답한 것에 주목해야 한다. 이에 비해 고작 1달러를 받은 사람들은 자신이 대기실의 여자에게 설명했던 것처럼 정말로 과제가 재미있었다고 응답했다. 자기가 한 행동에 따라 신념이 바뀐 것이다. 그런데 20달러를 보상받은 사람은 똑같은 행동을 하고도 신념이 바뀌지 않았다. 자신이 그렇게 행동한 이유가 보상 때문이라고 생각하는 '과다합리화 효과'가 일어났기 때문이다. 그러나 1달러를 받은 사람들은 고작 푼돈 때문에 자신이 그런 행동을 했다고 합리화하기에는 스스로 생각하기에도 근거가 부족했다. 그래서 정말로 재미있는 과제였기에 여자에게도 사실대로 말한 것이라고 인지를 행동과 조화시키는 방향으로 왜곡한 것이었다.

페스팅거는 실험 결과를 바탕으로 보상이 줄어들수록 인지부조화가 커져서 결국 신념을 변화시킬 수 있다고 주장했다. 인지적 불균형 상태는 심리적 긴장을 유발하므로 사람들은 이를 억지로 일치시켜서라도 심리적 안정을 찾으려 한다는 것이다. 그의 주장은 종말론을 앞세운 사이비 종교단체를 관찰한 결과에서도 확인되었다. 교주가 예고한 날에 지구가 멸망하지 않았는데도 신도들은 속았다고 생각하지 않고, 오히려 믿음이 깊어졌다. 이미 신도로서 한 행동들이 있기에 사실을 받아들이지 않고 종교 신념에 더욱 매달리는 것이다.

일상생활에서도 인지부조화의 사례를 찾을 수 있다. 어떤 정책 제안을 위한 길거리 서명에 참여해 기념품으로 정책 홍보용 스티커나 배지를 받는 것은 자연스럽지만 만일 서명의 대가로 돈을 주겠다고 하면 서명하기가 꺼려질 것이다. 자원봉사자로 참여해 지나가는 사람들에게 감사 인사를 받거나 티셔츠 하나 얻어 입는 것에도 행복해하며 열심히 쓰레기를 줍던 사람에게, 후한 일당을 쳐주겠다고 하면 일을 아예 그만두거나 일하기 싫다며 툴툴거릴 것이다.

보상이 꼭 커야만 효과가 있는 것은 아니다. 직장에서도 화끈한 인센티브를 줘야만 직원들이 행복해하는 것은 아니다. 상사의 칭찬이나 관심만으로도 충분할 때가 더 많다. 높은 인센티브 금액은 상사로서의 힘을 보여주고 상사에 순응하게 할 수 있지만, 조그만 보상은 직원의 마음 자체를 변화시킬 수 있다. 현명한 리더는 자기 조직원의 마음을 변화시키는 방법을 더 고민하는 사람일 것이다.

참고항목

■ 과다합리화 효과: 자신이 어떤 행동을 한 이유를 내적인 욕구나 성격 등에서 찾는 것이 아니라, 눈에 확 띄는 보상 등 외적인 동기에서 찾는 현상.

더 많은 정보를 주면
더 좋은 판단을 내리지 않을까?

> 정의 정보가 많을수록 더 좋은 판단을 내릴 수 있다고 생각하는 것. 더 많은 정보가
> 결론을 내리는 데 별 도움이 되지 않는 상황에서도 정보의 가치를 실제보다 더 높게
> 생각하는 현상이다.

정보 편향은 의료 진단에서 많이 찾아볼 수 있다. 의사는 환자를 문진
하면 80퍼센트 이상의 확률로 그 병이 무엇인지 알 수 있지만, 신중한
판단을 내린다며 환자에게 혈액 검사, CT, MRI 등 아주 많은 검사를 권
한다. 심지어 자기 전문분야가 아닌 영역의 검사결과까지 협진으로 알
아내 판단에 참고하지만, 결국 판단을 내리는 것은 주치의 본인의 전문
성 안에서이다. 즉 처음 문진을 했을 때의 그 전문성 말이다.

1988년 미국의 심리학자 제임스 바론James Baron은 공동연구자들과
함께 의사의 진단에 숨어 있는 정보 편향을 알아보는 실험을 했다. 실험
에 많은 의사가 이미 진단을 내리는 데 충분한 증상, 검사 결과, 질병 정

보를 가지고 있으면서도 추가 검사가 필요하다고 말했다.

기업은 이미 충분히 알고 있는 시장에 관한 분석보고서를 여러 컨설팅 업체에 의뢰하기도 한다. 정보가 많을수록 더 좋은 결정을 내린다고 믿는 정보 편향 때문이다. 개인적인 인생사를 결정할 때 다양한 책을 찾아보고 여러 사람에게 상담하는 것도 마찬가지 이유에서이다. 때로는 어느 정도 알고 있을 때가 더는 시간을 허비하지 않고 바로 시작하기 가장 좋은 시기일 수 있다.

만약 여러분이 정보를 제공해야 하는 사람(즉 컨설턴트, 보고서 작성자)이라면 여러분의 정보가 새로운 정보라는 이미지를 주도록 노력해야 한다. 정보를 받는 사람이 이미 모은 정보와 똑같은 정보, 혹은 일치하는 정보라는 인상을 주면 더 다양한 정보를 모으고 싶어 하는 의뢰자를 실망시키고 말 것이다. 반대로 여러분이 정보를 받는 입장인데, 보고하는 사람(혹은 웹사이트, 책 등의 정보원)은 다른데 제공하는 정보는 새롭지 않다면 굳이 시간과 노력을 허비하기보다 현재 모은 정보를 바탕으로 옳은 결정을 내리는 데 집중하는 것이 훨씬 현명하다.

참고항목

- 확증 편향: 자신의 선입관에 따라 자신이 믿고 싶어 하는 대로 정보를 처리하는 현상.
- 일관성 편향: 어떤 사람이 현재 지닌 특성을 보고 그 사람은 마치 예전부터 그래왔다고 생각하는 현상.

062 정상화 편향 Normalcy Bias

그런 위기는 나에겐 오지 않을 거야

> **정의** 재해가 발생할 확률과 그 재해가 자신에게 미칠 영향력 모두를 낮게 평가하는 것. 정상화 편향은 재해가 발생했을 때 사람들이 적절하게 대응하지 못하게 해 피해를 가중시킨다.

재해나 대형사고가 일어난 다음 사람들의 인터뷰를 보면 "이럴 줄 몰랐다"라는 내용이 많다. 그리고 "나에게 이런 일이 닥칠 줄 몰랐다"라는 말도 많다. 2개의 인터뷰 내용은 정상화 편향의 2가지 주요 특성을 정확히 보여주는 사례이다.

정상화 편향을 가진 사람은 어떤 일이 닥치기 전까지는 자신의 상황이 지극히 정상적으로 흘러갈 것이라고 생각해서 특별히 대비하지 않는다. 그래서 막상 일이 닥치면 대처에 큰 어려움을 겪는 것이 특징이다. 제때 대피하지 못해서 위기를 맞거나, 부적절한 대응으로 귀중한 생명까지 잃는다.

텔레비전이나 라디오에서 경고 방송을 해도 자신은 괜찮을 것이고, 아주 운 나쁜 사람에게만 안 좋은 일이 생길 것이라면서 끝까지 버티다가 피해를 보는 사람이 꼭 있다. 폭설이 내린 다음에 굳이 산에 들어가서 조난을 당하는 사람, 폭우가 내린 다음에 계곡을 건너거나 계곡 옆에 텐트를 쳐서 변을 당하는 사람 등 정상화 편향에 빠지면 위기 상황에 적절히 대응하지 못해서 비극을 맞게 된다.

때로는 정부나 조직도 정상화 편향에 빠져 그릇된 판단을 내린다. 미국 뉴올리언스 일대를 집어삼킨 허리케인 카트리나Hurricane Katrina는 정부 관료조차 큰 변이 없을 것이라면서 안이하게 대처했다. 시민들도 여느 허리케인처럼 별일 없이 지나갈 것으로 생각하면서 재해 발생 확률과 피해 규모를 과소평가했다. 그 결과 끝까지 피난하지 않은 수천 명이 속수무책으로 당할 수밖에 없었다.

자연재해뿐만 아니라 사회문제의 대처도 정상화 편향에 빠진 것은 아닌지 고민해보는 것이 좋다. 미국은 2007년에 서브프라임 모기지론으로 경제 위기를 맞기 전까지 승승장구하고 있다고 생각하는 국민이 매우 많았다. 설령 불황이 오더라도 단기간에 끝날 것이며 그 영향이 나에게는 미치지 않을 것이라 생각했다. 하지만 현실은 그렇지 않았다. 지금도 세계 경제와 정치 판도가 경제 위기의 영향 아래 바뀌고 있다.

아돌프 히틀러Adolf Hitler가 권력을 잡은 후 명백한 반유대주의 분위기가 팽배하자 독일에 있던 유대인 상당수가 독일을 떠났다. 하지만 450만 명은 독일에 남았다. 특히 부유한 유대인은 자신의 재산을 뇌물로 바치면서 위기의 순간이 지나가기를 기다리기도 했다. 독일에 정착한 지 오래되고 주류 사회에 속한 유대인일수록 자신이 독일인을 잘 알고 있다고 생각하며 늑장 대응을 했다. 하지만 발생 확률이 아주 낮을 것이라는 최악의 시나리오는 450만 명에게 현실이 되었고, 나중에 어떤 노력으로도 지워질 수 없는 참혹한 역사가 되었다.

우리에게도 정상화 편향에 빠져 과소평가하고 있는 위기가 분명히 있을 것이다. 경제, 정치, 도덕 등의 분야에서 살펴보고 미리 준비한다면 비록 우리가 경험하지 못한 상황이 닥친다 해도 현명하게 대처할 수 있다. 카트리나를 경험한 것은 피해자들과 똑같았지만 미리 대피하여 피해를 줄이고, 태풍이 지나간 다음에는 안정된 상태에서 식료품을 이웃의 피해자들에게 나누어준 소수의 뉴올리언스 시민들처럼 말이다.

나쁜 일이 생기기를 바라는 사람은 없다. 그렇지만 나쁜 일이 닥칠 가능성마저 외면해서는 안 된다. 확률이 낮은 문제를 일부러 과대평가하여 걱정하는 것도 미련한 일이지만 발생 확률이 높은 재해를 과소평가해 미리 대처하지 않는 것은 훨씬 더 미련한 일이다.

참고항목

■ 타조 효과: 모래 속에 머리를 파묻으면 위험이 사라질 것이라 여기는 타조처럼 위험 정보를 아예 차단함으로써 문제를 해결하려는 현상, 혹은 그 결과로 위기에 적절히 대처하지 못하는 현상

063 주의 편향 Attentional Bias

그 사람, 내 눈에만 보여요

> **정의** 특정한 대상 혹은 특정한 속성에 더 많이 주의를 기울이는 경향. 몰두나 집착 같은 현상이 주의 편향을 일으키는 것처럼, 주의 편향은 또 다른 편향을 일으키는 원인이 되기도 한다. '주의 편중'이라고도 한다.

사람들은 어떤 사건에 관한 판단을 내릴 때, 자신이 관심을 두는 특정 요소에 집중해서 인과관계 혹은 상관관계를 살피고 나머지 요소들이 영향을 미칠 가능성을 무시한다.

　예를 들어 어느 연구자가 교통사고 증가 추세에 관해 어떤 이론을 만든다고 하자. 그는 데이터를 관찰한 결과, 최근 도로의 노면 상태가 고르지 않아 그것을 피하려다 사고가 났다는 사고 차량 운전자들의 인터뷰와 실제 도로공사 실적을 확인한다. 그래서 교통사고와 불량한 도로 노면의 관계에 관해서 논문을 발표한다. 그러나 이는 다른 가능성을 무시한 오류이다. 도로의 노면 상태는 고온의 날씨, 집중 강우, 각종 공사,

이전의 사고 등 다양한 이유로 달라진다. 또한 운전자들이 인터뷰한 내용도 모두 사실이라는 보장이 없다. 자신의 과실을 덮으려고 사실을 왜곡했을 수도 있기 때문이다. 그러나 주의 편향에 빠진 연구자에게는 이런 것이 보이지 않는다. 수많은 가능성 중에서도 자신이 관심을 두고 있는 몇몇 속성에 명백한 사실 관계가 있다고 생각할 뿐이다.

주의 편향은 정신 건강을 해치기도 한다. 자신이 생각하는 특정 속성에만 관심을 기울여 세상을 해석하기 때문이다. 영국 사우샘프턴 대학 심리학과의 대니얼 스코스Daniel E. Schoth와 크리스티나 라이오시Christina Liossi 박사의 2010년 연구에 따르면, 만성통증 환자들은 통증과 관련 있는 자극을 더 오래 보고 더 의미 있게 처리했다. 그리고 통증에 관한 생각을 더 많이 함으로써 자신의 통증을 더 길게 가져가는 악순환을 보였다. 한편 우울증에 걸린 사람은 세상의 우울한 측면만 처리한다. 심지어 스위스 정신의학자 로르샤흐의 심리진단 검사인 잉크점 검사(넓게 펼쳐진 잉크 얼룩 문양의 판 10개를 보여주어 피검자가 무엇을 보는지 묻는 검사)에서도 우울한 이미지를 본다. 다른 사람은 그렇게 해석하지 않지만 주의가 그쪽으로 편향되어 있어 모든 것이 우울해 보이기 때문이다. 그 사람은 우울한 노래, 우울한 그림, 우울한 목소리에 둘러싸여 있다고 생각하며 자신의 걱정을 키운다. 그렇게 우울한 것에 집착하면서 정신 건강은 점점 악순환의 고리에 빠져 나빠진다.

사람은 원래 강한 자극에 주의를 집중하는 것이 아니라, 자신이 관심 있는 것에 더 주의를 기울이는 경향이 있다. 2008년 미국 오하이오 주립대의 데버러 트레슬러Deborah Tressler 박사의 연구에 따르면, 섭식장애가 있는 사람은 단어 읽기 과제에서 목록 중에 있던 음식이나 체형 관련 단어를 읽을 때 더 예민하게 반응했다. 단어장에 쓰인 글자는 크기나 형태가 모두 같았지만, 섭식장애가 있는 사람들은 해당 정보를 중심으로 정교화해서 처리했다.

일상생활에서도 주의 편향은 쉽게 찾을 수 있다. 다이어트를 하느라 굶은 사람은 음식만 눈에 보인다. 길을 가도 유독 음식 냄새만 맡게 된다. 다른 사람과 대화하다 튀어나온 단어도 음식 이름으로 오해해서 반갑게 반응할 때도 있다. 세상의 정보를 고루 처리하는 것이 아니라 음식에 관련된 것에만 집중해서 처리하는 주의 편향에 빠져 있기 때문이다. 따라서 주의 편향은 현재 내가 어디에 주안점을 두고 있는지 확인할 수 있는 잣대가 될 수 있다.

064 차이식별 편향 Distinction Bias

모아 놓고 보니 다르네

> **정의** 사람들은 항목을 독립적으로 평가할 때보다 동시에 놓고 비교하면서 평가할 때 사소한 차이도 현저하게 큰 것으로 지각한다. '차이식별 오류', '구별 편향'이라고도 한다.

미국 시카고 대학 경영학과의 크리스토퍼 히시Christopher K. Hsee와 자오 장Jiao Zhang 박사의 2004년 연구에 따르면, 항목에 관한 개별 평가와 서로 연결해 평가하는 연합 평가 사이에는 결과의 차이가 있다. 즉 사람들은 절대적인 평가 기준에 따라 언제나 동일하게 판단하는 것이 아니라 평가 방식에 따라 다른 평가를 내린다. 개별 평가와 달리 연합 평가에서는 특성 간의 사소한 차이를 더 크게 받아들여 선택에 참고한다. 그러나 이런 선택은 추후 만족도에 영향을 미친다.

왜냐하면 선택할 때는 연합 평가로 좋게 생각해 결정을 내렸다고 하더라도, 옵션은 각각 개별적으로 경험하기 때문에 차이가 날 수밖에 없다. 그래서 자신이 해당 옵션을 선택해서 누릴 수 있으리라 기대한 이익이나 만족도(예측 효용)는 실제 선택 이후 경험할 때의 이익이나 만족도(경험 효용)와 차이가 난다. 즉 최고의 선택이 반드시 최고의 결과를 보장하지는 않는 이유를 차이식별 편향은 설명하고 있다.

차이식별 편향은 전자제품을 구매할 때 쉽게 확인할 수 있다. 예를 들어 반응속도가 3밀리초Millisecond(1밀리초는 1,000분의 1초)인 고가의 컴퓨터 모니터와 반응속도 6밀리초의 조금 저렴한 모니터가 있다. 소비자가 두 모니터를 직접 사용해보고 모니터의 반응속도가 전체적인 구매 만족도에 얼마나 영향을 미칠지 직접 경험했다면 낮은 가격의 제품이나 높은 가격 제품이나 만족도는 비슷할 것이다. 3밀리초라는 차이는 기술적인 것일 뿐 사람이 쉽게 느낄 수 있는 차이가 아니기 때문이다. 하지만 두 제품을 반응속도라는 특성을 놓고 비교하면 6밀리초는 3밀리초의 두 배로 보여 그 차이가 더 현저하게 느껴진다. 그래서 소비자는 돈을 더 주고서라도 사양이 좋은 것을 산다. 하지만 사양이 다른 2개의 모니터를 동시에 놓고 집에서 작업하는 게 아닌 이상 싼 제품을 사간 사람이나 비싼 제품을 사간 사람이나 결과적으로 실제 경험 효용은 그리 차이 나지 않는다.

또한 수치로 표현된 특성 차이는, 숫자로 표현할 수 없는 질적인 부분의 만족도와는 애초에 다른 성격이 있다는 문제점도 있다. 하지만 사람들은 수량화된 가치로 두 배로 빠른 반응속도가 곧 두 배의 만족도로 연결되리라 예측하는 오류를 범한다. 차이식별 편향 때문이다.

차이식별 편향의 이런 측면은 제품 구매뿐만 아니라 인생의 주요 전환점에도 작용한다. 사람들은 직업을 선택할 때 고액 연봉을 선호한다.

그런데 고액 연봉자라고 해서 자기의 직업을 아주 사랑해 큰 만족감 속에서 살고, 그렇지 않은 연봉자라고 해서 매일 자신의 삶을 저주하며 사는 것은 아니다. 고액 연봉자도 자주 이직을 꿈꾸며 또 실행한다. 그러나 이직을 결심할 때는 인간관계와 같이 질적인 부분은 제대로 판단할 수 없어 수치화가 잘 된 연봉을 비교해서 자신의 추후 만족도를 예상한다. 예를 들어 연봉이 1.5배 올라가면 1.5배의 만족도를 예상한다. 하지만 실제 경험하는 현실은 또 다른 직장으로의 이직을 꿈꾸는 불만족스러운 일상이거나 적어도 1.5배에 못 미치는 만족도 향상에 그칠 확률이 더 높다.

질적인 부분에 관한 예측은 수치화할 수 없어 비교가 어렵다 보니 긍정적인 것은 막연히 매우 좋게, 부정적이다 싶은 것은 막연히 매우 안 좋게 평가하는 경향도 차이식별 편향을 부채질한다. 고액 연봉은 실제보다 아주 좋은 것으로, 그렇지 않은 것은 몹시 나쁜 것으로 생각하는 것이다. 그래서 특정 고액 연봉 직업을 선호하다 보니 경쟁이 심화되지만, 그 경쟁을 뚫은 사람에게 물어보면 자신의 직업이 만족스럽다는 사람만 있지는 않다. 오히려 실망스럽다는 사람이 더 많은 것이 사실이다.

현실에서 차이식별 편향을 가장 많이 이용하는 것은 광고이다. 특정 경쟁사의 제품과 자사 제품을 비교하는 광고는 차이식별 편향을 자극한다. 아예 여러 항목을 한눈에 비교하기 쉽게 표로 제공할 때도 있다. 그런 연합 평가를 할 만한 정보가 없는 상태에서 개별 상품을 구매해 사용할 때는 불만이 많지 않았던 소비자도 일단 비교 정보를 보고 나면 경쟁사 제품을 사서는 안 될 것 같은 기분이 든다. 실제 경험 효용이 달라서가 아니라, 예측 효용에서 차이를 만들려고 평가 방식을 바꾼 것뿐인데 이를 인식하지 못한 채 마음속의 구매 스위치를 누르면 그게 바로 차이식별 편향에 빠지게 되는 것이다.

차이식별 편향으로 비롯되는 손해를 피하는 방법은 단순하다. 차이식별 편향이 여러 개를 연합해서 혹은 동시에 비교하는 평가 방식에서 나오는 것이니, 하나의 대안을 각각 개별적으로 평가하는 것도 좋다. 또한 정확히 평가한다며 수치에 매달려 정량적 평가만 하기보다는 개략적으로 정성적 평가를 하는 것도 도움이 된다.

그러나 차이식별 편향의 회피 전략에도 문제점이 있다. 인간의 만족감 자체가 남과의 비교나 대안 간의 상대적 비교에서 나오는 경우가 많다는 것이다. 여성이 구두를 신어서 만족할 때는 그저 자기가 보기에 예쁜 것만이 아니라 남들이 잘 신지 않는 것을 신어서 부러움을 살 때이다. 즉 오히려 직접적 비교를 할수록 만족도가 높아질 수 있는 측면이 있으니 위에서 말한 전략은 어느 정도 참고만 해야 할 것이다. 앞으로 개인차나 상황별 연구가 더 많이 진행될수록 회피 전략도 정교해질 것이다.

참고항목

■ 보유 효과: 사람들이 어떤 물건이나 상태(재산, 지위, 권리, 의견)를 평가할 때 그것을 갖고 있지 않을 때보다 실제로 소유하고 있을 때 그 가치를 높게 평가하는 현상.

065 희망적 사고 편향 Wishful Thinking Bias

이만 하면 됐지 뭐

> **정의** 증거를 바탕으로 논리적으로 추론하지 않고, 단순히 부정적 생각보다 긍정적 생각을 선호하기 때문에 그것이 사실이라고 판단 내리는 현상. 한마디로 말해 자신의 처지에서 볼 때 긍정적이라고 생각하면 이를 사실로 받아들이는 것이 희망적 사고 편향의 특징이다.

미국 코넬 대학 심리학과의 토마스 길로비치 교수의 2002년 연구에 따르면, 사람들은 바람직한(긍정적인) 결론을 사실이라고 믿는 경향이 더 강하다. 연구팀은 한 조건의 실험참가자에게는 부정적인 결론을 제시하고, 다른 집단의 실험참가자에는 긍정적인 결론을 제시했다. 그리고 참가자들에게 제시된 결론을 얼마나 신뢰할 수 있는지를 물어보았다. 그러자 첫 번째 집단의 실험참가자들은 부정적인 결론을 뒷받침해줄 강력한 증거가 있어야 신뢰할 수 있다고 답했다. 반면, 두 번째 집단의 실험참가자들은 약한 증거만 있어도 긍정적인 결론을 믿을 수 있다는 반응을 보였다.

희망적 사고 편향의 예는 다양하다. 이른바 개미 투자자는 전문가가 주식시장의 미래에 관해 긍정적으로 전망할 때보다 부정적으로 전망할 때 그 실현 가능성을 조목조목 따진다. 기업이나 조직에서 회의할 때도 긍정적 결론을 전제하고 여러 대안을 검토할 때 사람들의 동의를 얻기가 쉽다. 왜냐하면 대부분의 사람이 희망적 사고 편향을 보여 제기된 회의 안건이 사실이라고 여기며 당연한 것으로 받아들이기 때문이다. 광고에서는 온갖 긍정적 가치를 쏟아 놓으며 해당 제품을 구매하기만 하면 그렇게 될 수 있다는 메시지를 전달한다. 사람들은 꼼꼼히 그 이야기를 따져보기보다는 희망적 사고 편향에 빠져 일단 광고 메시지에 마음을 빼앗긴다.

그러나 광고에 부정적인 내용을 담아야 할 때 상황은 달라진다. 웃음이 건강에 좋다는 공익광고는 여러 사람이 웃는 모습을 보여준 후에 건강지수가 올라가는 이미지만 좀 넣어주면 되지만, 금연광고는 '담배를 피우면 죽는다'라는 식의 간단한 이미지 광고로는 효과를 거둘 수 없다. 사람들이 높은 수준의 증거를 요구하므로 각종 질병 발생률 등의 수치, 흡연으로 피해를 본 당사자와 가족의 생생한 인터뷰 등 다양한 증거를 넣어줘야 메시지를 신뢰할 수 있다고 생각한다.

만약 현실이 실제로 긍정적이라면 있는 그대로 긍정적으로 보는 것은 편향이 아니다. 하지만 사실이 긍정적이지 않은데도 단지 그것이 더 마음에 든다는 이유만으로 사실이라고 믿는 것은 명백한 오류이다.

> **참고항목**
> ■ 확증 편향: 자신의 선입관에 따라 자신이 믿고 싶어 하는 대로 정보를 처리하는 현상.

03

인간관계나 조직 행동에
영향을 주는 **편향**

066 결과의존 편향 Outcome Dependency Bias

긍정적인 결과는
긍정적인 행동을 끌어당긴다

> **정의** 미래에 좋은 결과가 있을 수 있다는 기대가 현재의 판단에도 좋은 영향을 미치는 현상. 일을 진행하기 전에는 그렇게 좋아 보이지 않았지만 막상 성공하려고 노력하다 보니 실제로 좋은 결과가 나올 것 같이 생각되는 현상이다.

1976년 미국 미네소타 대학 심리학과 엘런 베르세이드Ellen Berscheid 교수팀은 남녀 대학생 각각 27명씩, 모두 54명을 대상으로 실험을 했다. 그들에게 블라인드 데이트Blind Date(서로 모르는 남녀 간의 데이트)를 할 것이라 설명하고, 앞으로 데이트 상대가 될 수도 있는 사람이 다른 두 사람과 이야기 나누는 장면을 찍은 비디오를 보여주었다. 그리고 실험참가자에게 비디오에 나온 세 사람의 호감도를 평가하게 했다. 그 결과, 참가자들은 잠재적인 데이트 상대를 다른 사람보다 더 좋게 평가했다.

실험 결과가 잠재적인 데이트 상대의 외모 때문에 왜곡된 것은 아닐까? 잠재적 데이트 상대는 비디오에 등장한 세 사람을 번갈아가면서 선정했으므로 특정 인물의 외모가 특출 나서 이런 결과가 나왔다고 해석할 수는 없다. 대신 앞으로 좋은 일(실세 데이트)이 생길 수 있다는 기대가 현재의 판단에 긍정적인 영향을 미쳤다고 해석하는 것이 맞다. 즉 실험 참가자들은 앞으로 일어날 수도 있는 긍정적인 결과에 의존해서 판단한 것이다.

결과의존 편향은 결과에 이르는 의사 결정 과정의 질은 따지지 않고 결과 자체만 놓고 자신의 판단을 평가하는 결과 편향과는 다르므로 주의해야 한다. 결과 편향은 현재의 결과로 과거를 판단하고, 결과의존 편향은 미래에 닥칠 긍정적 사건이 현재의 판단을 좌우한다.

프로젝트를 시작할 때는 새로 만난 팀원들이 마음에 들지 않았는데, 함께 좋은 결과를 만들려고 노력하다 보니 마음에 들어 보이는 것도 결과의존 편향 때문이다. 결과의존 편향은 분명히 객관적 정보 처리에서 벗어난 왜곡이기는 하지만, 잘만 활용하면 도움이 될 수 있다. 긍정적인 비전은 혼자 간직하기보다는 다른 사람과 나눌수록 좋다. 그러면 그 사람이 여러분에게 더 호감을 느끼고 그 비전이 현실에서 이루어지도록 도와줄 수 있다.

세계적인 베스트셀러 《시크릿Secret》에는 긍정적 결과를 바라다 보니 긍정적으로 행동하게 되어 결국 긍정적 결과를 얻게 되는 수많은 사례가 나온다. 긍정적인 결과에 의존해서 판단하는 사람은 여러분 혼자만이 아니니, 그 힘을 긍정적으로 활용하는 것도 현명한 일일 것이다.

참고항목
- 결과 편향: 과거에 내린 결정을 과정이 아닌 최종 결과로 판단하는 현상.

067 기본적 귀인 오류 Fundamental Attribution Error

내 잘못은 상황 탓,
남 잘못은 그 사람 탓

> **정의** 다른 사람의 행동을 평가할 때, 그 사람의 성격적 요인은 과대평가하고 상황적
> 요인은 과소평가하는 현상. 반면에 자신의 행동을 평가할 때는 상황적 요인으로 설명
> 하여 생기는 오류이다. 관찰자로서 다른 사람을 관찰할 때와 행위자로서 자신의 행동
> 을 설명할 때가 다르다고 해서 행위자 관찰자 편향(Actor-observer Bias)이라고도 한다.

사람들은 어떤 사람이 길을 가다가 돌부리에 걸려 넘어지면 그 사람의
부주의한 성향 탓에 벌어진 일이라고 생각한다. 하지만 자신이 길을 가
다 넘어지면 길에 있는 돌, 즉 상황을 탓한다. 마찬가지로 남이 진행한
프로젝트의 결과가 나쁘면 그의 성실성을 탓하지만, 자신의 프로젝트
결과가 나쁘면 조직의 적절한 지원과 동료의 협력이 없었다며 상황을
탓한다. 이처럼 생활 속에서 다른 사람의 행동과 자신의 행동에 관한
평가가 달라지는 사례는 쉽게 찾을 수 있다. 그만큼 기본적 귀인 오류는
인간을 이해하는 데 중요한 단서이다.

기본적 귀인 오류는 미국 심리학자 에드워드 존스Edward E. Jones와 키

스 데이비스Keith Davis 박사의 1967년 연구를 통해 밝혀졌다(하시만 기본적 귀인 오류라는 용어는 후속 연구자인 리 로스 박사가 만들었다). 그 후 기본적 귀인 오류는 사회심리학 연구의 한 획을 긋는 개념으로 자리 잡았다. 그러나 이 용어가 다른 사람의 행동을 설명할 때 작동하는 심리적 기제를 더 강조하는 개념으로 오해될 소지가 있어 다른 용어로 교체 사용하려는 움직임이 있다. 예를 들어 후속 연구진은 행동 원인으로 대응되는 것이 '타인-기질', '자기-상황' 짝으로 각각 다르다는 점을 강조하고자 대응 편향Correspondence Bias(합치성 오류)이라 부르기도 한다. 혹은 행위자와 관찰자 모두를 아우르는 입장에서 귀인 효과Attribution Effect라고 간단히 표현하기도 한다.

기본적 귀인 오류를 발생시키는 요인은 여러 가지이다.

첫째, 행위자 행동의 현저성이다. 우리가 어떤 사람의 행동을 관찰할 때는 그 사람을 집중해서 본다. 즉 상황적 배경을 중심으로 보는 것이 아니라 그 사람을 중심으로 판단하게 된다. 그래서 행위자 자체를 중심으로 정보를 지각하다 보니 행위자의 행동 원인으로 원래 그 사람이 가진 성격을 쉽게 떠올리게 된다.

둘째, 공평한 세상 편향Just World Bias에 영향을 받기 때문이다. 사람들은 세상은 공평해서 자신이 응당 받아야 하는 결과를 받게 되어 있다고 생각한다. 즉 어떤 사람이 나쁜 요소를 갖고 있다면 나쁜 결과를 받는 정당한 세상이라고 생각한다. 그러나 이런 편향은 나쁜 결과에 관한 책임이 없는 무고한 사람까지 왜곡해서 보게 한다는 문제가 있다. 왕따를 당한 아이는 그럴 만한 성격상의 결함이 있다고 생각하거나, 노숙자로 사는 사람은 기질적으로 게으를 것이라고 생각하는 것도 공평한 세상 편향 때문이다. 그리고 강간 피해자는 뭔가 그 사람이 그럴 만한 기질을 갖고 있었고 그렇게 행동해서 범죄에 노출되었다고 생각하는 것도 공평한 세상 편향 때문이다. 그러나 인간이 통제할 수 없는 상황 혹은 상황상 어쩔 수 없는 경우도 있을 수 있으며, 무엇보다도 비판을 받아야 하는 것은 피해자가 아니라 가해자임을 잊게 하는 편향이기에 경계해야 한다.

기본적 귀인 오류에서 벗어나는 방법은 여기에 빠지는 이유를 생각하면 찾을 수 있다. 첫째, 다른 사람의 행동을 살필 때는 상황적 배경도 골고루 확인하는 습관을 들이는 것이 좋다. 그렇게 하면 행위자만 현저하게 지각하는 잘못에서 벗어날 수 있다. 체크리스트를 만들어 자신이 빼놓은 정보를 꼼꼼히 확인하는 것도 좋은 방법이다. 둘째, 공평한 세상의 가정으로 나쁜 결과의 원인이 그 사람의 나쁜 행동이나 기질에 있다고 쉽게 추리하지 말고 다양한 가능성을 살피려 노력해야 한다. 특히 상황적 요인을 말이다. 셋째, 입장을 바꿔 생각해봐야 한다. '만약 나였다면 어떻게 했을까?'를 묻고 그 사람의 상황을 보려고 노력한다면 기본적 귀인 오류에 빠져 속단하는 폐해에서 벗어날 수 있다.

참고항목

■ 공평한 세상 편향 : 사람들은 세상 모든 일이 공정하고 공평하게 돌아간다고 생각한다. 그런 세상에서 누가 나쁜 일을 당하면 당할 만한 이유가 있어서 당했다고 생각하게 되는데 이런 심리가 공평한 세상 편향이다.

068 내집단 외집단 편향 In-group-out-group Bias

저 팀 응원단은 제대로
교육도 못 받은 얌체들이야!

> **정의** 자신이 속한 집단(내집단)에 관해서는 과도하게 좋은 평가를 내리고, 자신이 속하지 않은 외집단 혹은 외집단에 속한 사람에 관해서는 나쁘게 평가하거나 과소평가하는 현상. '집단 간 편향(Intergroup Bias)'이라고도 한다.

심리학자들은 내집단 외집단 편향이 집단 간의 갈등과 편견을 조장하는 배경이라고 생각한다. 예를 들어 갈등 이론Conflict Theory의 경우, 제한된 자원을 가지고 두 집단이 경쟁하는 상황에서 내집단의 요구는 당연한 것으로 판단하는 데 비해, 외집단의 요구는 탐욕이나 불합리한 판단의 결과로 치부하여 적대감이 더 커진다.

이민자가 모여 탄생한 미국에서 포용적인 이민정책에 반대하는 사람이 생기는 것도 기존의 이민자만을 진정한 미국인(내집단)으로 생각하고, 이민을 희망하는 사람은 별개의 종족(외집단)으로 치부하기 때문이다. 9·11 참사 이후 이웃으로 지내던 아랍인에게 노골적인 반감을 표현하여 여러 차례 폭력사건이 일어난 것도 내집단 외집단 편향 때문이다. 같은 미국에 거주하며 9·11 참사에 가슴 아파하는 이웃으로 생각하기보다는, 테러리스트와 관련 있는 외집단으로 왜곡해서 판단한 것이다.

내집단 외집단 편향은 지각되는 정보에도 영향을 미친다. 사람들은 내집단과 외집단 간의 차이를 아주 세부적으로 관찰하고 구별해낸다. 제3자가 보기에는 두 집단 간에 별 차이가 없어 보이는 내용까지 말이다. 서양인은 한국인, 중국인, 일본인을 잘 구별하지 못하지만, 한국인은 다른 동양인이 섞여 있어도 자기 내집단인 한국인을 잘 찾는다고 자신한다. 그리고 실제로 아주 미세한 차이도 잘 찾아내 내집단의 일원에게 애착이나 동지의식을 느끼기도 한다. 하지만 이런 과정이 꼭 긍정적 효과만 있는 것은 아니다. 선택적 지각으로 자신의 믿음에 맞는 것만 가려서 보는 오류를 키울 수 있기 때문이다. 즉 외집단과 내집단이 모두 가진 특성보다는 차별점에 더 집중하여 적대감을 키우는 근거가 되기도 한다. 지리적으로 멀리 떨어져 있지도 않은 사람들 사이에 지역감정이 생기는 것도 이런 이유에서이다.

한편 내집단 외집단 편향은 사람에 관한 평가도 왜곡한다. 내집단은 더 다양한 특성이 있는 사람들로, 외집단은 모두 비슷한 성향의 사람들로 이뤄져 있다고 잘못 생각하게 한다. 외집단이 다양한 사람이 모여 형성되었을 가능성을 무시하는 것이다. 이를 외집단 동질성 편향Out-group Homogeneity Bias 혹은 외집단 동질성 효과Out-group Homogeneity Effect라고 부른다.

"그 팀 응원단은 제대로 교육 못 받은 양체들이야"라고 상대 팀을 폄훼하는 글이 홈페이지에 공공연히 올라와 많은 사람의 공감 댓글을 이끌어내는 것도 내집단 외집단 편향 때문이다. 사람들이 외국에 나가서 현지인 몇 명을 접해보고는 쉽게 "이 나라 사람들은 ○○하군" 하고 판단을 내리는 것도 외집단은 모두 비슷한 성향이 있다고 보는 편향이 작용하기 때문이다. 인종, 경제적·정치적 계급, 동호회, 출신 학교, 교육 수준, 성별, 지역 등 집단으로 나눌 수 있는 범주에는 내집단 외집단 편향이 작용할 수 있으며, 그에 따라 편견과 갈등이 생길 수 있다.

외집단 동질성 편향이 생기는 이유는, 외집단과 내집단을 차별적으로 비교하여 자신이 속한 내집단을 긍정적으로 판단하려는 욕구가 작용하기 때문이다. 내집단에 관한 긍정적 판단은 곧 자신에 관한 긍정적 판단으로 이어져 자신에 관해 더 좋은 기분을 느끼게 해준다. 이런 점에서 내집단 외집단 편향은 자신에게 유리한 방향으로만 생각하는 자기 배려 편향과 비슷하며 쉽게 벗어날 수 없는 아주 매혹적인 함정이다.

달콤한 만큼 위험한 내집단 외집단 편향의 부정적 영향력에서 벗어나려면 외집단과의 차이보다는 동질성을 확인하려는 노력이 필요하다. 또한 집단의 범주를 좀 더 크게 잡아 적대시하려던 사람을 내집단으로 분류하는 것도 하나의 해결책이다.

우리나라는 정치를 얘기할 때 고질적인 지역감정을 빼놓을 수 없는 나라지만, 월드컵과 같은 국가 차원의 행사를 맞아 집단 범주를 한국인으로 넓히면 지역감정 이야기가 쑥 들어간다. 심지어 거리응원 나온 외국인 노동자와도 "우리"라며 스스럼없이 지낼 정도가 된다. 평소에는 미국의 이민반대론자가 한국인을 대하듯이, 외집단으로 외국인 노동자를 대했던 사람일지라도 말이다. 이렇듯 내집단 외집단 편향의 생성원리를 알면 그에 맞는 다양한 해결책을 만들 수 있다.

참고항목

- 선택적 지각: 외부 정보를 객관적으로 있는 그대로 받아들여 처리하지 않고, 자신의 신념이나 생각과 일치하거나 자기에게 유리한 것만 선택적으로 받아들이는 경향.
- 자기 배려 편향: 자신에게 편하고 유리한 방식으로 정보를 왜곡해서 처리하는 현상.

069 다수 의견에 관한 무지 Pluralistic Ignorance

난 특별하니까!

> **정의** 실제로는 다른 사람들도 자신과 같은 생각을 하고 있는데, 자신은 다수 의견에 반대되는 생각을 하고 있다고 믿는 것. '다원적 무지', '다수의 무지', '집단적 오해' 등으로도 번역한다.

다수 의견에 관한 무지는 1931년 미국 심리학자인 대니얼 카츠Daniel Katz와 플로이드 올포트Floyd H. Allport가 만든 용어이다. 허구적 일치성 효과 False Consensus Effect가 자신이 다른 사람의 생각을 알고 있고 자기 생각과 다른 사람의 생각이 똑같다고 판단해서 나오는 편향이라면, 다수 의견에 관한 무지 효과는 자기 생각이 대다수의 의견과 다르다고 믿어서 나오는 편향이다. 즉 다수 의견에 관한 무지 효과는 자신의 의견을 집단의 의견과 다른 '모난 돌'로 간주한다는 특징이 있다. 허구적 일치성 효과는 다수 의견과 자기 의견의 동일성을, 다수 의견에 관한 무지 효과는 그 차이점을 생각하고 믿는다는 점에서 서로 대조된다.

한편 허구적 일치성 효과나 다수 의견에 관한 무지 효과 모두 다른 사람의 생각이 어떤지 정확히 알고 있다고 생각하지만 실제로는 그렇지 않다는 점에서 공통점이 있다.

생활 속에서 다수 의견에 관한 무지 효과는 쉽게 찾을 수 있다. 청소년기에 음주 파티를 벌이는 것은 분명 바람직하지 않은 일탈 행동이다. 하지만 청소년기에 '분위기에 휩싸여' 내지는 '다른 친구들의 암묵적 강압에 못 이겨' 음주를 시작했다는 사람이 많다. 즉 자리에 모인 다른 친구들이 술 마시는 것을 당연히 찬성할 것이라 생각해서 자신의 반대 의견을 숨기고 음주 파티에 찬성했다는 것이다. 그런데 사실은 다수의 다른 학생도 음주 파티를 반대했지만 이를 공개적으로 밝히지 않았을 뿐이라면, 서로가 다수 의견에 관한 무지 편향에 걸려든 것이다.

미국 프린스턴 대학 심리학과 데버러 프렌티스Deborah A. Prentice와 데일 밀러Dale Miller 교수는 1993년 연구에서 대학생의 지나친 음주문화에 다수 의견에 관한 무지 편향이 영향을 미치고 있음을 밝혀냈다. 설문조사에 응한 대학생들은 음주 파티에서 다치거나 심지어 죽을 수도 있어서 개인적으로는 음주 파티를 반대하지만, 다수가 이런 문화에 찬성하고 있어서 자신도 음주 파티에 계속 참석한다고 밝혔다. 하지만 설문조사 결과 응답자 대부분이 음주 파티에 반대하고 있었다. 즉 음주 파티에 찬성하는 다수는 애초에 없었다. 머릿속으로 다른 사람들이 그렇게 생각하리라 추측했을 뿐이다.

일상생활에서 다수 의견에 관한 무지 편향이 작용하는 사례는 많다. 앞서 예로 든 생활 속의 일탈 행동뿐만 아니라, 긍정적인 사안에서도 확인할 수 있다. 외국 원조 여론이 어떤 때는 도와주자는 쪽으로, 또 어떤 때는 그러지 말자는 쪽으로 형성되어 왔다갔다한다. 그런데 평소 갖고 있던 인도주의의 명확한 신념이나 경제적 효과를 계산한 개인적 믿음에 따라 찬반을 선택했다면 그렇게 단기간에 여론이 요동치기 어렵다. 하지만 사람들은 자기 생각이 다르더라도 다수의 의견이라고 생각하는 일종의 사회적 기준에 맞춰 자기 생각을 공개적으로 표현하기 때문에 여론조사 시기나 사회적 상황 등에 따라 결론이 달라진다.

유기농 재배, 환경보호에 관해서도 비용 증가나 생활 편의 등 다양한 이유로 생각이 다를 수 있다. 하지만 그렇게 생각하는 사람도 자신과 달리 다수가 공익에 부합하는 결정을 내릴 것이라고 미리 단정해 공개적으로 반대표를 던지지는 않는다. 여론조사 결과를 보면 환경보호에 찬성하는 사람이 압도적인 수를 차지하지만, 현실에서 환경보호는 잘 지켜지지 않는다. 조사 결과와 행동에 차이가 나는 배경에 다수 의견에 관한 무지 편향이 작용한 것일 수 있다.

수업이 끝날 때 강사가 "질문 없나요?" 하고 물으면 대부분이 입을 닫는다. 내용이 이해되지 않아 질문하고 싶은 것이 있어도, 다수의 학생이 잘 이해한 듯 가만히 앉아 있으므로 자기도 가만히 있는다. 그러나 이것은 명백한 오류이다. 자신이 알아야 할 것을 포기하는 오류이다. 존재하지도 않는 다수의 의견을 따르기보다는 소신껏 모르는 것을 모른다고 말하는 것이 더 유익한 일임을 기억해야 할 것이다.

참고항목

■ 허구적 일치성 효과: 자기가 그러하므로 남들도 '이럴 땐 그럴 것이다'라고 판단하는 것.

070 더닝 크루거 효과 Dunning-Kruger Effect

하룻강아지는 왜 범 무서운 줄 모를까?

> **정의** 실력이 부족한 사람일수록 자신을 과대평가해서 자신 있게 과제 해결에 달려들고, 실력이 좋은 사람은 오히려 실력을 과소평가해서 소극적으로 대하는 현상. 우리 속담에서 '하룻강아지 범 무서운 줄 모른다'라고 하는 것처럼, 숙련되지 않은 사람이 자신 있게 달려들어 오류가 있는 판단이나 나쁜 결과를 낳게 되는 것을 말한다.

초보자는 경험과 통찰이 부족하다. 그래서 자기 실력을 객관적으로 평가할 능력도 부족하고 그 결과 자기가 어떤 실수를 저지르고 있는지도 깨닫지 못한다. 단지 자기가 우월하다는 생각으로 일을 밀어붙여 손실을 키운다. 이에 비해 숙련자는 경험과 통찰이 많아 자기보다 실력을 갖춘 사람이 누구인지도 알고, 자신의 어떤 부분이 부족하며 얼마나 더 노력해야 하는지도 안다. 그렇다 보니 오히려 자기 실력을 과소평가하여 열등감으로 고생하기도 한다. 다른 사람이 보면 객관적으로는 당당한 실력자이지만 말이다.

미국 코넬대 심리학과 데이비드 더닝David Dunning과 저스틴 크루거Justin

3 · 인간관계나 조직 행동에 영향을 주는 편향

Kruger 박사의 1999년 연구에 의하면 초보자의 오류는 자신을 잘못 평가하는 데서 발생하는 데 반해, 숙련자의 오류 는 다른 사람의 능력을 잘못 평가하는 데서 온다. 즉 초보자는 자신의 인지능력에 관한 인지인 초인지Metacognition(超認知) 능력이 부족해서 '빈 수레가 더 요란한' 행동을 한다. 사회 초년병이 겁 없이 사업 기획을 하거나 상사를 평가하며 대안을 내놓는 것, 장인이 몸가짐을 조심하며 웬만해서는 다른 일에 나서지 않는 것 등이 더닝 크루거 효과의 사례라 할 수 있다.

더닝과 크루거 박사는 문법 실력, 추리력, 유머 사용 능력 등 다양한 문제 상황에 관해 수년간 지속적인 연구를 하여 숙련자와 초보자 모두에게서 자신들의 이름을 딴 더닝 크루거 효과가 나옴을 증명했다. 그들은 연구 과정에서 전문 숙련자나 초보자 모두 객관적인 수행 평가기준에 무지하여 오류를 범하고 있음을 확인하였다. 즉 전문 숙련자는 높은 수행 평가기준을 세워 다른 사람과 자신을 비교함으로써 열등감에 빠졌고, 초보자는 수행 평가기준 자체를 모르거나 막연히 다른 사람보다 자신이 평균 이상으로 잘할 것이라 믿어 오류에 빠졌다. 그러나 이 효과는 주로 미국에 거주하는 사람을 대상으로 한 실험 결과이기에 아시아, 유럽 등으로 일반화하기에는 아직 문제가 있는 것으로 평가되고 있다. 미국은 적극적인 자기 홍보를 부추기는 문화이지만, 아시아는 겸손의 미덕을 강조하는 문화이기 때문이다.

더닝 크루거 효과의 오류에 빠져 열등감으로 피해를 보거나 섣부른 결정으로 손해를 보지 않으려면 숙련자, 초보자 모두 오류에서 벗어나려는 전략이 필요하다. 숙련자는 다른 사람을 평가할 때 객관적 잣대를 냉정히 대서 과대평가하지 않으려고 노력해야 한다. 그리고 높은 평가

기준으로 자신의 성과와 능력을 평가하는 것은 훈련을 게을리하지 않는 데는 분명히 도움이 되지만, 그것을 열등감으로 이어지게 하여 자신감마저 잃는 일이 없도록 주의해야 한다.

또한 초보자는 자신의 막연한 자신감의 근거가 무엇인지를 확인해야 한다. 현재 벌이려는 일과 관련된 이전 경험이 무엇이며, 그 일을 하기 위한 준비가 얼마나 되어 있는지 구체적인 근거를 찾다 보면 자신의 진짜 실력을 객관적으로 볼 수 있어 더닝 크루거 효과에 빠지는 오류를 피할 수 있다.

참고항목

■ 우월성 편향: 자신이 평균 이상의 능력이나 성품 등 긍정적 특성을 지녔다고 생각하는 현상. 동시에 부정적 특성은 평균 이하로 지녔다고 생각한다.

---

071 면접 착각 Interview Illusion

어, 이런 면도 있었나?

> **정의** 어떤 사람과 이야기를 나누었다고 해서 그 사람을 다 이해하는 듯 여기고 앞으로 벌어질 다양한 상황에서 그가 어떤 행동을 할지 예상할 수 있다고 착각하는 현상. 사실은 면접에서 상대방의 극히 일부만 알게 된 것인데도 마치 전체를 이해하고 미래의 행동까지 꿰뚫어본 듯 생각한다는 점에서 사실을 왜곡하는 편향이다.

사람들은 다른 사람과 대화를 나눈 다음에 그 사람의 미래 행동까지도 예측한다. 하지만 이 예측은 틀릴 수밖에 없다. 대화를 좀 나눴다고 해서 행동을 예측할 만한 정보를 다 모을 수 있는 것은 아니기 때문이다. 설령 정보가 많더라도 예측하는 것은 힘들다. 자신에 관한 정보를 다 알고 있는 자기 자신도 정작 나중에 자기가 여러 상황에서 어떻게 행동할지 모르지 않는가?

　면접 착각은 순환 반복적으로 일어나는 특성이 있다. 즉 대화를 나누면 그 사람을 충분히 이해했다고 생각하지만, 다시 그를 만나 이야기를 나누면 '아, 사실은 이런 사람이었구나' 하며 자신의 성급함을 책망하고 그에 관한 생각을 바꾼다. 그리고 또 이해했다고 생각한다. 다음에 또 만나서 이야기를 나누면 '어, 이런 면도 있었구나' 하면서 또 이해했다고 생각한다. 그러면서 그 사람이 어떻게 행동할지 예상하는 일도 멈추지 않는다. 자신의 이해가 부족했다는 것을 인정하지만 면접 착각은 그럴수록 멈추지 않는다.

심지어 예전부터 현재와 같은 이해를 갖고 있었다고 기억을 왜곡하기도 한다. 자신은 여러 대화를 통해 상대방을 예전부터 줄곧 잘 이해하고 있었기에 충분히 행동을 예측할 수 있을 거라고 믿는 것이다. 그러나 앞에서 이야기했듯이 인간은 자기 자신의 행동조차 정확히 예측하기 어렵다. 거기에 상대방에 관한 일부 정보를 수집할 수밖에 없고 시간적 제약을 받는 대화의 특성상 정확한 예측은 거의 불가능하다. 거의 매일 대화를 나누는 자기 아이의 행동조차 예측하지 못하는 부모가 많은 것을 보면 면접 착각이 기억을 왜곡하고 있다는 방증이다.

상대방이 나를 면접 착각으로 볼 수밖에 없다면 아예 정확히 이해할 수 있게 핵심 정보를 주는 것이 도움이 될 수 있다. 물론 상대방이 선한 사람일 경우에 말이다.

참고항목

■ 내성 착각: 사람은 자신을 신뢰하기 때문에 외부 정보의 도움을 받지 않고 주관적인 자기관찰을 통해 자신을 평가해도 충분하다고 판단한다. 하지만 다른 사람은 신뢰할 수 없다고 생각하므로 그 사람의 행동 같은 객관적 정보를 통해서만 평가해야 한다고 생각한다.

072 벤 프랭클린 효과 Ben Franklin Effect

난 왜 '나쁜 남자'에게 끌리지?

> **정의** 어떤 사람에게 호의를 베풀면 그 사람을 더 좋아하게 되는 현상. 반대로 자신이 상처를 준 대상은 더 싫어하게 되는 효과가 나기도 하다. 이 용어는 미국의 정치가이자 발명가, 저술가였던 벤저민 프랭클린(Benjamin Franklin)이 했던 "당신에게 친절을 베푼 사람은 당신에게 다른 호의를 베풀려 더 많이 준비할 것이다"라는 말에서 유래했다.

사람들이 살아가면서 가장 신경을 쓰는 것 중 하나가 대인 관계이다. 그런데 아무리 많이 신경 써도 대인 관계는 쉽지 않다. 내가 정성 들여 잘 대해준 사람은 고마운 줄도 모르고 나에게 별로 잘해주지 않는다. 그런데 신기하게도 그런 사람에게 계속 더 잘하게 되고 더 좋은 감정을 느끼게 된다. 때로는 내가 별로 노력을 기울이지도 않고 잘해준 것에 보답하지 않는데도 상대방이 계속 호의를 베풀기도 한다. 그래서 대인 관계는 언제나 어렵다. 심리학자들은 대인 관계에 나타나는 이런 현상을 벤 프랭클린 효과로 설명한다.

1969년 미국 텍사스 대학 심리학과의 존 제커Jon Jecker와 데이비드 랜

디David Landy 박사는 실험을 통해 벤 프랭클린 효과를 증명했다. 연구진은 실험참가자를 세 집단으로 나누고 그들이 상당한 상금을 받을 수 있는 일종의 콘테스트에 참가시켰다. 그러고 나서 첫 번째 집단에는 연구자가 직접 다가가서 자신이 돈을 다 써버려 돈이 없으니 상금을 돌려 달라고 말했다. 두 번째 집단에는 조교를 시켜서 연구비가 없으니 돈을 돌려 달라고 말하게 했다. 그리고 세 번째 집단에는 연구자나 조교 아무도 접근하지 않았다. 실험 종료 후 연구진은 실험참가자에게 연구자의 호감도를 묻는 설문을 돌렸다. 그러자 흥미로운 결과가 나왔다.

조교가 접근한 두 번째 집단의 실험참가자들은 아무도 접근하지 않은 세 번째 집단 참가자들보다 연구자에게 더 안 좋은 인상을 느끼고 있었다. 즉 호감도를 낮게 평가했다. 그런데 첫 번째 집단의 실험참가자들은 세 번째 집단의 실험참가자들보다 연구자의 호감도를 더 높게 평가했다. 첫 번째 집단과 두 번째 집단의 차이는 연구자 자신이 접근했느냐 조교를 시켰느냐였고, 돈을 돌려 달라는 요구는 똑같았다. 즉 이 실험은 사람이 (억지로라도) 다른 사람에게 직접 호의를 베풀면(이들은 연구자에게 상금을 돌려주었다), 자신이 호의를 베푼 대상을 더 좋게 평가하는 왜곡이 일어남을 보여주었다.

사람들은 벤 프랭클린 효과에 무의식적으로 영향을 받는다. 그리고 원래부터 자신이 좋아해서 호의를 베푼 것이라고 자기 행동을 정당화한다. 그래서 벤 프랭클린 효과는 행동 후 합리화하는 편향 중 하나이다. 벤 프랭클린 효과는 적대적 행동에도 작용한다. 사람은 자기가 상처를 준 사람은 더 미워한다. 전쟁에 참가해서 적을 사살한 사람 중에는 전쟁이 끝난 후에 오히려 더 적을 미워하는 사람이 많다. 그러면서 적이

나쁜 사람이라 자신이 그에 맞게 행동한 것이라고 합리화한다. 벤 프랭클린 효과 때문이나.

벤 프랭클린 효과를 잘 활용하면 적은 노력으로 원만한 대인 관계를 맺을 수도 있다. 만약 누군가에게 호감을 얻고 싶다면 그가 조그만 호의라도 베풀 수 있게 유도하는 것이 좋다. 그리고 다른 호의를 상대방이 준비할 때까지 진득하게 기다리자. 그러면 '나쁜 남자'에게 마음씨 고운 여자가 호감을 느끼며 끌리는 것과 같은 현상이 벌어질 확률이 높다. 연인 관계에서도 먼저 고백하고 먼저 잘해주기 시작한 사람이 고삐를 놓치는 것처럼, 상대가 호의를 베풀수록 여러분에 대한 호감도는 증가하고 주도권도 잡게 될 것이다. 그러나 너무 오래 끌면 오히려 손해다. 그 사람이 호의를 베푼 대상이 여러분만 있는 건 아니므로 오래 끄는 사이 다른 경쟁자에게 관심을 빼앗길 수 있다.

반대로 어떤 사람이 여러분이 호의를 베풀도록 지나치게 유도한다 싶으면 그의 의도를 잘 살펴보는 것이 좋다. 정말로 진정한 인간관계를 맺으려는 의도로 그 정도 호의는 주고받아도 된다고 생각해서인지, 아니면 여러분의 감정을 가지고 장난치려는 것인지 말이다. 그리고 상대의 의도뿐만 아니라 자신의 감정 변화도 잘 살펴야 한다. 정말로 좋아할 이유가 많아서 좋아하게 된 것인지, 단지 벤 프랭클린 효과에 의한 감정 왜곡인지 말이다.

참고항목

■ 실수 효과: 실수나 약간 문제 있는 행동을 저지른 사람을 인간적이라며 더 호감 있게 보는 현상.

073 비대칭적 통찰의 착각 Illusion of Asymmetric Insight

내가 사람 보는 눈이 좀 있지

> **정의** 다른 사람이 나에 관해서 아는 것보다 내가 다른 사람에 관해서 알고 있는 것이 더 많다고 생각하는 것. 즉 자신이 상대방보다 더 큰 통찰력을 발휘해서 더 많은 지식을 비대칭적으로 가졌다고 생각하는 현상이다.

미국 스탠퍼드 대학 심리학과의 에밀리 프로닌 등은 2001년 연구로 비대칭적 통찰의 착각을 증명했다. 연구진은 실험에 참가한 대학생들에게 자신과 룸메이트를 비교해 내적 통찰력과 다른 사람에 관한 통찰력이 누가 더 뛰어난지 평가해 달라고 했다. 실험에 참가한 학생들은 자기가 룸메이트보다 자신에 관한 내적 지식이 많을 뿐 아니라, 다른 사람에 관한 지식도 더 많다고 답했다. 여기서 재미있는 것은 그 룸메이트도 그렇게 생각할 가능성이 높았다는 것이다.

이런 성향은 개인에서 멈추는 것이 아니었다. 2001년에 발표한 논문에 소개된 다른 실험에 따르면, 실험참가자들은 내부 집단(자기가 속한 집단)이 다른 집단들보다 자기 내부 집단에 관한 정보를 많이 갖고 있으며, 다른 집단에 관한 통찰력도 더 뛰어나다고 평가했다. 반대로 외부 집단은 내부 집단에 관해 잘 모르며, 심지어 자기 집단 내부에 관한 지식도 별로인 것으로 평가했다.

비대칭적 통찰의 착각 편향은 자신은 다른 사람의 행동을 관찰해서 그 사람의 특성을 간파하지만, 자기 행동에는 다른 사람이 간파할 만한 것이 그렇게 많지 않다는 왜곡에서 나온다. 혹은 다른 사람은 자신에 관한 통찰이 부족하지만, 나는 자신에 관한 통찰이 그보다 많으며, 심지어 나는 그 사람의 자아를 객관적으로 꿰뚫어볼 수 있다는 착각에서 발생하기도 한다. 즉 자신이 평균 이상의 능력을 갖췄다고 생각하는 우월성 편향의 영향을 어느 정도 받는 것으로 평가할 수 있다.

그러나 논리적으로 살펴보면 사람은 어디를 가도 자기의식으로 정보를 처리하기 때문에 다른 사람보다 자신을 더 많이 알고 있는 것이 당연하다. 특별히 통찰력이 평균 이상으로 뛰어나서 자기 자신을 더 잘 아는 것이 아니다. 그런데도 사람은 대개 자신의 통찰력이 뛰어나 자신에 관해 잘 알고 있으며 심지어는 다른 사람에 관해서도 그 당사자보다 더 잘 파악할 수 있다고 착각한다.

비대칭적 통찰의 착각에 빠지면 다른 사람의 조언은 잘 알지도 못하면서 내뱉는 말로 여기면서, 자기는 다른 사람에게 "이런 생각으로 했겠지만, 저렇게 해" 혹은 "너는 잘 모르겠지만, 사실 너는 이러저러해" 하는 식으로 당당하게 이야기하게 된다. 이런 모습은 상사와 부하 직원 사이, 동료와 동료 사이, 팀과 팀 사이에서 곧잘 발생하는 갈등의 원인이 되기도 한다. 상사나 동료가 나의 잘못을 지적하면 '당신이 나에 대해

뭘 안다고 이래라 저래라야?'하고 반발심이 생기기 때문이다. 갈등이 한 번 자리 잡으면 이런 인식의 편향이 양측 간에 올바른 정보가 공유되지 못하게 하므로 갈등을 해소하기가 더욱 어려워진다. 해법은 '나는 널 잘 알지만, 너는 날 제대로 알지 못한다'는 편향이 존재한다는 것을 이해당 사자가 인정하는 데에서 시작해야 할 것이다

요약하면, 비대칭적 통찰의 착각 편향에 빠지면 다른 사람에 관해 많이 알고 있다는 착각으로 무모한 조언을 하거나 상대를 이용하려 들기 때문에 대인 관계에 금이 가기 쉽다. 그러니 다른 사람을 많이 알고 있다고 확신이 드는 순간, 오히려 더 조심해야 한다. 또한 반대로 어떤 사람이 나를 잘 안다며 기분 나쁜 조언을 하더라도 너무 예민하게 반응하거나 화를 내서 에너지를 낭비할 필요가 없다. 그는 나를 아주 잘 알고 있다는 착각에 푹 빠져 있는 것뿐이니까.

참고항목

- 우월성 편향: 자기가 평균 이상의 능력이나 성품 등 긍정적 특성이 있다고 생각하는 성향. 동시에 부정적 특성은 평균 이하로 지녔다고 생각한다.
- 투명성 착각: 다른 사람이 나의 내면적 상황을 어느 정도는 읽으리라고 과도하게 기대하는 현상. 비대칭적 통찰의 착각과는 반대 개념이다.

074 실수 효과 Pratfall Effect

좀 모자란 듯한 김대리가
더 예뻐 보이더라

> **정의** 실수나 약간 문제가 있는 행동을 저지른 사람을 더 호감 있게 보는 현상.

미국 캘리포니아 대학 심리학과의 엘리엇 애론슨Elliot Aronson 교수는 실험참가자에게 어떤 사람이 퀴즈를 맞히는 장면을 녹음해 들려주었다. 그런데 한 집단에는 녹음 속 주인공이 답을 맞힐 때 커피를 쏟는 것과 같은 실수 상황까지 녹음하여 들려주었고, 다른 집단에는 그냥 퀴즈를 맞히는 내용만 녹음하여 들려주었다. 청취가 끝난 다음 퀴즈를 푼 사람에게 느끼는 실험참가자의 호감도를 평가하게 했는데, 커피를 쏟은 소리를 들은 실험참가자가 더 높은 호감도를 보였다. 퀴즈를 푼 그의 지적 능력은 똑같았지만, 실수 여부가 호감도를 결정한 것이다.

이성적으로 따져보면 사람들은 자신에게 이익을 줄 가능성이 더 높은 똑똑하고 완벽한 사람을 선호할 것 같지만, 사실은 약간 모자란 듯한 사람에게 더 매력을 느낀다. 실제로 텔레비전 퀴즈쇼를 보면, 척척 답을 맞히는 사람은 관객에게 박수와 찬사를 받지만, 안절부절못하며 겨우겨우 답을 맞혀나가는 사람은 관객의 진심 어린 응원과 환호를 받는다. 미인이 작은 실수를 하면 더 예뻐 보이고 귀여워 보인다. 동물도 기우뚱하며 걷는 동물이 팔팔하게 뛰는 동물보다 더 귀여워 보인다. 너무 지나치면 부족함만 못하다는 말이 인간관계 혹은 인상 관리에 적용된다.

그렇다고 처음부터 실수만 연발하는 것은 좋지 않다. 일단 뛰어난 능력을 갖추었다는 인상을 심어준 다음에 하는 실수나 작은 결점이 효과가 있을 뿐, 처음 만나자마자 실수부터 계속 보여준다면 긍정적으로 평가할 요소가 전혀 없다. 그리고 큰 실수는 문제다. 사람들은 문제가 있는 사람을 싫어한다.

실수 효과는 때로는 작은 실수가 여러분을 더 호감 있는 사람으로 만들어 줄 수 있음을 보여줄 뿐이다. 너무 완벽해지려 노력하기보다는 작은 부분에서는 실수를 저질러도 여유 있게 넘어가도록 하자. 그러면 주변에 사람이 더 늘어날 것이다. 산꼭대기의 낙락장송은 홀로 서 있다. 고매하지만 그만큼 친구가 없어 외로운 법이다.

참고항목
■ 벤 프랭클린 효과: 어떤 사람에게 호의를 베풀고 나서 그 사람이 더 좋아지는 현상. 반대로 자기가 상처를 준 사람은 더 싫어진다.

자기 모니터링 행동 Self-monitoring Behavior

미용실에서 머리를 망쳐놨어!
나 이제 집 밖에 못 나가!

> **정의** 다른 사람들은 사실 자신을 보고 있지 않은데도 남들이 자기를 어떻게 보고 있
> 는가에 예민하게 반응하는 현상. 특히 자신이 다른 사람에게 긍정적인 인상을 주고
> 있는지를 모니터링하게 한다.

미국 볼스테이트 대학의 심리학과 마이클 화이트Michael J. White와 뢰벤스
타인 게르스타인Lowenstein Gerstein 박사는 1987년의 연구로 자기 모니터
링 행동 편향을 증명했다. 연구진은 실험참가자 중 절반에게는 여러 사
람이 눈앞에서 벌어지는 사고를 방관한 사례를 이야기해주었다. 그리고
나머지 절반의 참가자에게는 남을 도와줘 사회적 인정과 명성 등 사회
적 보상을 받은 사람의 이야기를 해주었다. 그리고 실험참가자가 얼마나
자기 모니터링을 하는지 알아보는 검사를 했다. 연구진은 실험참가자에
게 시각 장애인을 돕는 자원봉사를 할 수 있느냐고 물었다.

실험 결과는 다음과 같이 나왔다. 방관자 이야기를 들은 집단 내에서

자기 모니터링 정도가 높은 사람 중 40퍼센트가 자원봉사에 동의했다. 그에 비해 같은 집단의 자기 모니터링 정도가 낮은 사람은 68퍼센트가 동의했다. 그러나 사회적 보상 사례를 접한 집단에서는 패턴이 반대로 나왔다. 즉 자기 모니터링 정도가 높은 참가자는 80퍼센트가 동의한 데 반해, 자기 모니터링 정도가 낮은 참가자는 48퍼센트만 동의했다. 두 집단에서 자기 모니터링 정도가 높은 사람의 반응 결과를 비교하면 두 배의 차이가 난다. 즉 사람들이 다른 사람의 행동에 신경을 쓰지 않은 사례를 들었을 때보다, 사람들이 다른 사람의 행동에 칭찬이나 인정을 해준 이야기를 들었을 때 자기 모니터링 행동 편향이 더 활성화되었고, 그 결과가 다른 사람들에게 긍정적인 인상을 보여줄 수 있는 자원봉사 동의로 이어졌다.

다른 사람에게 어떤 인상을 심어주는지 모니터링하는 사람은 다른 사람이 자기를 지켜보고 있다고 하지만, 오히려 자신이 그 결과를 확인하느라 다른 사람을 더 자주 관찰한다. 그래서 관찰 중에 변하는 상황에 재빨리 대응할 수 있다. 이는 분명히 장점이라고 할 수 있다.

그러나 사실 다른 사람이 나에게 관심을 기울이지도 않는데 계속 긴장하며 쓸데없는 심리적 자원을 쏟는 데서 비롯되는 단점이 더 많다. 머리 모양도 바꾸고 옷도 새로 사 입어 꾸미고 나갔더니 상대방은 잘 알아채지 못하는 경우, 지하철에서 건너편에 앉은 사람이 자신을 본다는 생각에 책을 펴고 공부하는 척하다가 슬쩍 쳐다봤더니 상대가 눈을 감고 있는 경우 등이다. 이처럼 사실 사람들은 다른 사람에게 무심한 경우가 더 많다. 그런데도 계속 자기 모니터링 행동을 한다면 인간의 제한된 인지 특성상 다른 곳에 써야 할 인지적 자원이 고갈되거나 스트레스를 자초하는 손해를 보게 된다.

자기 모니터링 행동 효과를 잘 활용하는 분야는 광고이다. 제품 그 자체의 특성을 열심히 설명하기보다는 "이것을 사면 다른 사람들이 근사하게 볼 것이다"라는 이미지를 심어주려는 광고가 더 많다. 아파트 광고는 그곳에 사는 사람들의 근사한 모습과 다른 사람들이 부러워하는 모습을 교차시키고, 고급 의류 광고는 다른 사람들이 구매자의 패션 감각뿐만 아니라 옷 가격을 다 알아채서 감탄하는 듯한 이미지를 심어준다. 자동차는 '품격이 다른 차'라며 길을 걷던 사람들이 모두 차를 타고 가는 구매자를 쳐다보는 환상을 심어주고, 특정 통신회사는 "번호의 자부심이 다르다"며 휴대폰이 비쌌던 초창기부터 계속 비싼 번호를 써온 사람으로 보일 가능성을 광고하기도 했다.

참고항목

■ 조명 효과: 자신이 연극 무대 위에서 조명을 받는 배우처럼 다른 사람들의 관심을 집중적으로 받고 있다고 생각하는 현상. 다른 사람의 시선을 신경 쓴다는 측면에서는 자기 모니터링 행동 편향과 비슷하지만, 조명 효과는 긴장이나 주로 부정적 행동과 연관 있는 데 반해 자기 모니터링 행동은 다른 사람에게 긍정적 인상을 심어주기 위한 행동으로 연결된다는 점에서 차이가 있다.

■ 사회적 바람직성 편향: 사람들이 자신의 행동이나 의견을 밝힐 때 있는 그대로를 표현하는 것이 아니라, 사회적으로 바람직한 가치에 맞춰 왜곡시켜 표현하는 현상.

076 자기 배려 편향 Self-serving Bias

잘되면 내 탓, 잘못되면 조상 탓

> **정의** 성공에 대한 공적은 자기 몫으로 돌리면서, 실패에 관한 책임은 지지 않으려는 현상. 사람들은 자신의 자아를 긍정적으로 배려하고자 성공에 관해서는 자신을 더 높이는 자기 고양 편향(Self-enhancing Bias)을, 실패에 관해서는 자기 보호 편향(Self-protective Bias)을 가진다. '이기적 편향', '자아 배려 편향'이라고도 한다.

미국 오하이오 주립대 심리학과의 앤서니 그린왈드Anthony Greenwald 교수는 사회심리학의 최대 공적 중 하나가 바로 자기 배려 편향을 밝혀낸 것이라고 평가했다. 자기 배려 편향은 궁극적으로 자신이 좋은 일을 하고 능력이 있는 사람이라는 자아 방어적 신념을 지키는 것이다. 그래서 성공은 자신의 몫으로 삼지만 실패의 책임은 부정한다. 앤서니 그린왈드 교수는 이런 자기 배려 편향의 특성을 'Beneffectance'라는 합성어 [Beneficence(좋은 일)+Effectance(효능)]로 표현했다. 예를 들어 어떤 운동선수가 "지금껏 우리 팀이 승리한 것은 팀장인 내 역량 덕분이고, 오늘 패배한 것은 심판이 편파적이고 운이 없어서이다"라고 말한다면 자기 배려 편향에 빠진 것이다.

자기 배려 편향의 예는 사회 곳곳에서 찾을 수 있다. 성적을 잘 받은 학생은 자신이 열심히 노력하고 똑똑해서 그 점수를 당연히 받은 것이라고 생각하지만, 성적이 나빠지면 교수가 자신을 싫어해서 말도 안 되는 점수를 주었다고 불평한다. 사람들은 안전사고 기사를 접하면 피해자의 부주의나 사전 준비 소홀을 하나의 원인으로 지목하지만, 정작 자신이 그런 사고를 당해 병원에 누워 있으면 자기 잘못은 없고 다른 원인으로 책임을 돌린다.

개인뿐만 아니라 집단 차원에서도 그룹 배려 편향Group-serving Bias이 똑같은 방식으로 일어난다. 운동경기가 끝난 다음에 감독의 인터뷰를 보면, 팀이 승리한 것은 우리가 좋은 팀이기 때문이고, 패배하면 나쁜 경기장 상태와 악천후 때문이라고 말하는 것처럼 말이다.

자기 배려 편향은 자아를 보호하는 장점은 있지만, 그 정도가 너무 심하면 다른 사람의 눈에 자기 입맛대로 사실을 왜곡하는 못된 사람으로 보일 수도 있으니 경계해야 한다. 어떤 경우는 자아를 보호하려고 일을 시작하기도 전에 실패할 때 쏟아질 비난에 대비한 구실을 외부에서 찾기도 한다. 이를 자기 핸디캡 전략Self-handicapping이라고 한다. 운동선수가 "오늘은 컨디션이 그리 좋은 편은 아닙니다만, 열심히 뛰어보겠습니다"라고 하거나, 학생이 시험 전에 "난 몰라, 어제 잠을 제대로 못 자서 정신이 몽롱해"라고 말하는 것이 자기 핸디캡 전략에 해당한다.

자기 배려 편향이 일어나는 배경에는 자아방어 외에 좋은 인상을 유지하려는 욕구도 작용한다. 사람들은 상대방에게 될 수 있으면 좋은 인상을 남기고 싶어 한다. 그래서 성공에 관해서는 자기의 공을 강조하고,

실패는 철저히 부정하게 되는 것이다.

자기 배려 편향은 사람들이 아전인수식으로 결과를 해석하게 해서 순조로운 협상을 방해하는 원인이 되기도 한다. 미국 MIT 경제학과의 조지 뢰벤스타인 교수는 1997년에 진행한 공동연구에서 실험참가자를 두 집단으로 나누었다. 한 집단에는 가상의 자동차 사고 피고인 역할을, 다른 집단에는 소송을 제기한 원고 역할을 지시했다. 가상의 자동차 사고 견적은 약 10만 달러였는데, 실험 과정에서 원고가 추정한 배상금은 피고인의 예상치보다 평균 1만 4,500달러 더 높았다. 실험은 모의재판이었지만, 실험참가자의 현실적인 반응을 이끌어내고자 실제 돈을 눈앞에 놓고 진행했다.

연구진은 실험참가자들에게 만약 당사자들이 합의를 못 하면 제3자(일종의 배심원)가 판결을 내리고 양측에 법정 비용을 청구할 것이라고 분명히 밝혔다. 하지만 실험참가자들은 상대방이 자기에게 유리하도록 사실을 부풀리거나 왜곡한다며 맞섰고, 상대방이 일종의 위증죄로 처벌받아 마땅하다고 생각했다. 그래서 상대방과 평화적으로 합의하는 것을 거부했다. 모의재판 상황에다가 법정 수수료까지 물어야 함에도 자기 배려 편향이 강하게 작용한 것이다.

자기 배려 편향은 자신만을 생각하는 이기적인 편향이다. 따라서 자기 배려 편향에서 벗어나려면 자기를 벗어나 좀 더 큰 틀에서 상황을 바라보는 지혜가 필요하다. 뢰벤스타인 교수의 실험에서처럼 결국 양측이 손해를 보는 상황에 도달하기 전에 좀 더 객관적이고 넓은 시각으로 자신의 상황을 생각할 줄 알아야 한다. 그러려면 상대방의 입장이라면 어떻게 이 상황을 볼까 상상해보거나, 자신의 문제를 담고 있는 객관적 사례를 찾아서 분석적으로 사고하려고 노력하는 것이 좋다.

■ 내성 착각: 사람들은 자신을 신뢰하기 때문에 외부 정보의 도움을 받지 않고 자기가 자기 생각을 모니터링하는 주관적인 자기관찰을 통해 자신을 평가해도 충분하다고 판단하지만, 다른 사람은 신뢰할 만하지 않다고 생각하기 때문에 객관적인 그 사람의 행동을 통해서만 평가해야 한다고 생각하는 심리현상을 말한다.

077 자기중심 편향 Egocentric Bias

내 탓이오, 내 탓이오, 모두 내 탓이오!

> **정의** 누군가와 함께 처리한 일에 관해서 다른 사람이 객관적으로 평가하는 정도를 넘어 자신에게 더 많은 책임이 있다고 말하는 심리현상. 긍정적 사건은 물론, 부정적인 사건도 자신의 책임이 크다고 주장한다.

1979년 캐나다 워털루 대학 심리학과의 마이클 로스Michael Ross와 피오레 시콜리Fiore Sicoly 박사는 집단 내에서의 상호작용과 관련한 판단에 5가지 실험을 했다. 실험 대상은 자유 토론 그룹의 학부생, 부부, 농구팀 남녀 선수, 실험실을 방문한 학부생 등 다양했다.

연구진은 실험마다 실험참가자에게 다른 사람과 함께 결과물을 내놓는 공동 과제를 시키고 나서 설문조사를 했다. 그 결과 다양한 실험참가자 모두가 자기 자신이 공동 결과물에 관한 공헌 및 책임이 더 크다고 주장하는 자기중심 편향을 보였다. 이런 경향은 공동 결과물이 연구자에게 나쁘게 평가받은 상황에서도 나타났다. 즉 실험참가자들은 결과물의 질과 상관없이 공동 결과물을 만들려고 상대방보다 자기가 더 노력했고, 결과물에 관한 책임도 자기가 더 크게 져야 한다고 생각했다.

1983년 미국 심리학자 미론 저커만Miron Zuckerman 교수 등이 연구한 내용에 따르면, 자기중심 편향은 사람들이 자신을 다른 사람이 어떤 행동을 하는 원인이자 목적으로 보는 데서 나온다. 이들은 실험참가자 모르게 실험집단에 실험협조자를 심어 놓고 짧은 토론을 시켰다. 토론의 목적은 특정 주제에 관한 합의를 이끌어 내는 것이었는데, 연구진은 실험협조자가 자신의 의견을 요약하는 순간 토론을 중단시켰다. 그러자 실험참가자들은 동료라고 생각한 실험협조자의 마지막 발언이 자기에게 영향을 받아서, 즉 자기가 원인이 되어 그렇게 나온 것이라고 생각했다. 또한 실험참가자들은 자신의 의견에 실험협조자가 많은 주의를 기울였다고 착각하기도 했다.

이렇게 자기중심 편향에 빠지는 이유는 비록 함께 작업했더라도 다른 사람의 행동을 자신의 행동보다는 더 자세히, 더 많이 알기는 어렵기 때문이다. 그래서 결과가 나오기까지 자기가 한 행동을 중심으로 판단을 내려 긍정적 사건이든 부정적 사건이든 가리지 않고 자신의 책임이 크다고 판단하게 된다.

그러나 공동으로 작업한 것에 매번 혼자만 책임질 수는 없는 일이다. 여러 공동 작업에 매번 자기의 책임이 크다고 생각한다면 스스로 자기중심 편향에 빠지지 않았는지 살펴볼 필요가 있다. 그렇지 않으면 긍정적인 사건에는 공적을 가로채려는 얌체 같은 사람으로 평가되거나, 부정적인 사건에는 쓸데없이 책임을 져서 자기를 궁지에 몰아넣는 현명하지 못한 사람으로 평가될 확률이 높기 때문이다.

공동 작업을 할 때는 작업 배분 및 진행사항을 나중에 객관적으로 확인할 수 있게 일지나 보고서를 작성하면 자기중심 편향에 빠지는 것을 막을 수 있다. 또한 동료를 평가하는 기회를 갖고 그 결과를 서로 돌려 보는 것도 하나의 방법이다. 이때 함께 공동 작업을 한 사람뿐만 아니라, 주변에서 둘을 관찰한 다른 동료와 함께 평가하면 자신이 자기중심 편향에 빠져 있는지 아닌지 좀 더 객관적으로 확인할 수 있다. 자신이 책임에 걸맞게 과실을 인정하거나 공적을 가져가려 해야 다른 사람으로부터 올바른 평가를 받을 수 있으므로 이런 노력은 꼭 필요하다.

참고항목

- 자기 배려 편향: 자신에게 편하고 유리한 방식으로 정보를 왜곡해서 처리하는 현상.
- 통제감 착각: 자신의 통제력에 비현실적인 기대를 하는 심리현상.

---

078 조명 효과 Spotlight Effect

어떻게 해, 다 나만 바라봐!

> **정의** 연극 무대 위에서 조명을 받는 배우처럼 자신이 다른 사람들의 관심을 집중적으로 받고 있다고 생각하는 현상. 실제로는 전혀 그렇지 않은데, 다른 사람이 자신의 외모와 행동을 주시하고 있어 사소한 변화도 다른 사람들이 알아차릴 것이라고 생각하는 경우이다.

1998년 미국 코넬 대학의 토마스 길로비치 교수는 공동연구를 통해 조명 효과를 증명했다. 연구진은 실험에 참가한 학생에게 '민망한 티셔츠', 정확히 말해 사람들이 좋아하지 않는 그림이 그려져 있는 티셔츠를 입게 했다. 그리고 그 티셔츠를 입은 학생에게 다른 학생들이 있는 실험실에 잠깐 앉았다 나오라고 했다. 티셔츠를 입은 학생은 다른 학생 중 46퍼센트가 민망한 티셔츠를 입은 자신을 눈여겨보고 안 좋게 생각할 것이라고 예상했다. 그러나 정작 실험에 참가한 학생이 민망한 티셔츠를 입었다는 사실을 알아챈 사람은 23퍼센트에 불과했다.

일상에서도 실험 예와 비슷한 경우가 많다. 입은 옷에 음식물이 튀면 민망하다고 감추기 급급하지만 다른 사람은 음식물 자국은커녕 어떤 옷을 입었는지조차 알지 않는다. 길에서 꽈당 넘어졌을 때 다른 사람이 봤을까 봐 얼굴이 빨개져서 일어나지만 길에 있던 사람 대부분은 눈길 조차 주지 않는다.

사람들은 저마다 자기 인생이라는 무대의 주인공이다. 하지만 그 무대를 다른 사람이 매일 주시하고 있지는 않다. 각자 자신의 무대에서 주인공 역할을 하느라 바쁘기 때문이다. 즉 나는 다른 사람의 무대에서는 잘해야 조연이고 대부분은 배경의 일부에 지나지 않는다. 그러나 정서적으로 흥분하면 이런 이성적인 판단을 못 하고, 마치 어디를 가도 자신이 조명을 받는 주인공인 듯 착각한다.

정서적 흥분을 유발하는 상황은 많다. 모르는 사람 앞에서 연설할 때처럼 실제로 조명을 받는 공적인 상황에서부터 세탁한 옷이 없어 창피스러운 옷을 입고 거리에 나서는 사적인 상황까지 말이다. 때로는 거짓말을 할 때 정서적으로 흥분하기도 한다. 다른 사람이 알아챌까 두렵기 때문이다. 하지만 대부분 거짓말을 알아채지 못한다. 조명 효과 때문에 거짓말하는 사람이 자신의 사소한 행동이나 말까지도 상대방이 주목할 것이라 왜곡하여 거짓말의 파장을 과대평가한 것이다.

실제로 길로비치 교수는 거짓말을 활용한 실험으로도 조명 효과를 증명했다. 연구자는 실험참가자를 둘로 나누어 한 사람은 화자, 나머지 사람은 청자 역할을 맡겼다. 그리고 화자에게는 질문 카드에 쓰인 비밀 지시에 따라 거짓 혹은 진실로 질문에 답하게 했다. 예를 들어 '어제 만난 사람은?'이라는 질문 카드의 화자만 볼 수 있는 면에 '거짓'이라고 쓰여 있으면 거짓말로 대답하고, '진실'이라고 쓰여 있으면 진짜 만난 사람을 이야기하는 식이었다. 이때 청자 역할을 맡은 실험참가자들은 화자의 이야기가 진실인지 거짓인지를 판단하였다.

조명 효과 편향에 빠진 화자는 다른 사람이 자신을 주목하고 있으니 거짓말을 하면 단어나 몸짓, 분위기 등으로 상대방이 알아챌 것이라고 생각했다. 그러나 청자 역할을 맡은 실험참가자는 연구진이 거짓말을 탐지하는 숫자만큼 보상을 더 주겠다고 말했음에도 거짓말을 잘 찾아내지 못했다. 거짓말을 한 화자는 자기의 거짓말이 들킬 확률을 50퍼센트로 예상했지만, 실제로 청자는 예상치의 절반인 25퍼센트만 탐지했다. 이러한 조명 효과는 자기 생각을 다른 사람들이 쉽게 알 것이라 생각하는 투명성 착각Illusion of Transparency과도 관련이 있다(083. 투명성 착각 참조).

다른 사람을 의식해 그들의 시점에서 나를 돌아보고 점검하는 일은 혼자가 아니라 더불어 사는 세상에서 어느 정도 필요한 일이다. 하지만 조명 효과가 주는 심리적 긴장이 지나치면 살얼음판 위를 걷듯 일상이 불편하고 불안해질 수 있다. 우리가 다른 사람 앞에서 긴장할 때나 지나칠 만큼 남의 시선에 신경이 쓰인다면 조명 효과 때문임을 기억해 마음을 다스릴 필요가 있다. 그래야 더 현명하게 사회적 환경에 대처할 수 있을 것이다.

참고항목

■ 자기 모니터링 행동: 다른 사람들은 자신을 보고 있지 않은데도 남들이 자기를 어떻게 보고 있는가에 예민하게 반응하는 현상.

■ 사회적 바람직성 편향: 사람들이 자신의 행동이나 의견을 밝힐 때 있는 그대로를 표현하는 것이 아니라, 사회적으로 바람직한 가치에 맞춰 왜곡해 표현하는 현상.

079 집단 간 표현 차이 편향 Linguistic Inter-group Bias

우리는 뭐든지 잘해!
걔들은 그거 하나는 잘하더라!

> **정의** 내집단의 좋은 면과 외집단의 나쁜 면은 두루뭉술하게 표현하고, 내집단의 나쁜 면과 외집단의 좋은 면은 더 구체적으로 표현하는 현상. 사람들은 두루뭉술한 설명을 들으면 과장해 추론하는 경향이 있다.

사람들은 내집단(내가 속한 집단)의 좋은 면을 말할 때는 두루뭉술하게 표현하고, 외집단(타인 집단)의 좋은 면은 구체적으로 콕 집어 표현한다. 반대로 내집단의 나쁜 면을 말할 때는 구체적으로 표현하고 외집단의 나쁜 면은 두루뭉술하게 표현한다. 이러한 표현 태도의 차이는 평소 내집단과 외집단을 구별하던 신념, 즉 내집단은 외집단보다 우월하다는 생각에서 비롯된다. 이처럼 집단 간 표현 차이 편향은 자신의 고정관념을 유지하는 데 활용된다.

그런데 왜 내집단의 부정적 측면에 관해서는 구체적으로 이야기하는 성향이 생길까? 구체적인 사례는 일반적인 원칙의 예외사항으로 치부되기 쉽기 때문이다. 즉 내집단의 부정적 측면을 구체적으로 도드라지게 표현하여 일종의 예외처럼 포상할 수 있다. 이런 방식으로 내집단에 관한 긍정적 신념을 계속 이어간다. 외집단의 긍정적 측면을 구체적으로 묘사하는 것 역시 그 긍정성이 일반화될 수 없는 예외 사항임을 강조하려는 것이다. 예를 들어 경쟁 조직을 이야기할 때 "이런 점만큼은 배울 만하다"라고 콕 집어 이야기하는 배경에 전체적으로는 그다지 배울 점이 없다는 고정관념을 깔고 있는 셈이다.

2005년 미국 시러큐스 대학 커뮤니케이션학과의 브래들리 고햄Bradley W. Gorham 교수는 집단 간 표현 차이 편향을 증명하는 실험을 했다. 고햄 교수는 백인 실험참가자들에게 살인 사건의 피의자를 수사하고 있다는 내용의 뉴스를 보여주었다. 한 집단에는 피의자가 흑인으로 그려진 뉴스를, 다른 한 집단에는 피의자가 백인으로 그려진 뉴스를 보여주었다. 그러자 뉴스를 보고 피의자를 묘사한 백인들의 답에서 흥미로운 결과가 나왔다.

피의자가 백인으로 그려진 뉴스를 본 실험참가자들은 "(백인 피의자는) 아마도 피해자를 다치게 했을 수 있다Probably Hurt the Victims"라며 피의자의 행위를 구체적으로 묘사했다. 그러나 피의자가 흑인으로 그려진 뉴스를 본 실험참가자들은 "(흑인 피의자는) 폭력적이었을 것이다Is Probably Violent"라며 피의자의 성품을 다소 추상적으로 묘사했다. 실험참가자들은 내집단이라고 생각하는 백인 피의자를 묘사할 때는 구체적인 단어를 사용한 반면 외집단이라고 생각한 흑인 피의자를 묘사할 때 추상적 형용사를 더 많이 썼다. 고햄 교수는 이 실험에서 참가자들이 집단에 따라 언어학적으로 다른 성질의 용어, 즉 추상적 단어와 구체적 단어를 골라서 사용했다고 분석했다.

　일상생활에서 사람들이 이야기하는 것을 자세히 관찰하면 그 사람이 어떤 사람을 내집단으로 생각하는지, 외집단으로 생각하는지 알 수 있다. 즉 "A는 일 처리를 잘한다"라고 긍정적 평가를 두루뭉술하게 하거나, "A가 지난주에 어떤 일만 C와 다르게 일의 순서를 바꾸어 처리했더라(왜 그랬지?)" 하는 식으로 구체적으로 부정적 평가를 하면, 그 사람을 내집단으로 생각하는 것이다. 반대로 "A는 일 처리를 못한다" 내지는 "A가 지난주에 어떤 일만 C와 다르게 3단계로 잘 처리했다(이번엔 잘 했군!)"라고 하면 외집단으로 생각하는 것이다.

　직장 상사가 아무리 여러분에게 '우리는 한배를 탄 운명'이라고 강조하더라도 그가 여러분에 관해서 하는 말의 미묘한 차이를 살펴보면 그 사람의 속마음을 읽을 수 있다. 물론 반대로 속마음을 읽힐 수도 있다. 그래서 다른 사람에 관해서 이야기할 때는 이런 특성이 너무 쉽게 드러나지 않게 조심해야 한다. 외집단으로 분류된 것을 상대방이 느낀다면 관계가 멀어질 수 있기 때문이다.

참고항목

■ 내집단 외집단 편향: 자신이 속한 집단(내집단)에는 과도하게 좋은 평가를 내리고, 자신이 속하지 않은 외집단 혹은 외집단에 속한 사람에게 나쁜 평가를 하거나 과소평가를 하여 선호도의 차이를 보이는 현상.

목에 칼이 들어와도
우리의 뜻을 관철할 거야

> **정의** 같은 생각을 품은 사람들이 모여 동질 집단을 구성하면 개인이 원래 가지고 있던 판단 성향보다 더 극단적인 입장에 빠져드는 현상.

집단 극단화 현상은 최초 구성원이 가진 태도가 집단 토의를 거치면서 더 강화되는 것이 특징이다. 집단 극단화 현상이 나타나는 이유는 집단에서 자신의 의견을 더 도드라져 보이게 하고 싶은 욕구가 있기 때문이다. 집단 토의에서 어떤 사람이 여러분의 생각과 비슷한 방향으로 의견을 제시했다면, 여러분은 의견의 방향을 바꾸지는 않아도 그 사람과 구별되는 여러분의 생각을 강조하고자 원래 의견의 정도를 과장하기가 쉽다. 보수적인 결정을 하려고 했다면 더욱더 보수적인 의견을 내고, 도전적인 결정을 하려고 했다면 더욱더 모험을 지향하는 의견을 내는 식으로 말이다.

미국 호프 대학 심리학과의 데이비드 마이어스David G. Myers와 조지 비숍George D. Bishop 교수는 1970년 인종차별 편견이 강한 집단과 낮은 집단의 실험참가자들을 대상으로 실험을 했다. 실험참가자들은 인종문제를 놓고 토론했다. 그러고 나서 인종차별 편견을 조사했다. 그 결과 편견이 원래 강했던 집단에서 토론했던 참가자들은 편견이 더 강해진 데 반해, 낮은 집단에서 토론한 참가자들은 편견이 더 줄어들었다. 즉 자신의 성향과 비슷한 사람들로 이뤄진 집단에서 자신의 입장을 더 극단적으로 변화시킨 것이다.

이후 미국 법정의 배심원에 관한 여러 연구에서도 집단 극단화 현상은 증명되었다. 배심원들은 유죄나 무죄를 판결할 때 자신과 생각이 비슷한 사람들과 함께 있으면 자기 생각을 더 극단적으로 변화시켰다. 무죄라고 생각한 경우에는 피의자에게 아무 잘못이 없다는 식으로 더욱 강하게 판단하여 피의자의 처벌을 경감하려 노력하고, 유죄라고 생각한 경우에는 반대로 처벌을 더 가혹하게 부과하려 했다.

집단 극단화 현상이 가장 인상적으로 나타나는 곳은 바로 인터넷이다. 인터넷 댓글은 경쟁적으로 특정인을 욕하거나 칭송한다. 인터넷에 악의적인 글을 올린 게 사회적으로 문제가 되어 경찰에 잡힌 사람들은 인터뷰에서 "어쩌다 보니 그런 댓글을 달게 되었다"라고 하거나 원래 자신은 "그렇게 그 사람을 싫어하지는 않았다"라며 선처를 호소한다. 마지막 순간에 자신의 죄를 발뺌하려고 하는 말일 수도 있지만, 집단 극단화 편향 이론에 비춰 설명할 수도 있다. 즉 인터넷상에서 자기 생각과 비슷한 댓글을 보고 자신의 의견을 돋보이게 하려 더 자극적이고 강경하고 극단적으로 자신의 의견을 표현하다 넘어서는 안 되는 선을 넘은 것일 수 있다. 악의적인 댓글뿐만 아니다. 트위터Twitter나 인터넷 게시판에 글을 올릴 때도 원래 자신이 품고 있던 생각과 달리 트위터 팔로워의 성향 혹은 게시판의 성격에 따라 더 극단적으로 올리기도 한다.

정치 활동도 집단 극단화 편향의 영향을 받는다. 시위 현장에서 동질적인 사람들과 함께하다 보면 자신이 평소 생각하던 것보다 더 강한 주장을 펼치게 된다. 혼자 텔레비전으로 시청할 때 반대파를 향해 품었던 반감보다 더 강한 반감을 품게 되기도 한다. 이런 집단 극단화 편향을 교묘하게 활용해서 선동하는 정치가도 있다. 이들은 낙태 문제, 안락사 문제, 과세 문제, 개발 문제 등에 관해서 각종 단체를 동원하여 행사를 개최하고 비슷한 성향의 사람을 모은다. 그리고 자신이 앞장서 연설한 뒤에 참가자들이 서로 토론하게 하고 토론자와 방청객의 의견을 모아 마치 집단 구성원들의 평소 생각인 것처럼 발표한다.

때로는 집단 극단화 편향은 집단 특유의 것을 강조하여 다른 집단에 공격적으로 반응하게 하기도 한다. 독일 국민은 제2차 세계대전 때 나치의 선동으로 '게르만 민족의 영광'을 생각하느라 다른 민족의 소멸을 꿈꾸는 극단적인 상황에까지 이르렀다. 개인적으로는 무고한 사람을 살인하는 자신을 생각해보지 않았던 사람들까지 말이다.

개인적 생각을 집단에 맞춰서 극단적으로 몰아붙이면 나중에 왜 그런 판단을 했는지 후회하게 되는 경우가 많다. 따라서 집단 토의를 한 다음에도 애초에 자신이 개인적으로 가졌던 생각과 초심을 잊지 않으려는 의도적 노력이 필요하다. 자기 생각이 얼마나 변했는지, 어떤 명확한 근거에 의해 변했는지, 그저 비슷한 사람들과 상호작용한 이유만으로 변한 것은 아닌지 성찰해야 한다. 아울러 동질 집단 안에서만 생각하기보다는 일부러 다른 성향의 집단과도 접촉하면서 생각의 균형을 찾으려 노력해야 한다.

081 집단사고 Groupthink

우리는 만장일치가 좋아

정의 집단의 조직원들이 갈등을 최소화하고 만장일치로 결정하려고 비판적인 생각을 하지 않는 현상. 말 그대로 개인이 독립적으로 사고하는 것이 아니라 집단의 맥락에 사고를 맞춘다.

집단사고 개념을 처음 제안한 미국의 사회심리학자 어빙 재니스Irving L. Janis는 이 용어를 조지 오웰George Owell의 소설 《1984》에서 따왔다. 어빙 재니스의 연구에 따르면 집단사고는 응집력을 가진 집단일수록 일어날 확률이 높다. 그 이유는 조직원 사이에 관계가 좋아 서로 구체적으로 의견을 밝히지 않아도 충분히 이해하고 있다고 철석같이 믿고 있어 굳이 문제를 제기하지 않기 때문이다. 또한 서로 좋은 관계를 해치지 않으려고 갈등을 일으킬 소지가 있는 비판을 자제하기 때문이기도 하다.

사회심리학자들의 연구 결과를 종합하면 다음의 5가지 요소가 많을 수록 집단사고에 빠질 위험이 크다.

1 권위적인 리더십

2 조직원 간의 사회적 배경과 이념의 동질성

3 외부 폐쇄성과 내부 비판 금지

4 의사 결정 기한의 촉박함

5 의사 결정 사안의 중요성

집단사고는 외부의 자극에 반응하는 양식을 결정하기도 한다. 집단사고에 휩싸인 조직은 자신의 결정에 반대할 소지가 있는 외부의 영향력을 차단하려 노력한다. 외부 조직에서 누군가 방문하는 것을 가급적 피하며, 혹시라도 함께하게 되면 철저히 경계하는 등 폐쇄적으로 자신들만의 네트워크를 유지한다. 한마디로 말해, 집단사고에 빠지면 외부에 적대적으로 변한다. 또한 평소에 외부의 정보를 철저히 검열하여 자신들의 의견에 유리한 방향으로 왜곡시켜 받아들인다. 이런 행태는 규모가 작은 조직뿐만 아니라 국가 단위에서도 나타난다. 그중 대표적인 나라가 바로 북한이다. 북한은 정보가 자유롭게 외부로 나가지도 않고 내부로 들어오지도 않으며, 내부 결속과 조직의 결정 유지를 최우선 과제로 삼는다.

집단사고는 조직의 결정을 중시하지만 막상 결정의 질과 결과는 좋지 않은 경우가 대부분이다. 왜냐하면 다양한 의견을 수렴하기보다는 특정한 안건이 나오면 만장일치의 압력으로 판단하기 때문이다. 그리고 일단 결정이 내려지면 그것을 지키려고 주변 사람의 말을 무시하고 반대 의견을 공격하는 데 에너지를 쏟아 막상 긍정적인 성과를 만들어내는 데 들어갈 자원을 낭비하기 때문이다.

집단사고가 발생하는 경위와 맹점, 결과를 모두 보여주는 가장 좋은 예가 미국의 피그스 만Bay of Pigs 침공 사례이다. 이 사례는 어빙 재니스 등의 학자들이 집단사고를 연구하는 실마리가 될 정도로 대표적이다.

1961년 1월, 존 F. 케네디는 미국 대통령에 당선되자마자 쿠바의 피델 카스트로Fidel Castro 정부 문제에 직면했다. 당시 CIA는 전임 대통령이었던 드와이트 아이젠하워Dwight David Eisenhower 정부의 명령으로 카스트로 정부를 전복할 비밀 계획을 세워 놓고 있었다. 이 계획은 쿠바 망명자들을 쿠바 본토에 침공시킨 후 그들이 산악지대에 있는 쿠바 내 저항세력과 합세할 때까지 미국이 공중 지원 및 공수부대 투입 등 군사적으로 지원한다는 것이었다.

케네디는 평소 카스트로를 특별히 나쁘게 평가하지 않았지만 미국 행정부의 수장으로서 공산화된 쿠바 정부 처리 문제를 두고, 기존 계획을 조금만 수정하여 강행했다. 케네디는 미국이 개입했다는 의혹을 전면 부인할 수 있게 작전 전체를 쿠바인만으로 진행하고, 저항이 거의 없을 만한 지역에 야간을 틈타 상륙해야 한다고 고집했다. 그래서 심혈을 기울여 결정한 곳이 바로 피그스 만이었다. 하지만 미국에 흩어져 있는 쿠바인을 모아 민병대를 조직하고 CIA에서 훈련받게 한 뒤, 피그스 만을 침공하여 카스트로의 정규군과 맞붙게 한다는 게 얼마나 무모한 작전인지에 관한 고려는 없었다.

1961년 4월 4일, 작전이 시작되었다. 케네디 정부는 자신만만했다. 하지만 곧 처참한 결과 앞에 무릎 꿇어야 했다. 사전에 작전계획이 외부로 유출되었고 군사 작전 내용은 현지 사정과 맞지 않아 작전에 투입된 1,400여 명은 우왕좌왕하다 고작 나흘 만에 모두 살해되거나 생포되었다. 케네디는 계획을 수립하면서 미국이 개입한 사실을 전면 부인할 수 있게 각별히 신경 썼지만, 어쩔 수 없이 생존자 석방을 위한 공개 협상에 임해야 했다. 결국 케네디 정부의 결정은 군사적으로나 정치적으로 돌이킬 수 없는 큰 피해를 남기고 말았다.

이런 어처구니없는 일이 생긴 이유는 새로 출범한 정부의 케네디 대통령과 핵심 각료 모두가 정치적으로 빠른 성과를 얻고 싶다는 생각에 (집단적으로) 사로잡혀 있었기 때문이다. 그래서 군사전문가인 장군의 비판도 귀 기울여 듣지 않고 오로지 정치적인 '전면 부인' 가능성만을 핵심에 놓고 작전을 진행했다. 미국에는 수많은 전문가와 장군이 있었지만, 아무도 케네디 정부의 황당한 작전 결정을 막지 못했다. 당시 케네디와 핵심 관료는 집단사고에 빠져 오직 CIA와 소통했을 뿐 다른 외부 세력에 철저히 폐쇄적이었기 때문이다.

생활 속에서도 집단사고 사례는 많다. 심심치 않게 뉴스에 오르내리는 종말론 종교집단이 대표적이다. 외부인의 시각에서 보면 종말론에 빠진 일부 종교집단의 논리는 황당함 그 자체이지만, 집단 구성원들은 종말이 일어날 수밖에 없다고 철석같이 믿으며 종말을 대비한 여러 계획을 세우고 일을 진행한다. 집단에 속한 사람들은 외부 사람들을 오히려 바보스럽다거나 안쓰럽게 바라보기까지 한다. 정치적으로 극단적인 입장을 가진 집단에서 과격한 행동을 서슴지 않는 것도 집단사고 때문에 그런 행동이 일반인의 눈에 어떻게 비칠지, 사회적 파장은 어떨지 등이 전혀 눈에 들어오지 않기 때문이다.

집단사고는 조직에서 쉽게 일어날 수 있는 현상이지만, 피할 방법도 있다. 어빙 재니스에 따르면 집단사고를 예방할 수 있는 7가지 방법은 다음과 같다.

- 구성원이 자유롭게 비판할 수 있는 분위기를 만든다.

- 집단의 지도자는 조직에서 일을 처리할 때 자신의 의견을 표현하지 않는다.

- 집단을 각각 독립된 여러 조직으로 나누어 업무를 처리하도록 한다.

- 모든 유효한 반론을 테스트한다.

- 외부의 믿을 만한 사람들에게 물어 의견을 수렴한다.

- 외부 전문가를 초빙해서 회의를 진행한다.

- 회의할 때마다 특정인을 반론자(Devil's Advocate)로 선정하여 회의가 진행되는 동안 일부러 다양한 비판을 개진하게 한다.

참고항목

- 편승 효과: 다수의 결정에 자신의 의견을 맞추는 것.

---

082 침묵의 나선 Spiral of Silence

가만히 있으면 중간은 갈 거야

> **정의** 자신의 의견이 소수 의견에 해당한다고 생각하면 다수에 의해 나쁜 평가를 받거나 고립될 것이 두려워 아예 의견을 개진하지 않으려는 경향. 반대로 자신의 의견이 다수 의견과 맞아떨어진다고 생각하면 더 적극적으로 의견을 내놓는다.

침묵의 나선 편향은 독일의 정치학자 엘리자베스 노엘레 노이만Elisabeth Noelle-Neumann 박사가 처음으로 소개했다. 노엘레 노이만 박사는 1974년 연구에서 실험참가자에게 어떤 사람이 말하는 영상을 보여주었다. 그는 화난 표정으로 흡연자가 공공장소에서 담배를 피워 다른 사람에게 피해를 주는 것에 반대한다는 의견을 밝혔다. 노엘레 노이만 박사는 실험참가자에게 그 장면에 관한 자신의 의견을 명확한 문장으로 밝혀 달라고 했다. 그런데 연구진은 실험참가자가 의견을 밝힐 때 주변에 다른 사람들을 의도적으로 배치했다. 실험참가자 중 흡연자는 주변에 비흡연자가 있는 경우 공개적으로 흡연권을 주장하는 정도가 확연히 줄었다.

노엘레 노이만 박사에 따르면 사람들은 자신의 의견을 자신이 생각하는 바에 따라 있는 그대로 밝히지 않고 자신이 믿는 (혹은 추측한) 다수 의견에 비춰서 자기 의견의 표현 정도를 결정한다. 따라서 다수 의견에서 멀리 떨어졌다고 생각할수록 침묵의 정도가 더 커지는 나선형 궤적을 그리게 된다.

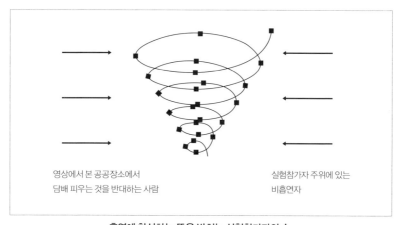

영상에서 본 공공장소에서   실험참가자 주위에 있는
담배 피우는 것을 반대하는 사람   비흡연자

흡연에 찬성하는 뜻을 밝히는 실험참가자의 수

침묵의 나선 편향은 윤리적 문제나 공공 사건에 관한 의견 등 주관적인 생각에만 적용된다. 명백하게 참과 거짓을 구별할 수 있는 사실 자체에 관해서는 침묵의 나선 편향이 일어나지 않는다. 빨간색 물감으로 된 그림을 어떤 사람이 파란색이라고 선전하는 경우 그 모습을 보고 대부분 사람은 파란색이 아니라고 나선다. 다수 의견이 무엇인지 명백하게 알 수 없어서, 개인이 주관적으로 믿는 다수 의견에 의지하며 상황이 어떻게 전개될지 살펴야 하는 경우에만 침묵의 나선 편향이 나타난다.

인간은 사회적 동물이라 사회에서 격리되는 것을 태생적으로 두려워한다. 그래서 다른 사람들과 가능한 한 잘 지내서 자신의 사회적 안전을 도모하려 한다. 침묵의 나선 편향은 대다수 사람이 믿고 있는 의견과 일치하는 의견을 공개적으로 발표하면 자신이 더 긍정적으로 평가받을 것이고 사회적으로도 거부당하지 않아 안전할 것이라고 믿기 때문에 일어난다.

만약 자신이 실제로 믿고 있는 바가 다수 의견과 다르다고 생각되면 진짜 자신의 의견을 밝히기 위해 상당한 용기가 필요하다. 그리고 일단 그런 용기를 낸 사람은 더는 쉽게 침묵하지 않으려 한다. 묵묵히 조직의 비리에 동조하던 사람이 내부고발자로서 비리를 공개한 다음에 목소리를 높이는 것처럼.

그런데 내부 고발자의 사후 활동 역시 침묵의 나선 편향으로 설명할 수 있다. 내부 고발자는 과거에는 조직의 다수 의견에 압력을 느껴 침묵했지만, 어느 순간 정의를 바라는 더 많은 다수가 사회에 있다는 믿음이 생겨 자기 의견을 개진하기 시작한 것일 수도 있다. 그들은 더 많은 다수의 생각을 직접 확인하려 적극적으로 의견을 개진하며 사회적 반응을 이끌어내려고 언론 인터뷰, 강연회, 소송 등을 불사하기도 한다. 앞에서 예를 들었듯이 빨간색 물감으로 된 그림을 어떤 사람이 파란색이라고 선전해도 소용없는 것처럼 침묵의 나선 편향은 객관적 사실에는 작동하지 않는다. 그래서 애매모호한 다수 의견에 관한 주관적 믿음이 아니라, 더 많은 사람이 자신과 뜻을 같이한다는 구체적 사실을 확인하면 용기를 얻어 침묵의 나선 편향에서 벗어나 당당하게 자신의 의견을 밝히게 되는 것이다.

침묵의 나선 편향을 가장 잘 활용하는 곳은 정치 분야이다. 정치가들은 갖가지 여론조사 결과와 통계 수치를 인용하고 언론 플레이를 하면서 자기 생각이 다수를 대변한다고 믿게 한다. 반대로 경쟁자의 생각은 소수의 생각일 뿐이라고 선전한다. 대표적인 사례가 일명 '대세론'이다. 선거를 앞두고 대세론이 힘을 받으면 다른 의견은 객관적 사실 여부와 상관없이 마치 소수 의견처럼 느껴진다. 그래서 개인적으로는 대세론에 동의하지 않지만 공식적으로는 자신의 의견을 당당히 밝히기를 꺼리게 되고, 의견을 개진하는 횟수와 강도가 줄어든다. 유권자의 침묵의 나선 편향을 활용하는 전략인 것이다.

정치가뿐만 아니라 여러분도 일상생활에서 침묵의 나선 편향을 이용할 수 있다. 조직에서 여러분이 제안한 안건이 채택되게 하고 싶다면 그것이 주류의 생각을 대변하는 것으로 홍보해야 한다. 반대로 다른 사람들이 침묵한다고 해서 모두 자신의 의견에 동조하고 있다고 생각해서는 안 된다. 또한 어떤 사람이 의견을 개진했는데 다른 사람이 침묵하고 있다고 해서 그 사람의 의견이 대세라며 무조건 순응할 필요도 없다. 사람들이 단지 그 의견이 다수 의견이라고 착각해서 공개적으로 반대 의견을 펼치는 것을 꺼리는 상태일 수도 있다.

참고항목

■ 다수 의견에 관한 무지: 실제로는 다수의 생각과 같은 방향으로 생각하고 있는데도 자신은 다수 의견에 반대하는 생각을 가지고 있다고 믿는 현상.

083 투명성 착각 Illusion of Transparency

도대체 왜 내 마음을 모르는 거야

> **정의** 다른 사람이 나의 내면 상황을 어느 정도는 읽으리라고 과도하게 기대하는 것.
> 자신의 마음은 자신의 행동에 다 투명하게 드러나서 누구나 쉽게 알 수 있다고 과대
> 평가한다.

1990년 스탠퍼드 대학 심리학과 엘리자베스 뉴턴Elizabeth Newton 박사는
1990년 투명성 착각을 증명하는 실험을 했다. 그녀는 실험참가자를 짝
지은 다음 한 사람에게는 손으로 탁자를 두드려 속으로 생각하는 노래
를 연주하게 했고, 다른 한 사람에게는 그 장단을 듣게 했다. 장단을 두
들기는 사람에게는 생일 축하 노래나 국가와 같은 잘 알려진 노래 목록
을 주었다. 한 사람이 목록에 나온 순서대로 장단을 두들기면, 다른 한
사람은 그 장단이 무엇인지 맞추는 것이 실험 내용이었다. 일명 '두드리
는 자와 듣는 자' 실험이라고 불린다.

　실험참가자들은 잘 알려진 노래이고 연구진이 속임수 없이 장단을 맞
추는지 관찰까지 하니 곡명을 쉽게 맞출 수 있으리라 생각했다. 구체적

으로 실험참가자들은 50퍼센트 정도는 답을 맞힐 것이라 예상했다. 그러나 실험 결과 정답률은 2.5퍼센트에 지나지 않았다. 사람들은 행동에 의도가 다 드러날 것이라 생각했지만 이 간단한 실험 결과에서도 알 수 있듯이 전혀 그렇지 않다.

사람들은 딱 부러지는 설명 없이 어떤 행동을 하고 나서는 "내가 왜 그랬는지 어떻게 눈치를 못 챌 수 있느냐"라며 따진다. 아내는 생일 선물을 기대하며 아침에 노래를 불렀는데 왜 몰랐느냐고 남편을 원망한다. 직원은 늦게까지 이어진 회식에 불만이 있어 노래방에서 일부러 지겨운 노래를 선곡한 건데 상사는 오히려 분위기 다시 살리겠다며 또 술집으로 끌고 간다며 황당해한다. 사장은 자기 생각을 직원들이 잘 모른다며 답답해한다. 작가는 자신이 특별한 의미를 담아 넣은 묘사나 교묘하게 설계한 유머를 독자가 그냥 무시하면서 읽는다고 안타까워한다. 그러나 이런 반응들은 엘리자베스 뉴턴 박사의 실험에서 알 수 있듯이 행동 등 관찰할 수 있는 대상에 의도와 생각이 드러날 것이라고 과대평가하다 보니 생겨난 것이다. 투명성 착각으로 손해를 보지 않으려면 다른 사람들이 확실히 알 수 있게 메시지를 전달하는 것이 좋다. 말로써 직접 표현하지 않으면 상대방이 행동을 보고 간접적으로 추론할 수밖에 없다. 그러면 추론에는 이 책에 소개한 여러 편향이 영향을 미쳐 여러분의 메시지는 왜곡될지도 모른다.

> **참고항목**
> ■ 비대칭적 통찰의 착각: 자신이 남보다 다른 사람에 관해 더 많이 알고 있다고 생각하는 현상.

084 특성 귀속 편향 Trait Ascription Bias

너한테 없는 게 나한테는 있지

> **정의** 자신의 성격이나 특성, 분위기 등이 상대적으로 더 다양하다고 느끼는 현상. 반대로 다른 사람의 특성은 덜 다양해서 예측하거나 분류하기 쉽다고 생각하기도 한다. '특성 귀인 편향'이라고도 한다.

사람들은 자기의 특성이 다양하다고 믿기 때문에 다른 사람의 특성을 자기의 다양한 특성 중 하나와 짝을 맞춰서 충분히 예견 및 분류할 수 있다고 생각한다. 즉 다른 사람의 특성이 자기가 이미 가진 특성 중 하나에 귀속된다고 보는 것이다. 그러나 자신의 특성은 자기 내부의 것이어서 잘 관찰할 수 있고, 판단의 근거가 되는 정보를 다른 사람의 특성보다 잘 구할 수 있기 때문에 이런 착각에 빠지는 것뿐이다.

특성 귀속 편향에 빠지면 상대방의 특성을 있는 그대로 살피기보다는 그 사람의 특성이라고 생각하는, 즉 자신이 알고 있는 특성에 억지로 꿰맞추게 된다. 그래서 상대의 현실과 맞지 않을 뿐만 아니라 기존에 그 사람에게 가졌던 고정관념이나 편견을 더 강화하는 부정적 결과를 초래하기도 한다.

예를 들어 제2차 세계대전 당시 나치는 특성 귀속 편향을 교묘히 이용해 사람들이 가진 고정관념을 강화하는 전략을 썼다. 나치는 자신의 군대와 독일 국민은 다양한 특성을 고루 가진 데 반해, 적대국 국민이나 유대인은 어느 하나의 특성만 있다고 선전하는 전단을 살포했다. 무턱대고 상대방을 비하한 것이 아니라 사람에게 내재된 특성 귀속 편향을 자극한 것이다. 여러 캐릭터와 상황을 통해 독일 국민의 다양한 특성을 표현한 전단은 독일 국민이 스스로 다른 국민과 차별화하게끔 유도했다. 이런 전략은 한국이나 북한이 살포하는 삐라에서도 확인할 수 있다.

제품 광고도 자사 제품의 특성은 아주 다양한 것으로 묘사하는 반면 경쟁사의 제품들은 한두 가지 비슷한 특성을 공유하고 있는 것으로 묘사한다. 이러한 비교 광고도 특성 귀속 편향에 의한 고정관념을 강화하여 자사 제품을 지속적으로 구매하게 하려는 전략이다.

참고항목

■ 내집단 외집단 편향: 자신이 속한 집단(내집단)에는 과도하게 좋은 평가를 내리고, 자신이 속하지 않은 외집단 혹은 외집단에 속한 사람에 관해서는 나쁜 평가를 하거나 과소평가를 하는 식으로 선호도의 차이를 보이는 현상.

085 허구적 일치성 효과 False Consensus Effect

아까 박팀장 돈 안 내려고
구두끈 고쳐매는 거 봤어?

> **정의** 다른 사람도 자기 자신처럼 생각할 것이라고 믿는 현상. 다른 사람과 자기 생각
> 이 같을 것이라는 근거나 객관적인 검증 없이 그저 자기 생각을 다른 사람에게 투사
> 하는 현상이다. '잘못된 합치성 효과', '거짓 일치성 효과'라고도 한다.

미국 스탠퍼드 대학 심리학과 교수인 리 로스는 1977년에 진행한 실험
에서 허구적 일치성 효과를 밝혀냈다. 로스 교수는 실험참가자가 갈등
상황을 묘사한 글을 읽게 한 후 그 상황에 대처하는 2가지 대안을 이야
기해주었다. 그런 다음 실험참가자에게 다음과 같은 3가지 과제를 수행
하게 했다.

1 다른 사람이 어떤 대안을 선택할지 추측하기
2 자신이 선택한 대안이 무엇인지 답하기
3 2가지 대안 중 어느 하나를 선택한 사람의 특성이 무엇일지 각각 묘사하기

실험 결과, 대부분의 실험참가자가 자기가 선택한 대안을 다른 사람들도 선택할 것이라고 생각했다. 이런 결과는 실험참가자가 2가지 중 어느 대안을 선택했는가에 상관없이 일관되게 나왔다. 즉 2가지 대안 중 어떤 대안이 특별히 더 합리적이어서 특정한 패턴이 나온 것이 아니다. 자신이 더 합리적이라고 생각해서 선택한 대안을 다른 사람들도 마땅히 선택했으리라 추측한 것이다. 또한 3번 과제에 답하면서 자신이 선택한 대안을 고르지 않은 사람들의 특성을 묘사할 때 성격에 문제가 있거나 사회부적응자처럼 극단적으로 평가하는 경향도 보였다. 이 모든 것이 허구적 일치성 효과의 주요 특성이다.

허구적 일치성 효과는 자기 생각이 다른 사람의 생각과 같을 것이라고 혼자 과대평가하는 것이다. 그래서 다른 사람들의 숫자와는 상관이 없다. 자기 생각을 투사할 사람이 많다고 해서 심리적 부담을 느껴 허구적 일치성 효과가 작게 나고, 소수라고 해서 더 크게 나는 것이 아니다. 어차피 사람들은 실제 다른 사람들이 동의할 수 있는 정도보다 훨씬 더 많은 사람이 자기 생각과 같을 것이라고 생각하기 때문이다.

허구적 일치성 효과는 자신과 다른 사람들 사이에 심리적 공통점이 많다고 착각하여서 발생한다. 그래서 만약 현실에서 많은 사람이 자기 생각과는 다르게 움직인 것이 확인되면 생각의 차이를 인정하기보다는 다른 외적인 이유를 갖다 붙인다.

예를 들어 프로젝트 성공을 기념하여 A팀과 B팀이 함께 회식을 했다. 식사가 끝나고 계산만 남았을 때 갑자기 A팀의 팀장이 배가 아프다며 화장실에 간다. 자린고비로 유명한 B팀의 팀장은 A팀의 팀장이 회식비를 안 내려고 수를 쓴 것이라 생각한다. 자기처럼. 이럴 때 허구적 일치성 효과가 나타났다고 볼 수 있다.

연구자들의 추후 연구에 따르면, 허구적 일치성 효과는 모든 연령대에서 나타나지만 나이가 들수록 그 경향이 강해지는 것으로 나타났다. 경험을 떠올리며 다른 사람들도 자신과 생각이 같은 경우가 많았다며 판단을 내리는 것이지만 사실은 그 경험도 허구적 일치성 효과에 의해서 왜곡된 사실일 뿐이다. 젊은 사람은 경험이 많지 않아 허구적 일치성 효과를 보이는 경향이 약하게 나왔지만, 나이가 들면서 경험이 많이 쌓였다 싶으면 다음과 같은 말들을 자연스럽게 일상 대화 속에서 사용한다. "다른 사람들도 그렇겠지만", "우리 생각에는", "여러분도 아시다시피" 등등. 개인의 생각을 이야기하는 맥락인데도 다른 사람들을 지칭하는 단어를 써서 자기 생각이 옳고 보편적일 것이라고 착각하는 것이다.

현실에서 허구적 일치성 효과를 확인할 수 있는 것은 바로 선거이다. 특정 후보자를 적극적으로 지지하는 사람은 정신이 제대로 박혀 있다면 다른 사람들도 당연히 그럴 것이라 생각한다. 그리고 자기가 지지하는 후보를 반대하는 사람은 뭔가 문제가 있는 사람이라고 생각한다. 만약 자신이 지지한 후보자가 떨어지면 부정선거, 매수, 결과 조작 등 외부 요인을 찾으며 음모론마저 제기한다. 다른 사람의 생각이 자기 생각과 애초에 다를 수 있다는 가능성을 찾기보다는, 자신과 같은 생각을 한 사람들이 예상과 다른 결과를 초래한 이유를 찾는 데 힘쓴다.

참고항목

- 다수 의견에 관한 무지: 다수 의견에 반대하는 생각을 하고 있다고 본인은 믿고 있지만 사실은 그렇지 않을 때, 즉 다수의 생각과 같은 방향으로 생각하는 현상.

086 후광 효과 Halo Effect

얼굴이 예쁜 여자가 성격도 좋다

> **정의** 어떤 사람의 특성 평가가 그 사람의 다른 특성으로 영향을 받는 현상. 예를 들어 지적인 영역에 관해 평가를 내릴 때 그 사람의 신체적 매력에 영향을 받아, 잘생긴 사람은 머리도 좋을 것이라고 생각하는 것이 후광 효과이다. '할로 효과'라고도 한다.

미국의 행동심리학자인 에드워드 손다이크Edward L. Thorndike는 1920년 연구를 통해 후광 효과를 처음으로 소개했다. 손다이크는 군대 지휘관들에게 자신의 병사들을 평가해 달라고 부탁했다. 그 결과 긍정적인 성향은 긍정적인 성향끼리, 부정적인 성향은 부정적인 성향끼리 뭉치는 높은 상관관계가 있는 것으로 나타났다. 즉 지휘관은 병사들의 특성을 평가할 때 개별 항목으로 나눠서 정확히 평가했다기보다는 사람을 전체적으로 좋은 사람, 나쁜 사람으로 나누어 평가한 듯 특성 평가가 서로 영향을 주고 있었다. 이후 사회심리학자 솔로몬 애쉬와 캐런 디옹Karen Dion 등의 추가 연구를 통해 여러 특성 중에서도 외모의 매력도가 가장 큰 영향을 주는 것으로 확인되었다.

사람들은 매력적인 외모를 가진 사람은 지적이고, 관대하고, 성격도 좋고, 집안 환경도 좋을 거라고 생각한다. 그에 비해 매력적이지 않은 사람은 아둔하고, 이기적이고, 성격도 나쁘고, 집안 환경도 나쁠 것이라고 생각한다. 그래서 사람들은 자신이 긍정적으로 보는 성향을 두루 갖췄다고 생각하는(사실상 눈으로 확인할 수 있는 신체적 매력이 많은) 사람들과 사귀려 노력한다. 그 결과 신체적으로 매력이 있는 사람은 상대적으로 인기가 많아져 사람과 함께 있는 일이 많아지고, 주위에 사람이 많다 보니 성격이 좋고 관대한 듯한 인상을 주는 식으로 긍정적 순환이 일어난다.

사회심리학자 리처드 니스벳의 1977년 연구에 따르면 인간의 판단이 후광 효과에 영향을 받는다는 사실을 실험참가자에게 교육했어도, 막상 자신이 후광 효과를 받아 다른 사람을 평가한다는 사실은 깨닫지 못했다. 즉 후광 효과는 무의식적으로 일어난다.

후광 효과는 기업에서 잘 활용한다. 여러 특성 중 가장 강점이라고 생각되는 것을 강조해서 광고하면, 다른 특성도 후광 효과에 의해 긍정적인 평가를 받을 확률이 높다. 고객 만족도 1위를 차지한 기업이라고 해서 경영 투명도나 종업원 만족도까지 높으리라는 보장이 없지만 사람들은 사회적으로 좋은 기업이라며 긍정적 이미지를 가진다. 때로는 여러 브랜드가 있는 기업이 새로운 브랜드를 출시하면서 완전히 새로운 인상을 주려고 모기업을 숨기기보다 오히려 모기업을 전면에 내세우는 것도 후광 효과를 누리기 위함이다. 기술적으로나 디자인적으로 모든 것이 똑같은 제품이라도 주문자생산방식OEM으로 대기업 마크를 붙이고 나왔을 때와 그냥 원래 개발사인 중소기업의 마크를 붙이고 나왔을 때를 비교하면 대기업 마크를 붙였을 때 더 높은 평가를 받는 것도 후광 효과 때문이다.

참고항목

- 편향 맹점: 사람들이 자신이 편향에 빠져 있음을 인지하지 못하는 현상. 즉 '인지 편향에 대한 인지 편향'.

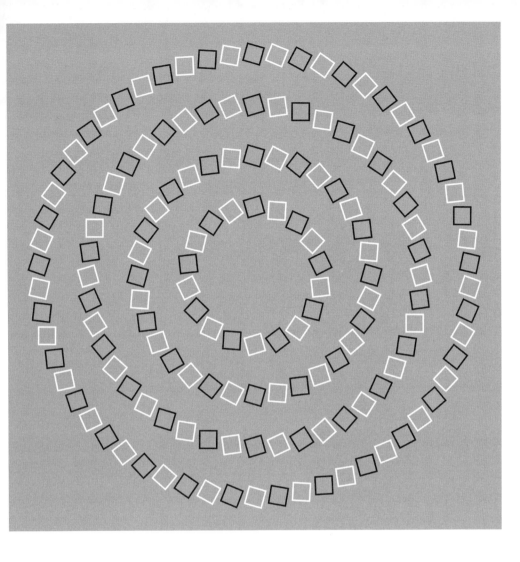

04

기억 오류

087 긍정성 효과 Positivity Effect

내 친구가 나쁜 행동을 한 데는
피치 못할 이유가 있을 거야

> **정의** 내가 좋아하는 사람의 부정적인 행동에는 상황적인 요인이 작용했다고 생각하
> 고, 긍정적인 행동에는 원래 갖고 있던 성격적인 요인이 작용했다고 생각하는 현상.

미국 하버드 대학 심리학과의 셸리 테일러Shelley E. Taylor와 주디스 코이부
마키Judith H. Koivumaki 교수는 1976년 연구에서 긍정성 효과를 증명했다.
이들은 결혼한 부부 85쌍을 대상으로 대인지각對人知覺(타인의 성격이나 욕
구, 감정, 사고 등을 인지하여 어떤 이미지를 형성하는 현상)을 실험했다. 우선 실험
참가자들에게 자신이 한 행동 중 긍정적인 것과 부정적인 것을 적게 했
다. 그리고 그 목록을 친구에게 주고 해당 행동이 상황 탓인지, 기질 탓
인지를 평가하게 했다. 친구들은 긍정적인 행동은 기질 탓이, 부정적인
행동은 상황 탓이 더 크다고 평가했다.

연구진은 평가 대상자가 친하지 않거나 원래 싫어했던 사람일수록 긍

정성 효과가 약해진다는 사실을 발견했다. 그리고 평가자가 자신의 행동을 더 정당화하는 기본적 귀인 오류 영향도 적게 받는다는 사실을 밝혀냈다. 이 실험 결과를 통해 연구진은 긍정성 효과에는 기본적 귀인 오류 이상의 정서적·동기적 요인이 작용하고 있을 것이라 해석했다.

이 연구팀의 실험 결과처럼 긍정성 효과는 정서적으로 호감도가 있는 사람에 대한 편향이다. 즉 좋아하는 사람은 더 좋아할 이유가 있도록 인지를 긍정적으로 왜곡시키는 편향이다. 반대로 자신이 싫어하는 사람이 부정적인 행동을 하면 성격 탓을 하고, 긍정적인 행동을 하면 상황 탓을 하기도 한다. 긍정성 효과의 이런 특성이 생기는 이유는 만약 내가 좋아하는 사람이 부정적인 행동을 했는데, 원래 그의 부정적 성격 탓이라고 생각하면 심리적으로 부담되기 때문이다. 그래서 자신이 좋아하는 사람은 그 사람 자체를 계속 긍정할 수 있게 인지적으로 왜곡한다.

간단한 예를 들어보자. 어떤 사람이 누군가에게 심한 욕을 해서 그쪽을 쳐다보니, 내 친구가 욕을 하고 있었다. 이런 상황에서 우리는 도저히 화를 참을 수 없는 상황적 요인이 있었을 것이라 생각한다. 상대방이 욕을 들을 만한 행동을 했거나, 그날 친구의 기분이 너무 저기압이었다거나, 마침 상황이 너무 위급해서 격해질 수밖에 없었다 하는 식으로 말이다. 그러나 자기가 모르는 사람이 욕을 하고 있었다면, 원래 품성이 바르지 않아 쉽게 욕을 내뱉은 것이라고 생각하기 쉽다. 이 순간 우리는 긍정성 효과 편향에 빠진 것이다.

긍정성 효과는 상대가 '내가 좋아하는 사람' 혹은 적어도 '내가 싫어하지는 않는 사람'이어야 발휘된다. 좋아하지 않는 사람이라면 기본적 귀인 오류에 따라 부정적인 사건에 관해서는 그 사람의 기질을 탓하기 쉽다. 그래서 상대방이 내 행동을 어떻게 평가하느냐로 그가 나를 좋아하는지 아닌지도 알 수 있다. 즉 내가 긍정적인 행동을 했을 때 "역시 너는 착한 아이야"라고, 부정적인 행동을 했을 때는 오히려 "그럴 만한 상황이었어. 그 사람은 당해도 싸. 잘했어"라고 지지를 보낸다면 일단 나를 좋아한다고 판단할 수 있다. 여기서 좋아한다는 것이 꼭 올바르다는 의미는 아니다. 때로는 부정적인 행동을 했을 때 나의 잘못된 기질을 따끔하게 지적해주는 사람이 더 진정한 친구일 수도 있는 법이다.

참고항목

■ 기본적 귀인 오류: 다른 사람의 잘못은 그 사람의 성향(내적 요인)을 탓하고, 자기 잘못은 상황(외적 요인)을 탓하는 현상.

내 그럴 줄 알았다! 사후약방문

> 정의 어떤 일이 일어난 다음에, 마치 그 사건을 진작부터 다 꿰뚫어보고 있었던 것처럼 생각하고 설명하는 성향. 사후확신 편향은 사람들이 '줄곧 알고 있었다'는 듯이 생각한다는 점을 강조하기 위해서 '준비된 전문가 효과(Knew-it-all-along Effect)'로 부르거나, 필연적 인과관계로 모든 것을 설명한다고 해서 '결정론으로 몰아가기(Creeping Determinism)'라고 표현하기도 한다. '뒷궁리 편향', '뒷북치기 설명 편향', '사후 편향', '사후인지 편향', '사후해석 편향' 등으로 다양하게 번역한다.

사후확신 편향은 카네기멜론 대학의 바루크 피쇼프 교수가 1975년에 내놓은 심리학 연구에 바탕을 두고 있다. 피쇼프 교수는 1972년 연구에서 실험참가자에게 리처드 닉슨Richard Nixon 대통령이 곧 있을 베이징 방문에서 어떤 외교 성과를 거둘지 예상해 달라고 했다.

당시는 미국이 중국을 외교적으로 인정하지 않은 상태였고, 닉슨은 강경한 반공주의자였기에 긍정적인 성과를 기대하기 어려웠다. 하지만 닉슨의 방문은 냉전시대의 긴장 완화라는 예상외의 성과를 거두었다. 피쇼프 교수는 닉슨 대통령이 귀국한 후에 같은 실험참가자들에게 예전에 그들이 예상했던 성과 내용을 떠올리게 했다. 그러자 실험참가자들은 실제보다 자신이 성과를 더 잘 예상한 것처럼 (즉 나는 그럴 줄 알았다는 식으로) 말했다. 참고로 1975년에 발표한 피쇼프의 논문 제목이 '나는 그 일이 일어날 줄 알았다I Knew It Would Happen'이다.

사후확신 편향이 일어나는 이유는 간단하다. 사람들이 어떤 사건이 발생한 다음에 마치 과거에도 현재에 알고 있는 사실(결과)을 알고 있었던 것처럼 기억을 재구성하기 때문이다. 그래서 과거에 현재(당시의 미래)를 실제보다 잘 예측했던 것처럼 설명하며, 현재의 사건도 과거의 어떤 일이 만든 인과관계 때문에 벌어질 수밖에 없던 것으로 묘사한다. 사후확신 편향에 빠진 사람의 이야기를 들으면, 그 사람의 실제 지적 능력이나 통찰력과 상관없이 그가 해당 사건을 모두 알고 있는 전문가인 듯한 기분이 든다.

사후확신 편향에는 2가지 요소가 꼭 포함된다. 첫째, 실제 사건에 관한 확률 왜곡. 둘째, 실제 사건에 관해 자신이 판단했던 내용의 기억 왜곡. 즉 특정 사건이 발생할 확률이 높았고 자기는 이미 그렇게 생각하고 있었다고 왜곡하는 것이다.

사후확신 편향은 점쟁이 같은 사람들이 잘 활용하는 편향이다. 또한 일반인이나 전문가도 자주 빠지는 편향이다. 예를 들어 2007년 미국발 경제 위기를 미리 점친 사람은 별로 없었다. 하지만 일단 사건이 터지자, 왜 그런 일이 일어날 수밖에 없었는지 설명하는 사람이 많아졌다. 심지어 왜 하필 그 시기에 벌어질 수밖에 없었는지까지 말이다. 하지만 그들이 그렇게 확신을 하고 철석같이 믿었다면 선물 주식 상품에 투자해서 엄청난 차익을 남겼을 것이다.

일상생활에서도 "내가 그럴 줄 알고 있었어!" 하며 사후확신 편향이 쳐놓은 덫에 폴짝 뛰어드는 사례를 쉽게 만난다. 이 덫에서 벗어나고 싶다면 과거 시점의 정확한 기억이 필요하다. 그러나 시시각각 변하는 뇌에 저장되고 그때그때 맥락에 따라 재구성되는 기억의 특성상 정확한 기억이라는 것은 애초에 불가능하다. 따라서 어떤 사건을 바라볼 때는 사후에 확인된 하나의 인과관계에만 시선을 고정하지 말고 여러 가지 가능성을 고려하면서 보려고 노력하는 수밖에 없다.

참고항목

- 가용성 휴리스틱: 모든 정보를 골고루 탐색하는 것이 아니라 현재 상태에서 가용한 정보만을 토대로 판단하는 것.
- 대표성 휴리스틱: 사건의 발생 확률을 정확히 판단하는 것이 아니라, 사례가 얼마나 모집단을 대표하는지 즉, 제시된 정보가 얼마나 그럴듯한지를 바탕으로 타당성을 쉽게 평가하는 것.

089 생소 기억 Cryptomnesia

이런 일 난생처음이야

정의 과거에 이미 체험한 사실이 있는데도 기억하지 못하고 전혀 새로운 체험으로 느끼는 것. 어떤 것이 머릿속에 떠올랐을 때 예전의 경험을 떠올리며 그것이 과거에 봤던 것임을 기억하는 게 자연스러운 기억 과정이지만, 생소 기억은 그런 명시적 기억 인식 없이 망각했던 기억이 돌아와 지금 보는 것을 생소한 것으로 파악하는 것이다. 영어에서 어근 'crypto-'가 '비밀의, 숨은, 정체를 감춘' 등의 의미이므로 '잠복 기억'이라고도 번역한다. 그러나 잠복은 그저 잠재되어 있다는 느낌만 주는 단어라서 생소하게 체험되는 것처럼 느껴진다는 의미를 강조하고자 생소 기억으로 표현하였다.

미국 심리학자 알란 브라운Alan S. Brown과 데이나 머피Dana R. Murphy 박사는 1989년의 실험연구를 통해 생소 기억을 증명했다. 연구진은 실험참가자 4명을 한 조로 묶어 특정 범주의 사례들을 만들어보게 했다. 예를 들어 '새'가 범주로 제시되면 실험참가자들은 앵무새, 구관조 등의 사례를 대는데, 1명이 사례를 제시하면 같은 조의 다른 3명이 차례대로 자신의 사례를 제시하는 식이었다. 사례를 만든 다음에는 자기가 내놓은 사례를 회상해서 종이에 적게 했다. 그리고 자기가 회상한 사례의 개수

만큼 새로운 사례를 만들어내게 했다. 그런데 실험참가자들은 다른 사람이 이미 제출한 사례임을 알아채지 못하고 그것이 새로운 사례라고 목록에 넣었다. 그 비율은 전체 신규 목록의 약 3~9퍼센트였다. 즉 본의 아니게 표절한 것이다.

실험 상황이 아니어도 생소 기억에 의한 표절의 예는 쉽게 찾을 수 있다. 머릿속에서 어느 날 멋진 구절이 떠올라 좋다고 글을 쓴 작가는 그 구절이 예전에 본 유명한 책에 있던 것임이 밝혀져 표절작가로 내몰리기도 한다. 그에게 명백히 표절 의도가 없었다면 그는 생소 기억에 빠진 것이다. 즉 과거에 본 것이 다시 기억났다는 사실을 인지하지 못하고 해당 구절을 새로운 것으로 여겨 실수를 저지른 것이다. 오래전 작곡했던 자기 노래의 한 구절을 떠올리고는 새로운 영감을 받았다고 좋아하는 작곡가, 예전에 들었던 농담을, 그것도 그 농담을 들려준 사람 앞에서 마치 자기가 새로 생각해낸 것처럼 이야기하다가 무안을 당하는 개그맨이나 사회자 등이 모두 생소 기억에 빠진 사례이다.

생소 기억은 기억 대상의 원천이 무엇인지를 인식하는 능력이 손상되어 나타난다. 즉 다른 사람이 만들거나 자신이 예전에 만들었던 원천을 인식하지 못하면 생소 기억 편향이 일어난다. 정상인도 스트레스가 많거나 과제가 복잡해서 인지적 과부하가 걸리면, 원천을 탐색할 인지적 자원이 남아 있지 않아 인식에 실패해서 생소 기억 편향에 빠지게 된다. 인지적 과부하뿐만 아니라, 시간이 너무 많이 흘러 출처를 확인할 수 없는 경우에도 생소 기억은 일어난다. 생소 기억은 평소 아이디어의 출처에 주의를 기울이는 습관이나 의도적 노력으로 개선할 수 있다.

최근에는 인터넷 검색 엔진이 발전하여 자신의 아이디어가 다른 사람의 아이디어와 겹치지 않는지, 그 아이디어를 예전에 본 것은 아닌지 확인할 수 있다. 이를 적극적으로 활용하면 본의 아니게 표절 시비에 휘말리는 위험에서 벗어날 수 있을 것이다.

> **참고항목**
>
> ■ 오기억: 과거에 일어나지 않은 사건을 일어났다고 생각하며 기억 속에서 꺼내는 현상. 즉 실제 기억이 아니라 자신이 기억하고 있다고 믿는 착각이다.

090 선택 지지 편향 Choice-supportive Bias

나는 항상 최고의 선택을 했어

> **정의** 어떤 결정을 내린 후에 그 결정이 최고의 선택이었다고 기억을 왜곡하는 것. 또한 자기가 선택하지 않은 옵션은 더 나쁜 것이었다고 왜곡하기도 한다.

삶은 선택의 연속이다. 유일한 대안을 어쩔 수 없이 받아들이는 순간이 없는 것은 아니지만, 대개는 여러 선택 사항 중에서 하나를 골라야 한다. 물론 그 선택이 가장 좋다는 보장은 어디에도 없다. 하지만 시간이 지나고 나서 과거의 결정을 돌이켜보면 왠지 그때 그 결정이 최고의 선택이었던 것처럼 생각되곤 한다. 바로 선택 지지 편향 때문이다.

선택 지지 편향에 빠지면 자기 선택에 만족하며 그런 결정을 내린 자기 자신을 인정하게 되고, 나쁜 결정을 했다는 후회에 빠지지 않는다. 그래서 사람들은 오류라는 걸 알면서도 심리적 이득이 많은 선택 지지 편향에 무의식적으로 빠진다.

어떤 물건을 산 다음에 자신의 결정을 합리화하는 사후 구매 합리화 편향도 넓게 보면 선택 지지 편향이다. 하지만 사후 구매 합리화가 부정적인 결과의 방어로 나오는 데 비해, 선택 지지 편향은 좀 더 중립적인 선택 결과에서도 일어난다는 차이가 있다.

예를 들어 화장품 가게에서 보통 수준의 화장품을 산 소비자가 있다고 하자. 그가 나중에 자기 화장품을 보면서 가격 면에서도 만족스럽고 품질도 가격 대비 최고이고 피부와도 잘 맞는다며, 여러 기준에서 모두 합격점을 받아 산 것처럼 생각한다면 선택 지지 편향에 빠진 것이다. 그 화장품을 사려고 화장품 가게를 방문한 것이 아니며, 여러 화장품을 둘러보았을 때 지금 만족스러워하는 기준들을 놓고 조목조목 따진 것도 아니면서 마치 과거에 그랬던 것처럼 기억을 왜곡하는 것이다.

선택 지지 편향은 인간관계나 인상평가에도 큰 영향을 미친다. 미국 프린스턴 대학의 마라 매더Mara Mather, 엘더 샤피르Eldar Shafir, 마샤 존슨Marcia K. Johnson 박사는 실험참가자가 면접관이 되어 가상의 입사지원자 2명 중 1명을 선택하는 실험을 했다. 각 지원자의 입사서류에는 장점과 단점이 4개씩 적혀 있었다. 그런데 나중에 실험참가자에게 지원자에 관한 기억을 떠올려보게 했더니 자신이 선택한 입사지원자에게 더 많은 장점이 있었다고 대답했다. 반대로 자신이 선택하지 않은 입사지원자는 단점이 더 많았다고 기억했다.

이들의 연구에 의하면, 선택 지지 편향은 나이가 들수록 더 강해지는 특성을 보인다. 노인일수록 자기 선택을 합리화하는 데 능했으며, 자신의 선택이 최선이었다고 믿는 경향도 강했다. 예전에는 명백한 단점이 보였지만 일단 결혼해서 부부가 되면 정을 붙이고 나름대로 행복하게 살게 되더라는 어른들의 속설이 터무니없는 말이 아니다. 사람은 자신의 신택을 지지하는 방향으로 기억을 왜곡하는 성향이 있기 때문이다.

참고항목

■ 사후 구매 합리화: 비싼 물건 혹은 결점이 있는 물건 등을 사거나, 주문을 잘못한 다음에 자신의 구매 행동을 합리화하는 것.

091 오기억 False Memory

나는 내가 지난여름에
한 일을 잘 모르고 있다

> **정의** 기억은 과거의 경험을 다시 꺼내는 것이지만 실제 과거에 일어나지 않은 사건을
> 일어났다고 생각하며 기억 속에서 꺼내는 것. 즉 실제 기억이 아니라 자기가 기억하고
> 있다고 믿는 착각이다. '틀린 기억', '잘못된 기억'이라고도 한다.

기억하는 어떤 사건의 내용이 생생할수록, 세부사항까지 잘 기억나고 그 기억의 출처까지 확실하다고 여길수록, 자신의 기억이 사실이라고 믿기 쉽다. 하지만 오기억 연구에 따르면 이런 모든 조건을 충족하더라도 내가 기억하는 바가 진짜가 아닐 수도 있다.

1990년대 유년 시절의 기억을 문제 삼은 법정 소송이 심각해지자 오기억 연구가 활발해지고 인식이 확대되었다. 1980년대와 1990년대에 심리치료사를 찾은 미국 여성의 상당수가 자신을 괴롭히는 심리적 문제의 근원을 찾다가 어린 시절 부모나 친척에게 당한 성추행 기억을 되찾았다. 그들은 아주 생생하고 상세한 기억 내용에 정서적 충격을 받고 가

해자를 고발했다. 기억 회복과 치유에 관한 책들은 베스트셀러가 되었고, 이에 자극을 받아 유년 시절의 상처를 발견한 사람들의 소송이 줄을 이었다. 심지어 유년 시절 기억뿐만 아니라 전생 치료라는 이름으로 전생의 기억까지 파헤쳐 심리적 안정을 찾으려는 시도가 인기를 끌었다.

그런데 심리치료사를 찾기 전에는 한 번도 떠올린 적 없는 기억들이 왜 그때 쏟아져 나온 것일까?

미국 UC 어바인 대학 (심리학, 범죄학, 인지과학과) 엘리자베스 로프터스 Elizabeth F. Loftus 교수가 수십 년간 연구한 내용에 따르면 인간의 기억은 상당히 부정확하다. 그는 심리치료사가 '억압된 기억의 회복'을 촉진하는 과정에서 복잡한 사회문제가 발생한 것에 관하여 과학적으로 올바른 해결책을 제시할 필요가 있다고 생각하며 이 문제에 뛰어들었다.

1993년 로프터스 교수는 간단한 실험을 했다. 우선 실험참가자들에게 그들의 유년 시절의 기억 3가지를 소재로 구성한 소책자를 읽게 했다. 유년 시절의 기억은 실험참가자의 가족에게 미리 받았는데, 사실 진짜 기억(각자 유년 시절에 실제 겪은 사건) 2개와 가짜 기억(쇼핑몰에서 길을 잃어버린 기억) 1개가 섞여 있었다. 로프터스 교수는 소책자를 읽은 실험참가자들에게 자신이 직접 기억하는 내용을 상세히 적되 기억나지 않는 내용은 적지 말라고 했다. 논리적으로 생각한다면 실험참가자들은 진짜 있었던 일에 관한 기억만 적고, 연구자가 일부러 만들어 놓은 쇼핑몰에 관한 기억은 적지 않아야 한다.

그러나 전체 실험참가자 중 25퍼센트는 자신이 쇼핑몰에서 길을 잃어버린 기억이 난다며 상세히 묘사하고 정서적 충격을 토로하기도 했다. "어머니가 다시는 그러지 말라고 했어요." "그날 저는 너무 놀라서 가족을 두 번 다시 못 보는 줄 알았어요. 큰일이 생겼다는 것을 알았죠." "장난감 가게에 들어갔다가 길을 잃었어요. 전 주변을 두리번거리며 큰일 났다고 생각했죠. 다시는 가족을 보지 못할 것 같았어요. 정말 무서웠죠. 그때 파란색 옷을 입은 어떤 할아버지께서 제게 다가왔어요. 꽤 나이 드신 분이었죠. 머리는 희끗희끗한 회색이었는데 많이 벗겨졌고, 안경을 쓰고 계셨어요."

생생하고, 자세하고, 정서적 충격까지 또렷이 남아 있다. 진짜 있었던 일이라고 믿기 쉽다. 하지만 모두 연구자가 심어 놓은 가짜 기억에 따라 자신이 만든 기억, 즉 오기억이다. 연구자가 실험실에서 나눠준 소책자를 보기 전에는 한 번도 꺼내지 않은 기억이었다는 점에 주목해야 한다. 마치 심리치료사를 찾은 여성들이 그동안 한 번도 꺼내지 않았던 성추행 기억을 떠올린 것처럼 말이다. 로프터스 교수는 그 어떤 유도질문도 하지 않았고, 기억나지 않는 것은 아예 적지 말라고까지 말했지만 이런 놀라운 결과를 얻었다.

하지만 심리치료사의 경우, 억압된 기억을 찾아야 한다며 유년 시절의 기억에 관한 단서를 먼저 던진다. 영화나 신문기사에서 봤던 유아 성추행 장면과 자신의 경험이 교묘하게 결합하면서 혹시 그랬을 수도 있다는 생각이 들면 점점 기억을 만들어낼 수도 있다.

로프터스 교수는 다른 연구에서 어린 시절 디즈니랜드에 가본 적이 있는 학생들에게 그곳을 구경하는 장면을 찍은 광고 사진을 보여주었다. 그 사진에는 벅스 버니가 한 아이의 손을 잡고 서 있었다. 광고 사진을 보여준 연구진은 학생들에게 어린 시절 디즈니랜드에서 벅스 버니를 만난 장면을 구체적으로 묘사해보라고 했다. 실험에 참가한 학생 중 62

퍼센트가 벅스 버니와 악수했다고 기억했고, 45퍼센트는 벅스 버니와 포옹했다고 기억했다. 어떤 학생들은 벅스 버니의 귀나 꼬리를 만져보았다고 기억했다. 심지어 벅스 버니에게 당근을 준 일도 생생하게 기억하는 학생이 있었다. 실제로 그 학생이 아주 뛰어난 기억력을 지녔을 수도 있다. 하지만 문제는 벅스 버니는 워너브러더스의 고유 캐릭터이므로 디즈니랜드에서는 절대 만날 수 없다는 것이다. 그 광고 사진은 가짜였다. 결국 실험에 참가한 학생들의 기억 역시 가짜였다.

흔히 상황을 자세히 묘사하면 더 사실에 가까울 것이라 (남이나 본인 자신이) 생각하지만 실제로는 전혀 아니다. 우리의 기억은 외부 환경을 수동적으로 복사해두었다가 '꺼내는 것'이 아니라, 계속 의미를 능동적으로 재구성하게 프로그래밍 되어 있어서 얼마든지 생생하게 기억을 '만들어 낼' 수 있다. 로프터스 교수뿐만 아니라 많은 인지심리학자가 기억은 밀랍처럼 한 번 본을 뜨면 정확히 형태가 남는 특성이 있는 것이 아니라 '분필과 지우개로 끊임없이 썼다 지웠다 하는 변화무쌍한 칠판'과 같다고 설명한다.

로프터스 교수가 1996년 발표한 저서 《우리 기억은 진짜 기억일까?: 거짓기억과 성추행 의혹의 진실The Myth of Repressed Memory: False Memories and Allegations of Sexual Abuse》에는 다양한 오기억 사례가 소개되어 있다. 어린 시절에 홀로코스트에서 겪은 생생한 체험을 책으로 펴내 찬사를 받았지만 그 모든 기억이 거짓으로 드러난 빌코미르스키의 사례나, 외계인에게 납치되었다가 구사일생으로 탈출한 체험자들의 사례 등.

가장 인상적인 사례는 1988년에 무자비한 살인범이자 가족을 성추행하고 사탄을 숭배한 인간 말종으로 두 딸에게 고발당한 폴 잉그램Paul

Ingram의 이야기이다. 경찰은 아빠가 자신들을 학대했다는 딸들의 진술을 믿고 폴 잉그램을 체포해서 계속 신문했다. 죄를 지었다는 가정 아래 죄를 사실대로 자백하라는 신문이 계속되자 결국 잉그램은 굴복하였다. 오랜 신문으로 심신이 약해진 잉그램은 경찰이 유도신문을 하는 대로 자신의 기억을 만들어냈다. 물론 본인은 그게 어렴풋해서 사실인지 꿈인지 영화인지 신문기사 속 내용인지 구별을 할 수 없었지만 말이다.

로프터스 교수는 피암시성Suggestibility 전문가에게 잉그램을 방문해 달라고 부탁했다. 피암시성 전문가는 잉그램에게 그의 아들과 딸이 그를 고소했고, 죄목은 그가 보는 앞에서 딸과 아들에게 성행위를 강요했기 때문이라고 전했다. 잉그램은 처음에는 범행을 부인했다. 하지만 피암시성 전문가가 "그 장면을 떠올려 보세요"라고 다그치자 다음 날 기억이 났다며 범행을 자백했다.

그러나 고소 내용은 가짜였다. 피암시성 전문가가 꾸며낸 이야기였다. 그는 잉그램이 이전에 한 모든 자백도 자신이 만든 가짜 기억처럼, 유도신문을 한 결과 상세하게 기억을 만들어내 자백한 것에 지나지 않으며, 이 기억을 바탕으로 유죄라고 판단하면 안 된다는 보고서를 제출했다. 그리고 잉그램의 변호인들이 사건을 더 자세히 살펴보니, 딸들이 기억한 실제 살인 사건에는 사건을 보도한 신문기사의 오류까지 그대로 포함되어 있고, 앞뒤가 맞지 않으며, 자꾸 내용이 재구성되는 등 문제가 많았다. 결국 잉그램은 무죄로 풀려났다.

로프터스 교수는 오기억은 작은 암시로도 만들어질 수 있으니 주의해야 한다고 강조한다. 그러나 오기억이라고 해도 본인은 모두 사실이라고 철석같이 믿는다. 로프터스 교수의 실험참가자들도 실험이 끝난 다음에 해당 기억이 거짓말이었다는 말을 듣고 깜짝 놀랐고, 심지어 부정하려고까지 했다.

　사람들은 유도 질문에 의해 기억 내용을 재구성하는 경우가 아주 많다. 로프터스 교수는 1975년과 1978년에 실시한 실험에서 자동차 사고 장면을 실험참가자에게 보여주고 3가지 다른 조건으로 질문했다. 첫 번째 집단에는 "방금 두 대의 자동차가 달려오다가 세게 쾅 하고 부딪히는 동영상 보셨죠? 자동차가 달려오는 속도가 어느 정도였나요?"라고 묻고, 두 번째 집단에는 "방금 두 대의 자동차가 달려오다가 탕 하고 부딪힌 동영상 보셨죠? 자동차가 달려오는 속도가 어느 정도였나요?"라고 묻고, 마지막 세 번째 집단에는 "방금 두 대의 자동차가 달려오다가 살짝 접촉사고 난 동영상 보셨죠? 자동차가 달려오는 속도가 어느 정도였나요?"라고 물었다.

　실험참가자들은 모두 똑같은 동영상을 봤는데도 답변은 질문 내용에 따라 달랐다. 첫 번째 집단은 시속 90킬로미터, 두 번째 집단은 시속 65킬로미터, 세 번째 집단은 시속 50킬로미터라고 답했다. 추가 질문으로 "아까 교통 신호등이 노란색이 아니었나요?"라고 물어보면 신호등이 실제로 빨간 불이었음에도 실험참가자들은 그것이 노란 불이었다고 기억했다.

　다른 연구에서는 텅 빈 거리에 복면한 남자가 등장하는 영화를 보여주고 "그 남자의 얼굴에 수염이 있었던 것을 기억하십니까?"라고 물으면, 대부분의 실험참가자는 남자 얼굴에 수염이 있었다고 기억했다. 하지만 실제로는 복면을 쓰고 있었다. 목격자 증언을 신뢰하기 어려운 이유가 이렇듯 유도신문뿐만 아니라 가짜 자극에 의한 자발적 회상 사례에서(디즈니랜드의 벅스 바니, 쇼핑몰에서 길 잃기) 살펴본 것처럼 인간은 기본적으로 오기억이 발생하기 쉬운 인지적 특성이 있기 때문이다. 같은 상황에 있더라도 사람들은 기억을 되살릴 때 주어진 주변 환경이나 필요, 유도에 따라서 기억을 재구성하는 경향이 강하다. 그리고 그렇게 재구성한 기억이 실제 있었던 일이라고 믿는다.

특정 방향으로 기억하라는 요구를 받을 때는 특별히 조심해야 한다. 압력에서 벗어나 가급적 자유로운 상태에서 기억하려 해야 그나마 오기억을 막을 수 있다. 특히 예전에 잘 기억나지 않았던 것이 갑자기 기억났다면 그것이 오기억이 아닌지 의심해봐야 한다. 가장 좋은 것은 자신의 기억에만 너무 의지하지 않는 것이다. 다른 사람의 기억과 대조하고, 객관적 자료와 비교하는 노력이 필요하다.

092 일관성 편향 Consistency Bias

너는 예전부터 이랬어

> **정의** 어떤 사람이 현재 지니고 있는 특성을 보고 그 사람은 마치 예전부터 그래 왔다고 보는 현상. 일관성 편향은 사람을 대할 때 편견을 갖게 하는 근원으로 손꼽힌다.

일관성 편향은 미국 하버드 대학 심리학과의 대니얼 샥터Daniel Schacter 교수가 1999년에 출간한 《기억의 일곱 가지 죄악The Seven Sins of Memory》에서 소개한 편향이다. 이 편향은 현재와 닮은 것으로 과거의 기억을 재구성한다.

그렇다면 왜 기억을 재구성하면서까지 편향을 만드는 것일까? 어떤 사람의 면면을 매번 주의 깊게 관찰해서 평가하는 일은 제한된 심적 자원을 가진 인간에게 심리적으로 부담이 된다. 하지만 기억을 재구성해서 일관된 사람(원래 그랬던 사람)이라고 생각하면 자신의 신념이 정확하다는 만족감을 얻을 수 있다. 또한 사람들은 과거의 일을 정확히 기억하지 못하므로 현재 관찰할 수 있는 태도와 행동에서 과거의 것을 추론할 수밖에 없어 일관성 편향이 쉽게 일어난다.

1998년 미국의 심리학자인 일레인 샤퍼Elaine Scharfe와 킴 바솔로뮤Kim Bartholomew 박사는 커플들에게 애착 패턴에 관한 객관적인 질문지를 보고 자신들의 관계에 해당하는 사항과 그 정도를 답해 달라고 했다. 실험에 참가한 커플들의 평균 연령은 24.5세로 한창 혈기왕성한 청년들이었다. 질문지는 "내가 적극적으로 스킨십을 시도한다" "상대방이 먼저 데이트 시간을 결정한다"와 같은 연인 관계에서 일어날 수 있는 여러 상황에 관한 질문으로 구성되어 있었다.

8개월 후, 연구진은 다시 실험참가자들을 불러 현재 연인 간의 애착 정도를 생각해서 질문지에 답하게 했다. 여기까지는 이전에 실시한 실험 내용과 똑같다. 하지만 이번에는 현재 상태뿐만 아니라 8개월 전의 애착 관계를 기억해서 질문지에 답해 달라고도 했다.

첫 번째 실험 후 8개월이 지난 시점에서 받은 실험참가자의 질문지를 분석한 결과, 현재 상태와 과거 상태에 관한 응답의 78퍼센트가 겹쳤다. 그러나 8개월 전에 실제로 자신들이 응답했던 것과는 차이가 있었다. 실험참가자의 59퍼센트만이 8개월 전에 실제로 자신이 응답한 내용과 현재 기억하는 내용이 일치했다. 연구진은 응답 결과를 세부적으로 분석했고, 그 결과 사람들은 현재 애정 상태에 따라 과거의 기억도 달라지는 일관된 패턴을 보인다는 사실이 밝혀졌다.

보통 안 좋게 헤어진 상대를 여러 면에서 나쁘게 기억하는 사람이 많다. 분명히 처음에 만날 때는 좋은 면이 보여서 만났을 텐데도, 원래부터 지금과 같은 문제가 있었다고 기억하면서 상대를 부정적으로 평가한다. 반대로 현재 긍정적으로 보는 상대방은 과거도 긍정적으로 기억한다. 이런 일관성 편향은 우울증에도 영향을 미친다. 우울증에 걸린 사람은 현재 상태가 좋지 않으므로 옛날 경험을 당시에 실제로 느꼈던 것보다 어둡게 기억한다. 그래서 자신은 우울한 일이 많다고 생각하며 늪에 빠져든다. 반대로 행복한 사람은 옛날 경험을 당시에 실제로 일어난 것보다 즐거운 일이 많았다고 기억한다.

영국의 대문호 윌리엄 셰익스피어는 "끝이 좋으면 모든 것이 좋다"라고 일찍이 이야기했다. 일관성 편향에 딱 들어맞는 이야기가 아닐 수 없다. 미국 프린스턴 대학 심리학과 교수이자 노벨 경제학상 수상자인 대니얼 카너먼 교수는 간단한 예로 이 현상을 설명한다.

"오디오로 클래식 음악을 들으며 기분 좋은 시간을 보내고 있었다. 그런데 곡의 마지막 부분에 이르러서 '끼익' 하는 소음이 나며 곡이 끝나버렸다면 여러분은 어떻겠는가?"

음악은 오랜 시간 즐겼고, 소음을 들은 건 상대적으로 훨씬 짧은 시간이다. 즉 좋은 기억과 나쁜 기억의 양이 다르다. 하지만 상대적으로 훨씬 더 긴 시간 동안 그 음악으로 좋은 시간을 보냈음에도 종료 직전의 소음이 모든 것을 망쳐버렸다고 기억한다. 현재 상태에서 과거의 것까지도 판단하는 일관성 편향이 강하게 작용하기 때문이다.

일관성 편향은 정치적 편향을 만들어내기도 한다. 1986년 미국 미시간 대학 심리학과의 그레그 마커스Greg Markus 교수는 정치적 편향의 근원을 연구했다. 그는 1973년과 1982년에 수집한 898명의 부모와 1,135명의 자녀, 즉 두 세대의 정치적 견해에 관한 방대한 자료를 분석했다(여기에서 정치적 견해는 성 평등, 기소권, 마약 합법화 등의 이슈에 관한 것이었다). 그 결과, 부모와 자식은 모두 시간이 지날수록 더 보수적이 되는 것으로 밝혀졌다. 그런데 1982년 조사에서 9년 전인 1973년 설문에 답한 자신의 견해가 어땠는지 회상하라고 하면 3분의 2는 과거에도 자신이 현재와 같은 견해였다고 답했다. 실험참가자의 3분의 1만이 9년 전 자신의 견해를 정확히 기억하고 있었다. 또한 당시 특정 사안에 관한 견해를 '매우 그렇다'에서 '전혀 그렇지 않다'까지 동의했던 정도에 따라 7점 만점으로 평가하게 하자, 3분의 2는 3점 이상 차이가 날 정도로 잘못 기억하고 있었다. 나머지 3분의 1도 3점 차이 이내이기는 하지만 여전히 잘못 기억한 것은 마찬가지였다.

마커스 교수의 연구에 따르면 사람들은 현재의 정치적 입장과 가장 가까운 방향으로 자신의 과거 태도를 재구성한다. 그래서 자기 자신의 정치적 견해가 급변했다는 사람이 적은 것이다. 실제로는 바뀌었더라도 본인은 그렇게 생각하지 않는다는 점에서 명백한 편향이다. 마커스 교수는 일관성 편향이 대부분 작용하지만, 특정 사안에 관해서 특별한 감정이 실려 더 생생한 기억을 갖고 있으면 과거의 견해에 관해서 정확히 회상할 확률이 예외적으로 크다고 밝혔다. 자신이 어떤 일의 피해자가 되거나, 가족이 손해를 보았다면 현재의 견해에 따라 과거의 견해를 쉽게 재구성하기 어려운 법이다.

참고항목

■ 부정성 효과: 어떤 사람이 나쁜 행동을 한 원인이 그 사람에게 원래 내재된 부정적 특성이 많았기 때문이라고 쉽게 판단해버리는 현상.

093 자이가르니크 효과 Zeigarnik Effect

이루어지지 않은 첫사랑은
왜 잊을 수 없을까?

> **정의** 미완성 과제에 관한 기억이 완성 과제의 기억보다 더 강하게 남아 판단에 영향을 주는 심리적 현상. 완성 과제는 진행 과정과 결과물 등의 정보량이 미완성 과제보다 더 많을 수 있는데 미완성 과제에 관한 정서적 애착이 강하게 남아 판단 결과를 좌우하는 것이다.

자이가르니크 효과는 러시아의 심리학자 블루마 자이가르니크Bluma Zeigarnik의 성에서 유래했다. 자이가르니크는 1927년 연구에서 실험참가자에게 구슬 꿰기나 퍼즐 풀기 같은 간단한 과제를 주었다. 그런데 한 집단은 20개 과제 모두를 끝까지 풀게 했지만, 다른 한 집단은 중간에 과제 해결을 멈추게 했다. 그러고 나서 실험참가자들에게 기억나는 과제가 무엇인지 물어보았다. 실험 결과, 과제를 끝까지 수행한 참가자보다 중간에 방해받은 참가자들이 거의 두 배 더 많은 것을 기억했다.

1982년에 미국 심리학자인 케네스 맥그로우Kenneth O. McGraw와 지리나 피알라Jirina Fiala 박사는 자이가르니크의 실험보다 훨씬 어려운 퍼즐로 과제를 바꾸어 실험했다. 또한 자이가르니크처럼 과제 완수 50퍼센트 지점에서 멈추게 한 것이 아니라, 거의 과제가 완수되기 직전 시점인 90퍼센트 지점에서 멈추게 했다. 머리를 많이 쓰게 해서 기억할 수 있는 것이 많아지도록 말이다. 그랬어도 실험 결과는 자이가르니크의 연구와 마찬가지였다. 사람들은 얼마나 오래 했느냐의 문제가 아니라 완성하지 못했다는 이유만으로 더 많은 것을 기억했다. 과제를 수행한 경험은 과제를 끝까지 마친 사람에게 더 많을 수밖에 없는데도 말이다.

자이가르니크 효과가 가장 잘 들어맞는 것은 시리즈 영화와 텔레비전 주말 연속극이다. 사람들은 완결된 이야기보다 절정의 순간에 '속편에 계속' 혹은 '다음 회에 계속'이라고 나오는 것에 마음을 더 많이 빼앗긴다. 그리고 영화는 최소 1년을 기다리고, 연속극은 일주일을 기다려 기억에 남아 있는 궁금증을 해결해야 직성이 풀린다.

영국 작가 찰스 디킨스Charles Dickens는 사람들이 미완성 이야기에 더 매력을 느낀다는 특성을 잘 알고 있었다. 그래서 작품 대부분을 처음부터 하나의 완결된 이야기로 출판한 것이 아니라 작은 시리즈로 잘라서 출간했다. 덕분에 그의 다음 이야기가 궁금한 미국 독자들은 뉴욕 항에 모여 조금이라도 빨리 책을 받으려고 줄을 섰다. 감질나게 책을 낸다며 항의를 받았지만 찰스 디킨스는 그 방법을 지켰다. 그것은 독자의 재미를 위한 것이기도 했다. 나중에 시리즈를 모아 오늘날 우리가 보는 완성된 이야기 형태로 책을 출간하기는 했지만, 찰스 디킨스가 당시에 시리즈를 잘게 나눠 이야기를 출판한 직관은 심리학자도 감탄할 만한 수준이었다.

사람들은 미완성에 매달린다. 미완성으로 끝난 첫사랑도 잘 기억한다. 아내가 입은 옷은 잘 기억나지 않지만 10년 전에 만난 첫사랑이 입었던 옷, 했던 말, 심지어 향기까지 다 기억한다. 회사에서 한 달 전에 낑낑대며 잘 처리한 일은 "그때 내가 뭐 했더라" 고개를 갸웃거리며 기억을 짜내지만 3년 전에 열심히 하다가 중단된 프로젝트에 관해서는 "그때 말이야, 내가……" 하며 처음부터 끝까지 줄줄 읊어댄다. 처음부터 끝까지 친절하게 설명한 이메일을 자세히 보기보다는, 이메일에 붙어 있는 '자세한 사항은 아래 버튼을 클릭하세요'라고 쓴 링크를 호기심을 갖고 눌러 살펴보는 것을 선호한다.

적당히 비어 있는 것이 완전한 채움보다 낫다는 것은 비단 고대의 동양 철학자인 노자의 가르침만이 아니다. 현대 심리학의 연구 결과이기도 하다.

094 장밋빛 회상 Rosy Retrospection

아무리 그래도 그때가 좋았지!

> **정의** 과거에 있었던 일을 그 당시보다 더 긍정적인 방향으로 평가하는 현상. 부정적으로 평가했던 것은 긍정적으로, 긍정적인 것은 더 긍정적으로 평가하는 식으로 과거를 미화한다.

사람들은 곤궁함이나 엄격한 사회적 제약을 겪던 당시에는 현실이 숨을 옥죄는 것처럼 답답하다고 했으면서도 나중에 회상할 때는 "그래도 그때는 낭만이 있어서 살 만했다"라며 긍정적으로 평가하는 경우가 많다. 장밋빛 회상 편향은 식민지 시대나 독재자 혹은 강압 정치에 피해를 보았으면서도 그 시절을 긍정적으로 평가하거나, 치과 치료에 관한 기억이 치료 직후보다는 긍정적으로 변해 가벼워진 마음으로 치과에 갈 수 있게 하는 원인이 되기도 한다. 이 같은 장밋빛 회상 편향은 아주 부정적인 사건보다는 대개 긍정적인 면이 어느 정도 있었던 사건에 더 효과적으로 나타난다.

그렇다면 왜 장밋빛 회상 편향이 생기는 것일까? 일단 사람은 부정적인 것보다 긍정적인 것을 선호한다. 그리고 무언가를 혐오하는 감정을 계속 지니고 있는 것도 스트레스이기 때문에 부정적인 면에 관한 분노나 혐오는 긍정적인 측면보다 더 빠르게 사라진다. 그래서 전체적으로 사건 내용에 관한 기억이 흐려지더라도 유독 부정적 측면이 실제 경험한 것보다 훨씬 줄어든 것으로 인식되어 결국 상대적으로 많이 남아 있는 긍정적인 측면을 바탕으로 다시 평가하게 된다.

미국 워싱턴 대학 경영학과 토렌스 미첼Terence Mitchell 교수와 노스웨스턴 대학 경영학과의 리 톰슨Leigh Thompson 교수 등의 1997년 공동연구에 따르면, 사람들은 자신의 경험에 3가지 반응을 보인다. 첫 번째는 장밋빛 예견Rosy Projection이다. 장밋빛 예견은, 어떤 일이 생긴다고 가정할 때 자신이 만족할 수 있는 정도를 실제보다 더 긍정적으로 보는 편향이다. 예를 들어 집을 사면 아주 좋을 것이라고 생각한 사람도 막상 집을 산 후 직접 살아보면 그 만족감이 생각했던 것만큼 대단하지 않거나 오래가지 않는다. 두 번째는 평가절하Dampening이다. 이는 현재 경험하고 있는 사건의 긍정성을 최소화하는 편향이다. 청년들에게 현재 자신이 겪고 있는 일들에 관해 물어보면 이것저것 성에 차지 않는 것을 나열하거나 혼란스럽다고 토로하지만, 제3자가 듣기에는 나름대로 자유롭고 긍정적인 부분이 있다. 하지만 정작 본인은 해당 사건들에서 얻을 수 있는 쾌락이나 긍정적인 측면을 별것 아니라고 보기 때문에 나오는 반응이다. 세 번째가 바로 장밋빛 회상이다.

미첼 교수와 톰슨 교수는 이 3가지 반응이 어떻게 나타나는지 확인하려고 실험참가자들이 경험한 여러 가지 긍정적인 사건의 효과를 조사했다. 12일간의 유럽 여행, 추수감사절의 귀향, 햇살 좋은 캘리포니아에서 보낸 3주간의 자전거 여행 등. 그런데 다양한 사건들의 효과는 모두 비슷했다. 해당 사건이 발생하기 전에는 한껏 기대에 부풀지만 막상 사건이 벌어지면 자신의 기대에 못 미치는 현실에 실망하거나 뭔가 잘못되었다고 불만을 갖는다. 그리고 사후에는 좋은 기억만을 유지한다. 심지어 당시에는 주목하지 않았던 일에 집중해서 의미를 곱씹거나 실제로 벌어지지도 않은 일에 상상을 가미하면서까지 말이다. 디즈니랜드에서 벅스 바니 캐릭터와 신 나게 놀았던 시간을 기억하는 것이 그 예가 될 수 있다. 일종의 오기억이 놀이공원 방문이라는 긍정적 사건을 더 긍정적으로 만드는 장밋빛 회상에 영향을 자연스럽게 준 것이다(091. 오기억 참조). 우리가 소중한 추억이라 기억하는 사건들이 장밋빛으로 덧칠해진 것일지도 모른다는 생각은 씁쓸하지만 부인할 수 없는 사실이다.

그렇다고 해서 장밋빛 회상을 이용한다며, 남에게 상처를 입히고 시간만 지나기를 바라며 숨어 지내는 것은 소용없는 일이다. 장밋빛 회상 편향이 일반적인 현상이라고는 하지만 명백히 불쾌한 경험이나 현재까지 정신적 상처를 안겨주는 사항까지 변화시키지는 못한다. "그래도 그때는 낭만이 있어서 살 만했다"라고 평가하는 사람들 옆에 과거사 진상 규명을 외치는 사람들이 공존하는 것처럼 말이다. 앞서 밝혔듯이 장밋빛 회상은 평균보다 약간 긍정적인 수준의 사건에서 더욱 강력하게 나타난다는 것을 잊지 말아야 한다.

참고항목

- 오기억: 과거에 일어나지 않은 사건을 일어났다고 생각하며 기억 속에서 꺼내는 현상. 즉 실제 기억이 아니라 자신이 기억하고 있다고 착각하는 만들어진 기억이다.

095 저가산성 효과 Subadditivity Effect

전체는 부분의 합보다 작다?

> **정의** 전체 사건의 확률이 부분 사건의 확률을 합한 것보다 작다고 판단하는 것. 즉 전체는 그것을 이루는 부분보다 더 클 수밖에 없다는 기본적 규칙을 무시하고 확률을 잘못 판단하여 생기는 현상이다. '준가법성 효과'라고도 한다.

아모스 트버스키 교수가 1994년에 발표한 실험 결과에 따르면, 사람들은 확률을 제대로 계산하지 못한다. 심지어 기본적 덧셈 규칙도 제대로 적용하지 못하고 오히려 결과값을 깎는 오류를 범한다.

트버스키 교수는 실험참가자에게 미국인의 사망 원인을 추정해보게 했다. 실험참가자들은 미국에서 '암'으로 사망할 확률이 18퍼센트, '심장마비'로 사망할 확률이 22퍼센트, '사고가 아닌 기타 원인'으로 사망할 확률이 33퍼센트라고 생각했다. 그런데, '기타 자연적 원인'으로 사망할 확률에는 58퍼센트라고 답했다. 그런데 기타 자연적 원인이라는 개념 안에는 이미 암, 심장 마비, 사고가 아닌 기타 원인이 포함되어 있다. 즉 처음에 실험참가자들이 생각한 확률을 전부 합한 73퍼센트가 '기타 자연적 원인'에 의한 사망률이어야 한다. 하지만 사람들은 58퍼센트라고 평가했다. 여러 항목을 합하는 기본적인 덧셈도 제대로 하지 못하고 실제 총합보다 낮은 숫자를 말한 것이다.

이 같은 저가산성 효과가 나오는 이유는 전체 사건보다는 부분 사건에 관한 정보가 인지적으로 더 가용하기 때문이다. 트버스키 교수가 진행한 실험의 경우, 암이나 심장 마비 등 구체적 질병과 관련하여 머릿속에 떠오르는 정보의 양이 두루뭉술하게 표현된 '기타 자연적 원인'과 연관된 정보보다 많다. 그 결과 사람들은 자기 머릿속에 더 많은 정보를 가진 사건에 바탕을 두고, 즉 객관적 발생 빈도(73%)를 무시하고 주관적으로 잘못된 판단(58%)을 내린 것이다.

저가산성 효과는 구체적인 숫자가 나오지 않는 판단과 결정 상황에도 영향을 미친다. 사람들이 공적인 여론이나 정치 공약 등에 보이는 반응에서도 저가산성 효과를 찾을 수 있다. 사람들은 자신이 잘 모르는 용어로 된 넓은 범주의 공약을 들었을 때보다 자신이 잘 아는 단어나 사례가 담긴 세분화된 공약을 접했을 때 더 긍정적으로 보고 지지를 보낸다. 예를 들어 '재래시장의 상권 발전을 위한 종합 대책'이 실제로 현실을 변화시킬 수 있다고 보는 기대치는, 재래시장 근처 주차를 1시간 무료로 하는 정책과 기업형 슈퍼마켓의 수를 지역별로 제한하는 정책 등 여러 정책의 개별 기대치를 합친 것보다 더 낮게 나오기 마련이다. '재래시장의 상권 발전을 위한 종합 대책'에 이 사항들이 다 들어 있는데도 말이다.

그래서 정부가 정책을 설명할 때도 커다란 원칙과 계획을 설명하며 사회에 전반적인 변화가 있을 거라고 선전하기보다는 개인과 관련된 생활 사례를 중심으로 설명한다. 해당 정책을 썼다고 해서 바로 구체적인 개인 생활이 변할 가능성은 낮다. 하지만 사람들은 커다란 정책 변화보다 자신의 생활 속에 어떤 변화가 생길지에 더 관심이 많다. 반대로 전체의 편익을 두루뭉술하게 이야기했을 때는 가용한 정보가 없으므로 정책의 종합적 효과를 낮게 평가한다. 대중 선동을 잘하는 정치가는 이 점을 이용해, 발생 가능성이 낮지만 아주 인상적인 사례를 선전에 활용하여 표를 끌어모으기도 한다.

참고항목

■ 기저율 무시: 어떤 사건의 발생 확률을 추정할 때, 판단 및 의사 결정에 필요한 다른 기본적 사건들과의 선후 관계 및 사건들의 상대적 빈도를 고려하지 못해서 통계적인 확률과는 상반되는 추정을 하는 것.

096 진실 착각 효과 Illusion-of-truth Effect

내 말이 다 맞다니까!

> **정의** 객관적으로 정보의 진실 여부를 판단하는 것이 아니라, 단지 친숙함에 바탕을 두고 진실 여부를 판단하는 것. 즉 친숙하지 않은 말보다 친숙한 말을 사실이라고 믿게 되는 심리현상이다.

미국 템플 대학 심리학과의 린 해셔Lynn Hasher와 데이비드 골드스타인 David Goldstein 박사 등은 1977년 연구에서 실험참가자들에게 60개의 진술문을 격주로 읽게 했다. 그리고 그 진술문의 타당성을 평가해 달라고 했다. 그들이 읽은 60개의 진술문에는 참인 것과 거짓인 것이 섞여 있었는데, 진술문을 각기 다른 시기에 한 번 이상 제시하여 참가자들의 평가가 어떻게 달라지는지를 측정하기 위함이었다.

실험 결과 참가자들은 진술문 자체의 타당성을 분석해서 정확히 평가하기보다는 진술문의 제시 빈도에 따라 평가가 달라지는 패턴을 보였다. 즉 예전에 본 진술문일수록 참이라고 평가하는 확률이 높았다. 실험참가자는 실제로 진술문이 참인지 거짓인지를 따지기보다는 (이미 본 적이 있는 진술문이라는 사실을 깨닫지 못하고) 진술문에 왠지 모를 친숙함을 느낀다는 이유로 참이라고 평가한 것이다.

캐나다의 맥마스터 대학 심리학과의 이언 벡Ian M. Begg, 앤 아나스Ann Anas, 수잔 파리나치Suzanne Farinacci 박사의 1992년 연구에서는 심지어 진술문이 거짓이라고 예전에 이야기해줬는데도 나중에 평가할 때 친숙도에 바탕을 두고 사실이라고 판단한 것이다.

이런 연구 결과는 사람은 자기도 모르는 새 반복적인 광고나 선전 메시지에 노출되면, 그에 따라 판단이 좌우될 수 있음을 보여준다. 더 큰 문제는 명시적으로 떠올릴 수 있는 기억이 아니라, 암묵적인 기억도 판단에 영향을 미친다는 것이다. 그래서 명백한 근거에 따라 판단하는 것이 아니라, 왠지 사실일 것 같다는 느낌이 들면 더욱더 조심해야 한다.

진실 착각 효과는 정치에 잘 활용된다. 정부는 비판을 많이 받는 정책일수록 "올바른 홍보가 부족해서 그렇다"며 기를 쓰고 홍보한다. 사람들은 정부의 홍보 메시지에 반복적으로 노출되고, 시간이 지날수록 여론은 호전된다. 현실을 개선하기는 어렵지만 현실을 개선했다는 착각을 심어주기는 훨씬 쉽다. 그래서 정치가들은 본연의 임무보다 홍보에 열을 더 올린다.

기업 이미지 광고도 마찬가지이다. 단지 많이 접했다는 이유로 해당 기업이 '만들면 다르다'는 생각이 심어지거나, 그 기업이 '진정 글로벌하다'고 생각하게 된다. 남녀 사이든 채무관계든 계속 조르고 매달리면 대부분 성공하는 이유도 반복에 따른 진실 착각 효과 때문이다. 사람들은 사실 여부를 꼼꼼히 따지기보다는 (비록 자신은 나름의 근거가 있어 내린 결정이라 믿어도) 자신에게 익숙한 메시지에 따라 판단을 내린다.

이런 현상은 왜 생길까? 사람의 인지능력에는 한계가 있어서 모든 정보를 처리하기 어렵다. 새로운 환경에 노출된 사람이 스트레스를 받는 이유 중 하나도 모든 자극이 새로워서 처리해야 할 정보량이 늘어나기 때문이다. 그런데 새로운 환경이라도 익숙한 물건을 보면 그게 뭔지 대번에 알아챈다. 다른 자극과 달리 정보처리가 상대적으로 빠르게 이루어지기 때문이다. 예전에 처리했던 정보는 정보처리 경로가 활성화된 경험이 남아 있어서 상대적으로 부담이 적다. 결국 정보가 반복될수록 처리경로는 활성화되고 그 속도도 빨라진다. 그래서 내부적으로 해당 정보를 처리하기가 편해져 자기도 모르게 긍정적 평가를 내리게 된다.

이 같은 진실 착각 원리는 실제 진실을 무시하게 하기도 한다. 가령 진실이기는 하지만 해당 진실을 이해하기 위해 많은 정보를 처리해야 하거나 부담스러운 노력을 기울여야 한다면, 사람들은 그저 받아들이기 편한 것을 진실이라고 생각하며 진짜 진실은 무시한다. 성격 분류에 관한 복잡한 이론을 보고 이해해서 정확한 판단을 내리려 하기보다는 혈액형이 성격을 잘 대변한다고 믿는 사람이 많은 것도 진실 착각 원리가 부정적으로 작용하기 때문이다. 심오한 종교적 원리를 깊이 성찰해서 종교를 평가하려 하기보다는 겉으로 드러난 몇 가지 사례나 진술문만 보고 쉽게 참과 거짓을 논하려 하는 것도 마찬가지이다.

> **참고항목**
> ■ 가용성 휴리스틱: 모든 정보를 골고루 탐색하는 것이 아니라 현재 상태에서 가용한 정보 안에서 판단을 내리는 것.

097 착각적 상관 Illusory Correlation

내가 세차를 하면 꼭 비가 와!

> **정의** 자료를 보고, 있지도 않은 상관관계를 발견해내는 현상. 사실상 연관성이 희박한 데도 어떻게든 의미를 추론해서 연관성을 만들고 이를 합리화하여 설명하려 한다. '착각 상관'이라고도 한다.

한 남자가 아침에 눈을 떠서 시계를 보니 오전 7시 7분이었다. 그러다 오늘이 7월 7일이라는 사실을 깨닫고 입가에 미소가 번진다. 오늘은 왠지 좋은 일이 있으리라고 예감한 것이다. 기분 좋게 입사 면접을 본 그는 그 자리에서 합격 통지를 받고 친구에게 이렇게 말한다. "이것 봐, 오늘 7시 7분에 일어났을 때부터 느낌이 좋았다니까."

그 남자가 7월 7일 오전 7시 7분에 눈을 뜬 것과 면접에 합격한 것은 전혀 상관관계가 없다. 하지만 숫자 7이 행운을 가져다준다는 속설을 믿는 사람이라면 하필 그날 그 시간에 눈을 떴으므로 자신은 면접에 합격했을 것이라고 두 사건을 연결 지어 생각한다. 이 남자가 빠진 것이 바로 착각적 상관이다.

착각적 상관은 1960년대부터 꾸준히 연구되어 잘 증명된 현상이다. 그리고 2006년에는 영국 심리학자 코델리아 파인Cordelia Fine의 연구로 명확한 사건뿐만 아니라 아주 모호한 대상에 관해서도 착각적 상관이 일어난다는 사실이 확인되었다. 코델리아 파인은 상담에서 자주 사용하는 아래 그림과 같은 로르샤흐 잉크점 검사 사례연구 보고서를 정신분석 분야에서 일하는 사람들에게 읽게 했다.

그들에게 제공한 사례연구 보고서에는 남자 동성애자가 잉크점에서 항문이나 엉덩이 등 성적인 모양을 더 잘 보는 경향이 있다고 적혀 있었다. 그런데 사실 실험에 쓰인 사례연구 보고서는 가짜로 만든 것이었다. 코델리아 파인은 실험참가자가 보고서를 읽은 후 설문조사를 했는데, 숙련된 정신분석 분야 종사자인 실험참가자들은 자신의 경험으로도 남자 동성애자에게 그런 경향이 있었다고 답했다. 반면 다른 실험에서 남자 동성애자들이 잉크점 패턴에서 성적인 모양을 보는 경향이 더 적다는 내용의 가짜 사례연구 보고서를 사용했을 때 실험참가자들은 자신의 경험으로도 남자 동성애자들에게 그런 경향이 더 적다고 응답했다. 실제로 상관관계가 있다면 그들의 반응은 어느 쪽이 되었든 일관되게 나왔어야 하는데, 자료를 보고 적당히 상관관계를 만들었기에 이런 결과가 나온 것이다. 물론 의식직이 아닌 자동화된 편향으로 말이다.

몸이 아픈 사람들은 특정한 날씨와 자신의 통증이 상관있다고 믿는다. 하지만 연구에 따르면 사실과 다르다. 아모스 트버스키 연구팀이 1996년 관절염 환자를 대상으로 15개월 동안 날씨 상태와 그들의 통증 기록을 대조한 결과 실제 상관관계는 0에 가까웠다. 즉 아무 관련이 없었다. 그런데도 연구에 참여한 거의 모든 환자가 날씨와 자신의 통증이 아주 높은 상관관계가 있다고 줄기차게 이야기했다.

왜 사람들은 애초에 관련이 없는 사건들을 연결하는 것일까?

첫째, 확증 편향이 작용해서이다. 즉 자신이 믿고 싶은 바대로 관찰하고 정보를 모으기 때문에 착각적 상관이 일어난다는 것이다. 이것은 두 번째 원인에도 영향을 미친다.

둘째, 개인적 관심도 착각적 상관에 영향을 미친다. 관절염 환자는 자신의 통증에 예민한 반면, 통증을 느끼지 않을 때는 굳이 그날 날씨나 다른 사항에 신경 쓸 필요가 없다. 그래서 흐린 날인데도 아프지 않았던 날의 기억보다는 유독 아팠던 날에 흐린 날이 많았는지 아닌지만 기억에 남아서 착각적 상관이 일어날 수 있다. 의사가 아닌 이상 대부분 사람은 의학적인 설명보다는 자신이 관찰할 수 있는 것에서 통증의 원인을 찾으려 하다 보니, 가장 관찰하기 쉬운 것으로 날씨를 생각한다. 그 날씨 중에서도 평범한 날보다는 부정적인 이미지의 흐린 날이 부정적인 통증과 연관이 있을 것이라 생각하며 더 결부시키려는 확증편향이 함께 일어나기 때문에 착각적 상관이 일어나기가 쉽다.

셋째, 인간의 인지적 정보처리 용량에 한계가 있다는 점도 착각적 상관의 원인이 될 수 있다. 사람들은 단순히 두 사건이 동시에 일어났을 때 둘이 어떤 관련이 있다고 생각하며 그 시간을 기억한다. 각 사건에 관해서 자세히 정보를 처리하기보다는 발생 횟수나 시간 정보를 기억하는 것이 훨씬 편하기 때문이다.

일상생활에서도 착각적 상관은 쉽게 확인할 수 있다. 한산했던 식당도 자신이 밥 먹으러 들어가면 뒤를 이어 많은 손님이 밀어닥쳐 북새통이 된다며 자신을 복 있는 사람이라고 말하는 사람들이 있다. 또 세차를 하면 꼭 비가 온다며 투덜대는 사람도 있다. 아예 이런 착각적 상관을 모아놓기도 했다. "내가 ○○하면 꼭 ○○한다"는 머피의 법칙Murphy's Law도 착각적 상관의 부정적인 사례이다. 정말 머피의 법칙이 세상을 움직이고 내 생활을 지배한다면, 우리는 모두 반복되는 불운으로 중환자실에 누워 있거나 스트레스를 받아 단명했어야 한다.

착각적 상관은 엄연히 '착각'이다. 다행히도. 혹은 불행히도.

참고항목

- 확증 편향: 자신의 선입관에 따라 자신이 믿고 싶어 하는 대로 정보를 처리하는 현상.
- 가용성 휴리스틱: 모든 정보를 골고루 탐색하는 것이 아니라 인지처리 용량의 한계 때문에 가용한 정보 안에서 판단을 내리는 현상.

098 초두 효과 Primacy Effect

먼저 본 것이
기억에 더 많이 남는다

> **정의** 전체 목록 중에서 앞에 있는 것을 더 많이 기억하거나, 초기에 제시된 항목에 의
> 해 생각이 좌우되는 현상. 전체 목록 중 나중 것에 영향을 받는 최신 효과(Recency
> Effect)와는 반대되는 편향이다. 닻내림 효과가 판단과 결정에서 초기의 기준점을 어떻
> 게 잡느냐에 관한 추상적·심리적 위치에 바탕을 둔 편향이라면, 초두 효과는 정보가
> 앞에 제시될수록 더 잘 기억이 난다는 객관적인 제시 위치에 따른 편향이다. '첫머리
> 효과'라고도 한다.

19세기 심리학자였던 헤르만 에빙하우스Hermann Ebbinghaus는 자신이 직
접 수많은 항목을 기억하는 실험을 해서 계열 위치 효과Serial Position Effect
라는 것을 발견했다. 계열 위치 효과는 기억의 정확도가 항목이 제시된
위치, 즉 시간적 순서에 따라 변한다는 뜻에서 붙인 이름이다. 구체적으
로는 초기에 제시된 항목과 마지막에 제시된 항목이 잘 기억되고, 중간
항목은 잘 기억되지 않는 'U'자 모양의 기억 곡선을 따라 사람들이 기
억한다는 것이다. 이 같은 계열 위치 효과를 더 구체적으로 나눠서 각각
초두 효과와 최신 효과라고 부른다. 또한 초두 효과는 첫머리 효과로,

최신 효과는 막바지 효과라고 부르기도 한다.

초두 효과와 최신 효과가 편향인 이유는 암기 대상인 항목 전체를 골고루 기억하도록 처리한 것이 아니라, 유독 앞에 제시된 것과 맨 나중에 제시된 것에 비중을 두어 기억을 처리한 것으로 결과가 나타나기 때문이다. 이 중에서 초두 효과는 이후 중간에 있는 항목보다 더 자주 반복 기회를 갖게 되어 '장기기억'에 저장이 잘되어 생기는 현상이다. 이에 비해 최신 효과는 목록의 시간적 위치가 나중에 있는 항목일수록 방금 저장한 '단기기억'에 남아 있을 확률이 높아서 더 잘 기억되는 현상이다.

이렇듯 초두 효과와 최신 효과가 만들어지는 기억 기제는 다르다. 이런 사실은 이탈리아 로마 대학의 지오바니 카를레시모Giovanni Carlesimo 박사 등의 연구팀이 1996년에 장기 기억상실증에 걸린 환자를 대상으로 한 실험에서도 증명되었다. 장기 기억상실 환자는 공부 직후에 바로 회상할 때는 문제를 보이지 않았다. 즉 최신 효과는 기억상실증 여부와 상관이 없었다. 미국 캘리포니아 대학 신경학과의 피터 베일리Peter J. Bayley 박사 등이 2000년 알츠하이머 환자를 대상으로 실험한 결과에서도 최신 효과가 나타났다.

일상생활에서도 초두 효과와 최신 효과는 쉽게 확인할 수 있다. 학생들은 골고루 기억하려고 하지만, 대부분 중간 항목을 잊어버리고 수업의 처음과 끝을 잘 기억한다. 영화도 처음 5분과 마지막 5분은 대충 기억이 나지만, 중간에 무엇을 봤는지는 잘 기억나지 않는다.

어떤 모임에 나갔을 때 초두 효과를 활용해서 다른 사람에게 기억되고 싶다면 자기소개를 앞에 하는 것이 좋다. 만일 처음 순서를 배당받지 못했다면 어정쩡한 순서에 자기소개를 해서 잊히기보다는 차라리 최신 효과를 노리고 마지막을 징식하는 것이 좋다.

만약 여러분의 머릿속에 잘 떠오르는 것을 바탕으로 중요한 판단을 내려야 하는 상황이라면 한번쯤 생각해봐야 할 것이 있다. 정말 그 항목이 중요해서 떠오른 것인지, 단순히 내 기억 항목의 앞쪽이나 뒤쪽에 있어서 떠오른 것인지 말이다. 특히 충동구매를 하게 될 경우는 십중팔구 방금 본 광고가 만든 최신 효과 때문일 가능성이 크다.

참고항목

- 최신 효과: 전체 목록 중 나중의 것에 영향을 받는 현상.

---

099 폰 레스토프 효과 Von Restorff Effect

여기는 중요하니까 밑줄 그어야지!

> **정의** 보편적인 사건이나 사물보다 독특한 사건이나 사물을 더 잘 기억하는 현상. 사건이나 사물 전체에 고르게 주의를 할당해서 자극 전체를 골고루 기억하는 것이 아니라 현저한 자극을 중심으로 정보 처리를 해서 생기는 현상이다. '격리 효과(Isolation Effect)'라고도 한다.

폰 레스토프 효과는 1922년에 이 현상을 처음으로 발견한 독일의 심리학자 헤트비히 폰 레스토프Hedwig von Restorff 박사의 이름을 따서 만든 용어이다. 폰 레스토프 효과는 정보를 입력할 때 눈에 더 잘 띄는 것일수록 다른 항목들보다 더 잘 기억되는 현상을 말한다. 예를 들어 어느 건물에 저마다 자기 가게 간판이 튀게 하려고 빨간색 광고판을 매달았다면, 사람들의 기억에 남는 것은 오히려 흑백 광고판일 수 있다. 기억에서 중요한 것은 개별적인 것이 얼마나 강렬하냐가 아니라 다른 광고판과 얼마나 다르냐이다. 이렇듯 보편에 가까울수록 기억될 확률이 낮아지는 반면, 독특해서 다른 것과는 별개의 단위로 인식될수록 기억에 남을 확률이 커지는 것이 폰 레스토프 효과의 핵심이다.

폰 레스토프 효과도 광고에 많이 쓰인다. 광고는 일부러 낯설어 보이게 만들어 독특한 인식을 심어주려 한다. 한국인이 탈 차인데도 외국의 해변을 달리는 모습을 보여주거나, 한국인이 쓸 상품을 외국인들이 사용하는 모습을 담아 광고하거나, 전혀 맥락에 맞지 않는 로고송을 부르며 연예인이 등장하거나, 운동선수에게 로고송을 부르게 하는 것 등등이 모두 폰 레스토프 효과를 노린 것이다.

공부에도 폰 레스토프 효과는 활용된다. 모두 다 시험에 나올만한 중요한 것이어도 형광펜으로 밑줄을 그은 것이 더 잘 외워진다. 교과서에 밑줄을 긋거나 특정 부분에 별표를 해서 다른 주변 자극과 구별되게 하는 모든 행위가 폰 레스토프 효과와 관련 있다.

그런데 재미있는 것은 책을 형광펜으로 도배하며 외우려고 했던 사람이 다시 책을 보면 오히려 형광펜으로 칠하지 않은 내용이 더 독특하게 보여 더 기억에 남을 수도 있다는 점이다. 학창 시절 늘 반복되던 형식의 수업시간에 선생님이 여러 번 강조한 말은 기억나지 않지만 별로 중요하지는 않아도 독특했던 어떤 행동 하나는 아주 생생하게 기억나는 것처럼 말이다. 즉 폰 레스토프 효과는 어떤 자극이 중요하기 때문에 더 독특하게 인식되어 기억이 잘 나는 것이 아니라, 단지 더 독특하기 때문에 기억이 잘 나는 것임을 명확히 이해해야 공부법으로 활용할 수 있다. 핵심이라며 자주 정리해주는 인터넷 강사의 강의 내용, 매번 중요한 말이라며 목소리에 힘을 주는 교장 선생님의 훈화 말씀이 별로 기억나지 않는 것은 폰 레스토프 효과를 잘못 이해하고 모든 것을 독특하게 강조하려다 결국 아무것도 독특하지 않게 만들었기 때문이다. 모든 것을 강조하면 아무것도 강조되지 않는 법이다.

미국 하버드 대학 심리학과의 셸리 테일러와 수잔 피스크Susan T. Fiske 교수의 1978년 연구에 따르면 사람들의 주의를 끄는 것은 새롭고, 놀랍고, 지각적으로 다른 것과 구별되는 자극이다. 폰 레스토프 효과를 활용하고 싶다면 전체를 고려해서 자신이 강조하고 싶은 특정 항목이 새롭고, 놀랍고, 지각적으로 다른 것과 구별되는지를 고민해야 할 것이다. 너무 화려한 화장을 한 사람이 모인 곳에서는 민낯에 가까운 사람이 더 잘 기억될 수 있으며, 화려한 미디어 홍수 속에서는 담백한 것에 더 마음을 빼앗길 수 있다.

100 피암시성 Suggestibility

그렇게 말하시니 그런 거 같네요

정의 외부에서 들어온 암시를 받아들여 마치 자신의 기억인 것처럼 보고하는 것. 피암시성은 흔히 최면과 유도신문 등 특정한 목적을 가진 상대방이 지속적으로 특정 방향으로 유도하는 상황에서 잘 나타난다.

피암시성 편향은 어떤 사건을 자발적으로 잘못 기억하는 것이 아니다. 다른 사람의 제안에 영향을 받아 기억을 왜곡하는 것이다. 만약 사람들이 정확한 기억 정보를 바탕으로 종합적으로 통찰하며 신중하게 판단을 내린다면 피암시성 편향은 나타나지 않고 항상 똑같은 결론에 이를 것이다. 그러나 인간은 자신이 처한 상황에 따라 그때그때 판단의 질과 내용이 좌우되는 인지적 편향을 갖고 있다.

피암시성 편향은 자아와 밀접한 관련이 있어 개인차가 있다. 자아가 약한 사람은 다른 사람의 말이나 행동에 쉽게 영향을 받는다. 이에 비해 자아가 강한 사람은 그렇지 않다. 그래서 나이 든 사람일수록 피암시성 편향이 줄어든다. 하지만 나이가 많더라도 자아나 내부 기준이 판단의 중심이 되지 않고 주변 변화에 따라 감정적으로 쉽게 동요하는 사람이라면 피암시성 편향이 나타날 수 있다.

변호사나 형사가 아무리 유도신문을 해서 사건의 기억을 특정 방향으로 왜곡시키려 해도 자신의 신념이 확실하다면 쉽게 흔들리지 않는다. 그러나 많은 경우 자신의 신념보다는 다른 사람의 의견을 사회적 판단의 기준으로 삼는 것이 내면화되어 자연스럽게 피암시성 편향에 빠진다.

피암시성 편향을 잘 활용하는 것이 임상 현장이다. 심리치료사나 최면술사는 개인이 자각하지 못하는 부분, 기억하지 못한 내용을 끄집어내려고 때로는 피암시성 편향을 이용하는 최면을 사용하기도 한다. 광고에서도 정서적 흥분을 유도하는 자극적인 영상과 음악을 곁들여 인상적인 문구로 소비자의 마음을 특정 방향으로 움직이려 한다. 기업이 이미지 광고에 많은 돈을 쓰는 이유도 결국 세세한 부정과 비리를 소비자가 정확히 기억하고 자신의 양심과 윤리적 기준에 따라 판단을 하기보다는, 광고의 문구처럼 '정직하게 이윤을 추구하며 고객을 만족시켜온 기업'으로 해당 기업을 기억해주길 바라기 때문이다.

심리학 연구자도 피암시성 편향을 잘 이용한다. 실험참가자에게 'A에 관한 실험'이라고 말해서 믿게 하고는 사실은 'B'를 알아보는 실험을 하는 심리학 연구법은 아주 많다. 스탠퍼드 대학 심리학과의 스탠리 밀그램Stanley Milgram 교수의 복종 실험에 참가한 사람들은 '연구 보조'로 실험에 참석했다고 믿으며, 다른 실험참가자에게 전기 충격을 가했다. 이런 연구방법을 실험참가자가 모르게 진행한다는 의미에서 블라인드 검사

Blind Test라 부르며 정식 심리연구방법론에서 가르치기도 한다. 블라인드 검사는 어디까지나 실험 목적에 맞는 실험참가자의 자연스러운 반응을 이끌어내고자 쓰는 방법일 뿐 사기가 아니다. 실험이 종료된 다음에는 반드시 사후 설명Debriefing을 해주도록 함께 가르치고 있다.

> **참고항목**
> ■ 착각적 상관: 본질적으로 관련성이 없는 두 사건이 상관관계가 있다고 착각하는 현상.

101 회고 절정 Reminiscence Bump

왜 고등학교 시절 기억은
이토록 생생할까?

> **정의** 전 생애의 사건을 회상할 때 모든 시기를 골고루 기억하는 것이 아니라 청소년기나 성인 초기를 상대적으로 명확하고 더 많이 기억하는 현상.

회고 절정은 미국 듀크 대학 심리학과 데이비드 루빈David Rubin 박사 등의 1986년 연구를 통해 증명되었다. 루빈 박사는 평균 연령 70세인 실험참가자들 70명에게 20개에서 50개의 단어를 제시하고 자신의 생애와 관련하여 기억나는 것을 이야기하게 했다. 그 자전적 기억 결과를 10년 단위로 다시 분류한 것이 다음 페이지에 나오는 그래프이다.

그래프에서 볼 수 있듯이 다섯 살 이전의 기억은 거의 없는 아동기에는 기억상실 현상을 보인다. 그런데 청소년기에서 초기 성인기인 20대 초반까지는 기억나는 내용이 급격히 증가한다. 이렇게 돌출된 부분이 바로 회고 절정이다. 그리고 점차 성인기의 기억 내용은 급격히 망각되

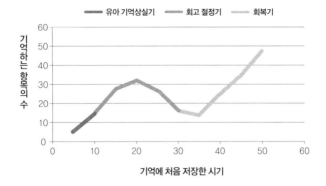

다가 장년기를 기점으로 점점 증가하다가 오히려 노년기에는 기억나는 바가 없는 특징을 보인다. 이러한 기억 패턴은 35세 이상의 실험참가자에게 실시한 다른 연구에서도 공통적으로 나타난 현상이다.

왜 이러한 패턴으로 회고 절정 현상이 나타나는 것일까? 미국 웨인 주립대학 심리학과의 조셉 피츠제럴드Joseph M. Fitzgerald 박사의 1988년 연구에 따르면 기억의 양과 자아발달은 밀접한 관련이 있다. 청소년기에서부터 초기 성인기는 본격적으로 자아를 발달시키는 시기이다. 이 시기에 발생하는 사건들은 사회문화적 맥락에서 자아 형성에 영향을 주어 두고두고 개인 인생 이야기의 중요한 부분이 된다. 즉 처음에 기억이 형성될 때 강렬한 인상으로 뇌에 각인될 뿐만 아니라, 나중에 자신에 관해서 이야기할 때마다 자주 인출되므로 잘 망각되지 않는다. 그리고 이것은 장년기에 이르러 자신이 누구인지에 관한 정체성이 안정된 다음에 서로 연결되어 더욱 강화된다. 그러나 이에 비해 노년기는 웬만한 경험은 이미 직간접으로 한 상태여서 청소년기나 성인기 초반처럼 새롭게 자아형성에 인상적으로 각인될 만큼 놀라운 일이 벌어지기 어렵다. 그래서 기억도 남아 있는 내용이 없다 보니 망각도 쉽게 일어나 위의 그래프와 같은 패턴을 보이는 것이다.

청소년기와 성인기에만 회고 절정이 일어나는 패턴에서 벗어나려면 어떻게 해야 할까? 방금 살펴본 회고 절정이 생기는 원리를 이용하면 된다. 만약 성인기 초반 이후에도 늘 새로운 일을 찾아 경험하며 자아발달 측면에서 의미를 부여한다면 인생 전반에 걸쳐 기억하는 양이 일정하게 많아질 수도 있다. 그런데 뇌과학 연구에 의하면 인간이 가진 뇌의 특성상 회고 절정 현상은 불가피한 듯하다. 미국 노스웨스턴 대학 의학부의 로버트 슈라우프Robert W. Schrauf 박사의 2001년 연구를 보면 뇌의 정보 처리 능력은 10대에서부터 30세까지 절정에 이른다. 그래서 이 시기에는 기억이 잘되어 회고 절정 현상이 일어난다고 한다.

21세기인 현재 대한민국의 청소년들이 자라나도 나중에 회고 절정이 청소년기에 일어날지는 확신할 수 없다. 뇌의 정보처리 능력은 최고조일 수 있지만, 기억을 억압하는 스트레스 지수 역시 최고이며 날마다 비슷한 패턴으로 반복되는 일상에 부모와 교사가 시키는 대로 수동적으로 움직인다면 능동적으로 기억을 구성할 것이 적을 수밖에 없기 때문이다. 뇌는 어떤 인지적 특성이 일어날 수 있는 기본적 토대일 뿐, 그것 자체는 아니다. 철학자이자 인지과학자이며 신경과학자인 알바 노에Alva Noe의 2009년 저작 《뇌 과학의 함정Out of Our Heads》에는 다음과 같은 내용이 나온다.

"뇌는 난로가 열을 내듯이 의식을 만들어내지 않는다. 차라리 악기에 비교하는 것이 더 나을 것이다. 악기는 혼자서 음악을 만들거나 소리를 내지 않는다. 사람들이 음악을 만들거나 소리를 내도록 해줄 뿐이다. 당신은 당신의 뇌라는 프랜시스 크릭의 생각, 더 기본적으로 말해 소화가 위의 현상이듯이 의식이 뇌의 현상이라는 생각은 저절로 연주되는 오케스트라와 같은 환상이다."

뇌가 곧 의식 작용을 좌우한다는 생각은 올바르지 않은 생각이다. 회고 절정이 청소년기에 집중적으로 일어나는 이유는 뇌의 발달뿐만 아니라, 그 시기에 일어나는 사건을 계속 추억하고, 자아 정체성에 비춰 그 의미를 반복해서 생각하기 때문이다.

이런 특성을 생각하면 과연 현재의 대한민국 청소년에게 회고 절정이 일어날 수 있는 회상의 여유나 그럴 만한 생각거리나 사건에 노출될 기회가 있는지 많이 걱정되기도 한다. 기억을 잘하지 못하면 이미 겪었던 사건도 새롭게 경험하는 것이라고 생각하는 오류를 범하며 나이에 맞는 삶의 교훈을 따라 노하우를 빨리 발휘하지 못하게 될 수도 있다. 나이를 먹었어도 삶의 교훈을 실행하지 못하는 삶, 회상할 것이 많지 않은 삶은 기억을 못하는 기억상실증이나 기억이 나지 않는 치매에 걸린 불행과 기본적으로 다르지 않아 안타깝다.

> **참고항목**
> ■ 생소 기억: 과거에 이미 체험한 사실이 있는데도 그것을 기억하지 못하고 전혀 새로운 체험으로 느끼는 것.

001. 가용성 휴리스틱(Availability Heuristic)

- Tversky, A., & Kahneman, D. (1973). Availability: A heuristic for judging frequency and probability. *Cognitive Psychology, 5*(2), 207~232.
- Lichtenstein, S., Slovic, P., Fischhoff, B., Layman, M. & Combs, B. (1978). Judged frequency of lethal events. *Journal of Experimental Psychology: Human Learning and Memory, 4,* 551~578.
- Carroll, J. S. (1978). The effect of imagining an event on expectations for the event: An interpretation in terms of the availability heuristic. *Journal of Experimental Social Psychology, 14*(1), 88~96.
- Reber, R. (2004). *"Availability"*. In R. Pohl (Ed.), Cognitive illusions, Psychology Press, 147~163.

002. 가확실성 효과(Pseudocertainty Effect)

- Tversky, A., & Kahneman, D. (1986). Rational choice and the framing of decisions. *Journal of Business,* S251~S278.
- Tversky, A., & Kahneman, D. (1981). The framing of decisions and the psychology of choice. *Science, 211*(4481), 453~458.

003. 감정 편향(Affect Heuristic)

- Finucane, M. L., Alhakami, A., Slovic, P., & Johnson, S. M. (2000). The affect heuristic in judgments of risks and benefits. *Journal of Behavioral Decision Making, 13*(1), 1~17.
- Winkielman, P., & Zajonc & Norbert Schwarz, R. B. (1997). Subliminal affective priming resists attributional interventions. *Cognition and Emotion, 11*(4), 433~465.
- Kida, T., Smith, J. F., & Maletta, M. (1998). The effects of encoded memory traces for numerical data on accounting decision making. *Accounting, Organizations and Society, 23*(5), 451~466.
- Loomes, G., & Sugden, R. (1982). Regret theory: An alternative theory of rational choice under uncertainty. *The Economic Journal, 92*(368), 805~824.

004. 결과 편향(Outcome Bias)

- Baron, J., & Hershey, J. C. (1988). Outcome bias in decision evaluation. *Journal of Personality and Social Psychology, 54*(4), 569~579.
- Baron, J. (2000). *Thinking and deciding.* Cambridge University Press.

005. 결합 오류(Conjunction Fallacy)

- Tversky, A., & Kahneman, D. (1983). *Extensional versus intuitive reasoning: The conjunction fallacy in probability judgment.* American Psychological Assoc..
- Tversky, A., & Kahneman, D. (1982) "*Judgments of and by representativeness*". In D. Kahneman; P. Slovic; A. Tversky(Eds.), Judgment under uncertainty: Heuristics and biases, Cambridge University Press.
- Gigerenzer, G. (2005). I think, therefore I err. *Social Research: An International Quarterly, 72*(1), 1~24.

006. 계획 오류(Planning Fallacy)

- Buehler, R., Griffin, D., & Ross, M. (1994). Exploring the "planning fallacy": Why people underestimate their task completion times. *Journal of Personality and Social Psychology, 67*, 366~381.
- Kahneman, D., & Tversky, A. (1979). Intuitive prediction: Biases and corrective procedures. *TIMS Studies in Management Science, 12*, 313~327.
- Buehler, R., & Griffin, D. (2003). Planning, personality, and prediction: The role of future focus in optimistic time predictions. *Organizational Behavior and Human Decision Processes, 92*(1), 80~90.
- Buehler, R., Peetz, J., & Griffin, D. (2010). Finishing on time: When do predictions influence completion times?. *Organizational Behavior and Human Decision Processes, 111*(1), 23–32.

007. 과도한 미래가치 펼하(Hyperbolic Discounting)

- Frederick, S., Loewenstein, G., & O'donoghue, T. (2002). Time discounting and time preference: A critical review. *Journal of Economic Literature, 40*(2), 351~401.
- Thaler, R. (1981). Some empirical evidence on dynamic inconsistency. *Economics Letters, 8*(3), 201~207.
- Laibson, D. (1997). Golden eggs and hyperbolic discounting. *The Quarterly Journal of Economics, 112*(2), 443~478.
- Green, L., Fry, A. F., & Myerson, J. (1994). Discounting of delayed rewards: A life–span comparison. *Psychological Science, 5*(1), 33~36.

008. 기저율 무시(Base Rate Neglect)

- Kahneman, D., & Tversky, A.(1983). "*Variants of uncertainty*". In D. Kahneman; P. Slovic; A. Tversky(Eds.), Judgment under uncertainty: Heuristics and biases, Cambridge University Press.
- Slovic, P., & Lichtenstein, S. (1971). Comparison of bayesian and regression approaches to the study of information processing in judgment. *Organizational Behavior and Human Performance, 6*, 649~744.

- Bar-Hillel, M.(1980). The base-rate fallacy in probability Judgments. *Acta Psychologica*, *44*, 211~233.
- 제롬 그루프먼,《닥터스 씽킹(How Doctors Think)》, 이문희 역, 해냄, 2007.

009. 기준점 설정 휴리스틱(Anchoring Heuristic)

- Tversky, A., & Kahneman, D. (1974). Judgment under uncertainty: Heuristics and biases. *Science*, *185*, 1124~1130.
- Gigerenzer, G. (1996). On narrow norms and vague heuristics: A reply to kahneman and tversky. *Psychological Review*, *103*, 592~596.
- Epley, N., & Gilovich, T. (2006). The anchoring-and-adjustment heuristic: Why the adjustments are insufficient. *Psychological Science*, *17*, 311~318.

010. 단순 노출 효과(Mere Exposure Effect)

- Zajonc, R. B. (1968). Attitudinal effects of mere exposure. *Journal of Personality and Social Psychology*, *9*(2), 1~27.
- Kunst-Wilson, W. R., & Zajonc, R. B. (1980). Affective discrimination of stimuli that cannot be recognized. *Science*, *207*(4430), 557~558.
- Miller, R. L. (1976). Mere exposure, psychological reactance and attitude change. *Journal of Abnormal and Social Psychology*, *59*, 1~9.

011. 단위 편향(Unit Bias)

- Geier, A. B., Rozin, P., & Doros, G. (2006). Unit bias: A new heuristic that helps explain the effect of portion size on food intake. *Psychological Science*, *17*, 521~525.

012. 대조 효과(Contrast Effect)

- Chubb, C., Sperling, G., & Solomon J. A. (1989). Texture interactions determine perceived contrast. *Proceedings of the National Academy of Sciences*, *86*(23), 9631~9635.
- Moskowitz, Gordon B. (2005). *Social cognition: Understanding self and others*. Guilford Press.
- Popper, Arthur N. (2010). *Music perception*. Springer.

013. 대표성 휴리스틱(Representativeness Heuristic)

- Tversky, A., & Kahneman, D. (1982). "*Judgments of and by representativeness*". In D. Kahneman; P. Slovic; A. Tversky (Eds.), Judgment under uncertainty: Heuristics and biases, Cambridge University Press.
- Tversky, A., & Kahneman, D. (1983). Extensional versus intuitive reasoning: The conjunction fallacy in probability judgments. *Psychological Review*, *90*, 293~315.
- Baron, J. (2000). *Thinking and deciding*. Cambridge University Press.

014. 도박사의 오류(Gambler's Fallacy)

- O'Neill, B., & Puza, B.D. (2005). In defence of the reverse gambler's belief. *The Mathematical Scientist*, *30*(1), 13~16.
- Tversky, A., & Kahneman, D. (1974). Judgment under uncertainty: Heuristics and biases. *Science*, *185*(4157), 1124~1131.
- Tversky, A., & Kahneman, D. (1971). Belief in the law of small numbers. *Psychological Bulletin*, *76*(2), 105~110.
- Gilovich, T., Vallone, R., & Tversky, A. (1985). The hot hand in basketball: On the misperception of random sequences. *Cognitive Psychology*, *17*, 295~314.
- Kahneman, D., & Tversky, A. (1972) Subjective probability: A judgment of representativeness. *Cognitive Psychology*, *3*(3), 430~454.

015. 동조 효과(Acquiescence Effect)

- Meisenberg, G., & Williams, A. (2008). Are acquiescent and extreme response styles related to low intelligence and education?. *Personality and Individual Differences*, *44*, 1539~1550.
- Bless, H., Bohner, G., Hild, T., & Schwarz, N. (1992). Asking difficult questions: Task complexity increases the impact of response. *European Journal of Social Psychology*, *22*, 309~312.

016. 디노미네이션 효과(Denomination Effect)

- Dzokoto, V. et al. (2010). Deceiving our minds: A qualitative exploration of the money illusion in post–redenomination Ghana. *Journal of Consumer Policy*, *vol. 33*(4), 339~353.
- Raghubir, P., & Srivastava, J. (2009). "*The denomination effect*". In Journal of consumer research: An interdisciplinary quarterly, University of Chicago Press, vol. 36(4), 701~713.

017. 뜨거운 손 현상(The Hot Hand Phenomenon)

- Gilovich, T., Vallone, R. & Tversky, A. (1985). The hot hand in basketball: On the misperception of random sequences. *Cognitive Psychology*, *17*, 295~314.
- Wilke, A., & Barrett, H. C. (2009). The hot hand phenomenon as a cognitive adaptation to clumped resources. *Evolution and Human Behavior*, *14*, 161~169.

018. 매몰비용 오류(Sunk-cost Fallacy)

- Arkes, H. R., & Ayton, P. (1999). The sunk cost and Concorde effects: Are humans less rational than lower animals?. *Psychological Bulletin*, *125*, 591~600.
- Knox, R. E. & Inkster, J.A. (1968). Postdecision dissonance at post time. *Journal of Personality and Social Psychology*, *8*(4), 319~323.

- Arkes, H., & Blumer, C. (1985). The psychology of sunk cost. *Organizational Behavior and Human Decision Process*, *35*, 124~140.
- Arkes, H., & Hutzel, L. (2000). The role of probability of success estimates in the sunk cost effect. *Journal of Behavioural Decision Making*, *13*(3), 295~306.

019. 백파이어 효과(Backfire Effect)

- Carretta, T. R., & Moreland, R. L. (1983). The direct and indirect effects of inadmissible evidence. *Journal of Applied Social Psychology*, *13*, 291~309.
- Lebo, M., & Cassino, D. (2007). The aggregated consequences of motivated reasoning. *Political Psychology*, *28*(6), 719~746.
- Nyhan, B., & Reifler, J. (2010). When corrections fail: The persistence of political misperceptions. *Political Behavior*, *32*(2), 303~330.
- Redlawsk, D. (2002). Hot cognition or cool consideration? Testing the effects of motivated reasoning on political decision making. *Journal of Politics*, *64*(4), 1021~1044.

020. 보유 효과(Endowment Effect)

- Thaler, R. (1980). Toward a positive theory of consumer choice. *Journal of Economic Behavior and Organization*, *1*, 39~60.
- Kahneman, D., Knetsch, J. L., & Thaler, R. H. (1990). Experimental tests of the endowment effect and the Coase theorem. *Journal of Political Economy*, 1325~1348.
- Kahneman, D., Knetsch, J. L., & Thaler, R. H. (1991). Anomalies: The endowment effect, loss aversion, and status quo bias. *The Journal of Economic Perspectives, 5*(1), 193~206.
- Knetsch, J. L. (1989). The endowment effect and evidence of nonreversible indifference curves. *The American Economic Review.* [Cited by 325]

021. 부정성 효과(Negativity Effect)

- Baumeister, R. R., Bratslavsky, E., Fickenauer, C., & Vohs, K. D. (2001). Bad is stronger than good. *Review of General Psychology*, *5*, 323~370.
- Regan, D. T., Straus, E., & Fazio, R. (1974). Liking and the attribution process. *Journal of Experimental Social Psychology*, *10*, 385~397.
- Vonk, R. (1993). The negativity effect in trait ratings and in open-ended descriptions of persons. *Personality and Social Psychology Bulletin*, *19*, 269~278.

022. 비이성적 상승 효과(Irrational Escalation Effect)

- Baron, J. (2000). *Thinking and deciding*. Cambridge University Press.
- Staw, B. M. (1976). Knee-deep in the big muddy: A study of escalating commitment to a chosen course of action. *Organizational Behavior and Human Performance*, *16*(1), 27~44.

023. 선택적 지각(Selective Perception)

- Broadbent, D. (1958). *Perception and communication*. Pergamon Press.
- Hastorf, A. H., & Cantril, H. (1954). They saw a game: A case study. *Journal of Abnormal and Social Psychology*, *49*, 129~134.
- Jones, J. P. (1999). *The advertising business: Operations, creativity, media planning, integrated communications*. SAGE Publications, Incorporated.

024. 선호 역전(Preference Reversal)

- Hogarth, R. M. (1987). *Judgment and choice*. John Wiley.
- Slovic, P.(1975). Choice between equally valued alternatives. *Journal of Experimental Psychology: Human Perception and Performance*, *1*, 280~287.
- Slovic, P., Griffin, D., & Tversky, A.(1990). "*Compatibility effects in judgment and choice*". In R.M. Hogarth(eds.), Insights in decision making: A tribute to Hillel J. Einhorn, University of Chicago Press.
- Slovic, P., & Lichtenstein, S.(1983). Preference reversals: A broader perspective. *American Economic Review*, *74*, 596~605.

025. 선호의 비이행성(Intransitivity of Preference)

- Tversky, A. (1969). Intransitivity of preferences. *Psychological Review*, *76*, 105~110.
- Tversky, A., & Kahneman, D. (1981). The framing of decisions and the psychology of choice. *Science*, *211*, 453~458.
- Tversky, A., & Kahneman, D. (1983). Extensional versus intuitive reasoning: The conjunction fallacy in probability judgment. *Psychological Review*, *90*, 293~315.

026. 손실 혐오(Loss Aversion)

- Kahneman, D., Knetsch, J., & Thaler, R. (1990). Experimental test of the endowment effect and the Coase theorem. *Journal of Political Economy*, *98*(6), 1325~1348.
- Erev, I., Ert, E., & Yechiam, E. (2008). Loss aversion, diminishing sensitivity, and the effect of experience on repeated decisions. *Journal of Behavioral Decision Making*, *21*, 575~597.
- Gal, D. (2006). A psychological law of inertia and the illusion of loss aversion. *Judgment and Decision Making*, *1*, 23~32.
- Harinck, F., Van Dijk, E., Van Beest, I., & Mersmann, P. (2007). When gains loom larger than losses: Reversed loss aversion for small amounts of money. *Psychological Science*, *18*, 1099~1105.
- Kahneman, D. & Tversky, A. (1979). Prospect theory: An analysis of decision under risk. *Econometrica*, *47*, 263~291.
- Kermer, D. A., Driver-Linn, E., Wilson, T. D., & Gilbert, D.T. (2006). Loss aversion is an affective forecasting error. *Psychological Science*, *17*, 649~653.

- Tversky, A. & Kahneman, D. (1991). Loss aversion in riskless choice: A reference dependent model. *Quarterly Journal of Economics*, *106*, 1039~1061.

027. 심리적 반발 편향(Psychological Reactance Bias)

- Pennebaker, J. W. & Sanders, D. Y. (1976). American graffiti: Effects of authority and reactance arousal. *Personality and Social Psychology Bulletin*, *2*, 264~267.
- Brehm, J. W. (1966). *A theory of psychological reactance*. Academic Press.

028. 애매성 효과(Ambiguity Effect)

- Baron, J. (2000). *Thinking and deciding*. Cambridge University Press.
- Ellsberg, D. (1961). Risk, Ambiguity, and the savage axioms. *Quarterly Journal of Economics*, *75*, 643~699.
- Frisch, D., & Baron, J. (1988). Ambiguity and rationality. *Journal of Behavioral Decision Making*, *1*, 149~157.
- Ritov, I., & Baron, J. (1990). Reluctance to vaccinate: Omission bias and ambiguity. *Journal of Behavioral Decision Making*, *3*, 263~277.

029. 유희적 오류(Ludic Fallacy)

- Medin, D. & Atran, S. (2004). The native mind: Biological categorization and reasoning in development and across cultures. *Psychological Review*, *111*, 960~998.
- 나심 니콜라스 탈레브, 《블랙 스완 : 0.1퍼센트의 가능성이 모든 것을 바꾼다(The Black Swan)》, 차익종 역, 동녘사이언스, 2008.
- Taleb, N. N. (2007). Black swans and the domains of statistics. *The American Statistician*, *61*(3), 198~200.

030. 적대적 미디어 효과(Hostile Media Effect)

- Vallone, R.P., Ross, L., & Lepper, M.R. (1985). The hostile media phenomenon: Biased perception and perceptions of media bias in coverage of the Beirut massacre. *Journal of Personality and Social Psychology*, *49*, 577~585.
- Matheson, K. & Dursun, S. (2001). Social identity precursors to the hostile media phenomenon: Partisan perceptions of coverage of the Bosnian conflict. *Group Processes and Intergroup Relations*, *4*, 117~126.
- Dalton, R.J., Beck, P.A., & Huckfeldt, R. (1998). Partisan cues and the media: Information flows in the 1992 presidential election. *American Political Science Review*, *92*(1), 111~126.

031. 절제 편향(Restraint Bias)

- Nordgren, L. F., Van Harreveld, F., & Van Der Pligt, J. (2009). The restraint bias: How the illusion of self-restraint promotes impulsive behavior. *Psychological Science*, *20*(12), 1523~1528.
- Baron, J. (2000). *Thinking and deciding*. Cambridge University Press.

032. 측면별 제거(Elimination by Aspects)

- Simon, H. A. (1955). A behavioral model of rational choice. *The Quarterly Journal of Economics, 69* (1), 99~118.
- Tversky, A. (1972). Elimination by aspects: A theory of choice. *Psychological Review, 79*(4), 281~299.
- Gladwin, C. H.(1980). Test of a hierarchical model of auto choice on data from the national transportation survey.

033. 클러스터 착각(Clustering Illusion)

- Gilovich, T., Vallone, R. & Tversky, A. (1985). The hot hand in Basketball: On the misperception of random sequences. *Cognitive Psychology, 17*, 295~314.
- Kahneman, D. & Tversky, A. (1972) Subjective probability: A judgment of representativeness. *Cognitive Psychology, 3* (3), 430~454.

034. 타조 효과(Ostrich Effect)

- Galai, D., & Sade, O. (2006). The "ostrich effect" and the relationship between the liquidity and the yields of financial assets. *Journal of Business, 79*(5), 2731~2740.
- Karlsson, N., Loewenstein, G., & Seppi, D. (2009). The ostrich effect: Selective avoidance of information. *Journal of Risk and Uncertainty, 38*(2), 95~115.

035. 통제감 착각 (Illusion of Control)

- Allan, L. G. & Jenkins, H. M. (1980). The judgment of contingency and the nature of the response alternatives. *Canadian Journal of Psychology, 34*(1), 1~11.
- Langer, Ellen J. (1975). The illusion of control. *Journal of Personality and Social Psychology, 32*(2), 311~328.
- McKenna, F. P. (1993). It won't happen to me: Unrealistic optimism or illusion of control?. *British Journal of Psychology, 84*(1), 39~50.
- Thompson, S. C., Armstrong, W., & Thomas, C. (1998). Illusions of control, underestimations, and accuracy: A control heuristic explanation. *Psychological Bulletin, 123*(2), 143~161.
- Taylor, S. E., & Brown, J. D. (1988). Illusion and well-being : A social psychological perspective on mental-health. *Psychological Bulletin, 103*(2), 193~210.
- Gollwitzer, P. M., & Kinney, R. F. (1989). Effects of deliberative and implemental mind-sets on illusion of control. *Journal of Personality and Social Psychology, 56*(4), 531~542.
- Pronin, E., Wegner, D. M., McCarthy, K., & Rodriguez, S. (2006). Everyday magical powers: The role of apparent mental causation in the overestimation of personal influence. *Journal of Personality and Social Psychology, 91*(2), 218~231,

036. 틀 효과(Framing Effect)

- Plous, S. (1993). *The psychology of judgment and decision making.* McGraw-Hill.
- Tversky, A., & Kahneman, D. (1981). The framing of decisions and the psychology of choice. *Science, 211*(4481), 453~458.
- 최인철, 《프레임 : 나를 바꾸는 심리학의 지혜》, 21세기북스, 2007.

037. 파레이돌리아(Pareidolia)

- Zusne, L., & Jones, W. H. (1989). *Anomalistic psychology: A study of magical thinking.* Psychology Press.
- Berenbaum, M. (2009). *The earwig's tail: A modern bestiary of multi-legged legends.* Harvard University Press.

038. 편승 효과(Bandwagon Effect)

- Asch, S. E. (1955). Opinions and social pressure. *Scientific American, 193,* 31~35.
- Gisser, M., McClure, J. E., Ökten, G., & Santoni, G. (2009). Some anomalies arising from bandwagons that impart upward sloping segments to market demand. *Econ Journal Watch, 6*(1), 21~34.
- Shields, T. G. (1994). The vanishing marginals, the bandwagon, and the mass media. *The Journal of Politics, 56*(3), 802~810.
- Leibenstein, H. (1950). Bandwagon, snob, and veblen effects in the theory of consumers' demand. *The Quarterly Journal of Economics, 64*(2), 183~207.
- Nadeau, R., Cloutier, E., & Guay, J. H. (1993). New evidence about the existence of a bandwagon effect in the opinion formation process. *International Political Science Review, 14*(2), 203~213.
- Sundar, S. S. (2008). "*The main model: A heuristic approach to understanding technology effects on credibility*". In M. J. Metzger; A. J. Flanagin (Eds.), Digital media, youth, and credibility, The MIT Press, 72~100.

039. 편향 맹점(Bias Blind Spot)

- Pronin, E., Lin, D. Y., & Ross, L. (2002). The bias blind spot: Perceptions of bias in self versus others. *Personality and Social Psychology Bulletin, 28*(3), 369~381.
- Pronin, E., Gilovich, T., & Ross, L. (2004). Objectivity in the eye of the beholder: Divergent perceptions of bias in self versus others. *Psychological Review, 111*(3), 781~799.
- Ehrlinger, J., Gilovich, T., & Ross, L. (2005). Peering into the bias blind spot: People's assessments of bias in themselves and others. *Personality and Social Psychology Bulletin, 31*(5), 680~692.

040. 평균으로의 회귀 무시(Disregard of Regression toward the Mean)

- Schmittlein, D. C. (1989). Surprising inferences from unsurprising observations: Do conditional expectations really regress to the mean?. *The American Statistician*, *43*(3), 176~183.
- Baron, J. (2000). *Thinking and deciding*. Cambridge University Press.
- 이정모, 《인지심리학》, 아카넷, 2001.

041. 확률 무시(Neglect of Probability)

- Rottenstreich, Y. & Hsee, C.K. (2001). Money, kisses, and electric shocks: On the affective psychology of risk. *Psychological Science*, *12*, 185~190.
- Sunstein, C. R. (2003). Terrorism and probability neglect. T*he Journal of Risk and Uncertainty*, *26*(2~3), 121~136.

042. 확증 편향(Confirmation Bias)

- Lord, C. G., Ross, L., & Lepper, M. R. (1979). Biased assimilation and attitude polarization: The effects of prior theories on subsequently considered evidence. *Journal of Personality and Social Psychology*, *37*(11), 2098~2109.
- Lewicka, M. (1998). "*Confirmation bias: Cognitive error or adaptive strategy of action control?*". In Kofta, Miroslaw; Weary, Gifford; Sedek, Grzegorz, Personal control in action: cognitive and motivational mechanisms, Springer, 233~255.
- Nickerson, R. S. (1998). Confirmation bias: A ubiquitous phenomenon in many guises. *Review of General Psychology*, *2*(2), 175~220.
- Oswald, M. E., & Grosjean, S. (2004). "*Confirmation bias*". In Pohl, R diger F., Cognitive Illusions: A Handbook on Fallacies and Biases in Thinking, Judgement and Memory, Psychology Press, 79~96.
- Plous, S. (1993). *The psychology of judgment and decision making*. New York: McGraw-Hill.

043. 고정관념(Stereotyping)

- Allport, G. (1954). *The nature of prejudice, reading*, MA: Addison-Wesley.
- Brewer, M. B. (1979). In-group bias in the minimal intergroup situation: A cognitive-motivational analysis. *Psychological Bulletin*, *86*(2), 307~324.
- McAndrew, FT, & Akande, A .(1995). African of americans of african and european descent. *Journal of Social Psychology*, *135* (5), 649~655.
- Steele, C. M., & Aronson, J. (1995). Stereotype threat and the intellectual test performance of African Americans. *Journal of Personality and Social Psychology*, *69*, 797~811.

044. 과다합리화 효과(Overjustification Effect)

- Lepper, M. R., Greene, D., & Nisbett, R. E. (1973). Undermining children's intrinsic interest with extrinsic reward: A test of the "overjustification" hypothesis. *Journal of Personality and Social Psychology, 28*, 129~137.
- Greene, D., Sternberg, B., & Lepper, M. R. (1976). Overjustification in a token economy. *Journal of Personality and Social Psychology, 34*(6), 1219~1234.
- Deci, E. L., Ryan, R. M., & Koestner, R. (2001). The pervasive negative effects of rewards on intrinsic motivation: Response to cameron (2001). *Review of Educational Research, 71*(1), 43~51.

045. 과도한 자신감 편향(Overconfidence Bias)

- Adams, P. A., & Adams, J. K. (1960). Confidence in the recognition and reproduction of words difficult to spell. *The American Journal of Psychology, 73*(4), 544~552.
- Fischhoff, B., Slovic, P., & Lichtenstein, S. (1977). Knowing with certainty: The appropriateness of extreme confidence. *Journal of Experimental Psychology: Human Perception and Performance, 3*(4), 552~564.
- Oskamp, S. (1965). Attitudes toward US and Russian actions: A double standard. *Psychological Reports, 16*(1), 43~46.
- McGraw, A. P., Mellers, B. A., & Ritov, I. (2004). The affective costs of overconfidence. *Journal of Behavioral Decision Making, 17*(4), 281~295.
- 시드니 핀켈스타인·조 화이트헤트·앤드루 캠벨,《확신하는 그 순간에 다시 생각하라(Think Again)》, 최완규 역, 도서출판 옥당, 2009.
- 짐 콜린스,《위대한 기업은 다 어디로 갔을까(How the Mighty Fall)》, 김명철 역, 김영사, 2010.

046. 권위에의 호소 편향(Appeal to Authority Bias)

- Bachman, J. (1995). "*Appeal to authority*". In Hanson, H. V. & Pinto, R.C. (Eds.) Fallacies: Classical and contemporary readings, Pennsylvania State University Press, 274~286.
- Baron, J. (2000). *Thinking and deciding*. Cambridge University Press.
- 이정모,《인지과학》, 성균관대출판부, 2009.

047. 낙관 편향(Optimism Bias)

- Weinstein, N. D. (1980). Unrealistic optimism about future life events. *Journal of Personality and Social Psychology, 39*(5), 806~820.
- Weinstein, N. D., & Klein, W. M. (1996). Unrealistic optimism: Present and future. *Journal of Social and Clinical Psychology, 15*, 1~8.
- Flyvbjerg, B. (2008). Curbing optimism bias and strategic misrepresentation in planning: Reference class forecasting in practice. *European Planning Studies, 16*(1), 3~21.

048. 내성 착각(Introspection Illusion)

- Nisbett, R. E., & Wilson, T. D. (1977). Telling more than we can know: Verbal reports on mental processes. *Psychological Review, 84*, 231~259.
- Johansson, P., Hall, L., Sikström, S., Tärning, B., & Lind, A. (2006). How something can be said about telling more than we can know: On choice blindness and introspection. *Consciousness and Cognition, 15*(4), 673~692.
- Wilson, T. D., & Bar-Anan, Y. (2008). The unseen mind. *Science, 321*(5892), 1046~1047.
- Pronin, E. (2007). Perception and misperception of bias in human judgment. *Trends in Cognitive Sciences, 11*(1), 37~43.

049. 단순 사고 효과(Mere Thought Effect)

- Tesser, A. (1978). "*Self-generated attitude change*". In L. Berkowitz (Ed.), Advances in experimental social psychology, Academic Press, vol. II, 289~339.
- Clarkson, J. J., Tormala, Z. L., & Leone, C. (2011). A self-validation perspective on the mere thought effect. *Journal of Experimental Social Psychology, 47*, 449~454.

050. 땜질식 가설(Ad Hoc Hypothesis)

- Gardner, M. (1983). *The whys of a philosophical scrivener*. Quill.
- Gould, S. J.(1979). *Ever since Darwin*. W.W. Norton & Company.

051. 바넘 효과(Barnum Effect)

- Dickson, D.H., & Kelly, I.W. (1985). The 'Barnum effect' in personality assessment: A review of the literature, *Psychological Reports, 57*, 367~382.
- Forer, B.R. (1949). The fallacy of personal validation: A classroom demonstration of gullibility. *Journal of Abnormal Psychology, 44*, 118~121.
- Thiriart, P. (1991). Acceptance of personality test results. *Skeptical Inquirer, 15*, 116~165.

052. 사회적 바람직성 편향(Social Desirability Bias)

- Crowne, D. P., & Marlowe, D. (1960). A new scale of social desirability independent of psychopathology. *Journal of Consulting Psychology, 24*, 349~354.
- Stoeber, J. (2001). The social desirability scale-17 (SD-17). *European Journal of Psychological Assessment, 17*, 222~232.
- McBurney D. H. (1994). *Research methods*. Brooks/Cole.

053. 사후 구매 합리화(Post-purchase Rationalization)

- Cohen, J. B., & Goldberg, M. E. (1970). The dissonance model in post-decision product evaluation. *Journal of Marketing Research*, 315~321.
- Baron, J. (2000). *Thinking and deciding*. Cambridge University Press.

054. 수면자 효과(Sleeper Effect)

- Cook, T. D., Gruder, C. L., Hennigan, K. M., & Flay, B. R. (1979). History of the sleeper effect: Some logical pitfalls in accepting the null hypothesis. *Psychological Bulletin*, *86*(4), 662~679.
- Pratkanis, A. R., Greenwald, A. G., Leippe, M.R. & Baumgardner, M. H. (1988). In search of reliable persuasion effects: III. The sleeper effect is dead. Long live the sleeper effect. *Journal of Personality and Social Psychology*, *54*(2), 203~218.
- Kumkale, G. T., & Albarracín, D. (2004). The sleeper effect in persuasion: A meta-analytic review. *Psychological Bulletin*, *130*(1), 143~172.

055. 신념 편향(Belief Bias)

- Evans, J. S. B., Barston, J. L., & Pollard, P. (1983). On the conflict between logic and belief in syllogistic reasoning. *Memory and Cognition*, *11*(3), 295~306.
- Goel, V., & Dolan, R.J. (2003). Explaining modulation of reasoning by belief. *Cognition*, *87*, 11~22.
- Markovits, H., & G. Nantel. (1989). The belief–bias effect in the production and evaluation of logical conclusions. *Memory and Cognition*, *17*(1), 11~17.
- Klauer, K. C., Musch, J., & Naumer, B. (2000). On belief bias in syllogistic reasoning. *Psychological Review*, *107*(4), 852~884.
- Dube, C., Rotello, C. M., & Heit, E. (2010). Assessing the belief bias effect with ROCs: It's a response bias effect. *Psychological Review*, *117*(3), 831~863.

056. 실용 오류(Pragmatic Fallacy)

- Baron, J. (2000). *Thinking and deciding*. Cambridge University Press.
- van Eemeren, F. H., Garssen, B., & Meuffels, B. (2009). *Fallacies and judgments of reasonableness: Empirical research concerning the pragma–dialectical discussion*. Springer.

057. 영향력 편향(Impact Bias)

- Wilson, T. D., & Gilbert, D. T. (2005). Affective forecasting: Knowing what to want. *Current Directions in Psychological Science*, *14*(3), 131~134.
- Gilbert, D. T., Pinel, E. C., Wilson, T. D., Blumberg, S. J. & Wheatley, T. P.(1998). Immune neglect: A source of durability bias in affective forecasting. *Journal of Personality and Social Psychology*, *75*, 617~638.
- 대니얼 길버트, 《행복에 걸려 비틀거리다(Stumbling on HAPPINESS)》, 서은국·최인철·김미정 공역, 김영사, 2006.

058. 우월성 편향(Better-than-average Bias)

- Alicke, M. D. & Govorun, O. (2005). "*The better-than-average effect*". In Alicke et al. (Eds.), The self in social judgment, Psychology Press, 66~90.
- Cross, K. P. (1977). Not can, but will college teaching be improved?. *New Directions for Higher Education, 1977*(17), 1~15.
- Dunning, D., et al. (1989). Ambiguity and self-evaluation: The role of idiosyncratic trait definitions in self-serving assessments of ability. *Journal of Personality and Social Psychology, 57*(6), 1082~1090.
- McCormick, I. A., Walkey, F. H., & Green, D. E. (1986). Comparative perceptions of driver ability—a confirmation and expansion. *Accident Analysis and Prevention, 18*(3), 205~208.
- Preston, C. E., & Harris, S. (1965). Psychology of drivers in traffic accidents. *Journal of Applied Psychology, 49*(4), 284~288.
- Svenson, O. (1981). Are we all less risky and more skillful than our fellow drivers?. *Acta Psychologica, 47*(2), 143~148.

059. 이야기 모델 편향(Story Models Bias)

- Pennington, N., & Hastie, R. (1986). Evidence evaluation in complex decision making. *Journal of Personality and Social Psychology, 51*(2), 242~258.
- Pennington, N., & Hastie, R. (1988). Explanation-based decision making: Effects of memory structure on judgment. *Journal of Experimental Psychology: Learning, Memory, and Cognition, 14*(3), 521~533.
- Pennington, N., & Hastie, R. (1992). Explaining the evidence: Tests of the story model for juror decision making. *Journal of Personality and Social Psychology, 62*(2), 189~206.
- McAdams, D. P., Albaugh, M., Farber, E., Daniels, J., Logan, R. L., & Olson, B. (2008). Family metaphors and moral intuitions: How conservatives and liberals narrate their lives. *Journal of Personality and Social Psychology, 95*, 978~990.
- Lakoff, G. (2002). *Moral politics: How liberals and conservatives think* (2nd ed.). University of Chicago Press.

060. 인지부조화(Cognitive Dissonance)

- Festinger, L. (1957). *A theory of cognitive dissonance*. Stanford University Press.
- Festinger, L. & Carlsmith, J. M. (1959). Cognitive consequences of forced compliance. *Journal of Abnormal and Social Psychology, 58*, 203~211.
- Bem, D.J. (1967). Self-perception: An alternative interpretation of cognitive dissonance phenomena. *Psychological Review, 74*(3), 183~200.
- Coppin, G., Delplanque, S., Cayeux, I., Porcherot, C., & Sander, D. (2010). I'm no longer torn after choice: How explicit choices implicitly shape preferences of odors. *Psychological Science, 21*(8), 489~493.

061. 정보 편향(Information Bias)

- Brodbeck, F. C., Kerschreiter, R., Mojzisch, A., Frey, D., & Schulz-Hardt, S. (2002). The dissemination of critical unshared information in decisionmaking groups: The effect of prediscussion dissent. *European Journal of Social Psychology*, *32*, 35~56.
- Gigone, D., & Hastie, R. (1997). The impact of information on small group choice. *Journal of Personality and Social Psychology*, *72*, 132~140.
- Larson, J. R., Jr., Christensen, C., Abbott, A. S., & Franz, T. M. (1996). Diagnosing groups: Charting the flow of information in medical decision-making teams. *Journal of Personality and Social Psychology*, *71*, 315~330.

062. 정상화 편향(Normalcy Bias)

- Omer, H., & Alon, N. (1994). The continuity principle: A unified approach to disaster and trauma. *American Journal of Community Psychology, 22*(2), 273~287.
- Mawson, A. R. (2005). Understanding mass panic and other collective responses to threat and disaster. *Interpersonal and Biological Processes*, *68*(2), 95~113.

063. 주의 편향(Attentional Bias)

- Nisbett, R. E., & Ross, L. (1980). *Human inference: Strategies and shortcomings of social judgment*. Prentice-Hall.
- Schoth, D. E., & Liossi, C. (2010). Attentional bias towards pictorial representations of pain in individuals with cronic headache. *The Clinical Journal of Pain*, *26*(3), 244~250.
- Tressler, D. (2008). Attentional Biases in Women at Risk for Eating Disorders: A Comparison of Three Cognitive Tasks. Ph.D. dissertation, The Ohio State University, United States.

064. 차이식별 편향(Distinction Bias)

- Hsee, C.K. (1998). Less is better: When low-value options are valued more highly than high-value options. *Journal of Behavioral Decision Making*, *11*(2), 107~121.
- Hsee, C.K. & Leclerc, F. (1998). Will products look more attractive when presented separately or together?. *The Journal of Consumer Research*, *25*, 175~186.
- Hsee, C., & Zhang, J. (2004). Distinction bias: Misprediction and mischoice due to joint evaluation. *Journal of Personality and Social Psychology*, *86*(5), 680~695.

065. 희망적 사고 편향(Wishful Thinking Bias)

- Dawson, E., Gilovich, T., & Regan, D. T. (2002). Motivated reasoning and performance on the was on selection task. *Personality and Social Psychology Bulletin*, *28*(10), 1379~1387.
- Ditto, P. H., & Lopez, D. F. (1992). Motivated skepticism: Use of differential decision criteria for preferred and nonpreferred conclusions. *Journal of Personality and Social*

Psychology, 63, 568~584.

- Kruger, J., & Dunning, D. (1999). Unskilled and unaware of it: How difficulties in recognizing one's own incompetence lead to inflated self-assessments. *Journal of Personality and Social Psychology, 77*(6), 1121~1134.

066. 결과의존 편향(Outcome Dependency Bias)

- Berscheid, E., Graziano, W., Monson, T., & Dermer, M. (1976). Outcome dependency: Attention, attribution, and attraction. *Journal of Personality and Social Psychology, 34*(5), 978~989.
- Erber, R., & Fiske, S. T. (1984). Outcome dependency and attention to inconsistent information. *Journal of Personality and Social Psychology, 47*(4), 709~726.
- Neuberg, S. L., & Fiske, S. T. (1987). Motivational influences on impression formation: Outcome dependency, accuracy-driven attention, and individuating processes. *Journal of Personality and Social Psychology, 53*(3), 431~444.

067. 기본적 귀인 오류(Fundamental Attribution Error)

- Ross, L. (1977). The intuitive psychologist and his shortcomings: Distortions in the attribution process. *Advances in Experimental Social Psychology, 10*, 173~220.
- Jones, E. E., & Harris, V. A. (1967). The attribution of attitudes. *Journal of Experimental Social Psychology, 3*(1), 1~24.
- Gilbert, D. T., & Malone, P. S. (1995). The correspondence bias. *Psychological Bulletin, 117*, 21~38.
- Lerner, M. J. & Miller, D. T. (1977). Just-world research and the attribution process: Looking back and ahead. *Psychological Bulletin, 85*, 1030~1051.
- Burger, J. M. (1981). Motivational biases in the attribution of responsibility for an accident: A meta-analysis of the defensive-attribution hypothesis. *Psychological Bulletin, 90*, 496~512.
- Abrams, D., Viki, G. T., Masser, B., & Bohner, G. (2003). Perceptions of stranger and acquaintance rape: The role of benevolent and hostile sexism in victim blame and rape proclivity. *Journal of Personality and Social Psychology, 84*, 111~125.
- Storms, M. D. (1973). Videotape and the attribution process: Reversing actors' and observers' points of view. *Journal of Personality and Social Psychology, 27*, 165~175.
- Lerner, M. & Simmons, C. H. (1966). Observer's reaction to the 'innocent victim': Compassion or rejection?. *Journal of Personality and Social Psychology, 4*(2), 203~210. doi:10.1037/h0023562.
- Rubin, Z., & Peplau, L. A. (1975). Who believes in a just world?. *Journal of Social Issues, 31*(3), 65~90.
- Rubin, Z. & Peplau, L. A. (1973). Belief in a just world and reactions to another's lot: A study of participants in the national draft lottery. *Journal of Social Issues, 29*(4), 73~94.

068. 내집단 외집단 편향(In-group-out-group Bias)

- Sachdev, I., & Bourhis, R. (1987). Status differentials and intergroup behavior. *European Journal of Social Psychology, 17*, 277~293.
- Ryan, C. S., & Bogart, L. M. (1997). Development of new group members' in-group and out-group stereotypes: Changes in perceived variability and ethnocentrism. *Journal of Personality and Social Psychology, 73*(4), 719~732.
- Judd, C. M. & Park, B. (1988). Out-group homogeneity: Judgments of variability at the individual and group levels. *Journal of Personality and Social Psychology, 54*(5), 778~788.
- Park, B. (1982). Perception of out-group homogeneity and levels of social categorization: Memory for the subordinate attributes of in-group and out-group members. *Journal of Personality and Social Psychology, 42*(6), 1051~1068.
- Oswald, D. L. (2005). Understanding anti-Arab reactions post-9/11: The role of threats, social categories, and personal ideologies. *Journal of Applied Social Psychology, 35*, 1775~1799.

069. 다수 의견에 관한 무지(Pluralistic Ignorance)

- O'Gorman, H. (1975). Pluralistic ignorance and white estimates of white support for racial segregation. *Public Opinion Quarterly, 39*(3), 313~330.
- Kuran, T. (1995). *Private truths, public lies: The social consequences of preference falsification*. Harvard University Press.
- Prentice, D. A., & Miller, D. T. (1993). Pluralistic ignorance and alcohol use on campus: Some consequences of misperceiving the social norm. *Journal of Personality and Social Psychology (American Psychological Association), 64*(2), 243~256.
- Kitts, J. A. (2003). Egocentric bias or information management? Selective disclosure and the social roots of norm misperception. *Social Psychology Quarterly, 66*(3), 222~237.

070. 더닝 크루거 효과(Dunning-Kruger Effect)

- Kruger, J., & Dunning, D. (1999). Unskilled and unaware of it: How difficulties in recognizing one's own incompetence lead to inflated self-assessments. *Journal of Personality and Social Psychology, 77*(6), 1121~1134.
- Ehrlinger, J., Johnson, K., Banner, M., Dunning, D., & Kruger, J. (2008). Why the unskilled are unaware: Further explorations of (absent) self-insight among the incompetent. *Organizational Behavior and Human Decision Processes, 105* , 98~121.
- Dunning, D. et al. (2003). Why people fail to recognize their own incompetence. *Current Directions in Psychological Science, 12*(3), 83~87.
- Dunning, D. (2006). *Self-insight: Roadblocks and detours on the path to knowing thyself*. Psychology Press, 14~15.

- Burson, K., Larrick, R., & Klayman, J. (2006). Skilled or unskilled, but still unaware of it: How perceptions of difficulty drive miscalibration in relative comparisons. *Journal of Personality and Social Psychology*, *90*(1), 60~77.

071. 면접 착각(Interview Illusion)

- Baron, J. (2000). *Thinking and deciding*. Cambridge University Press.
- Plous, S. (1993). *The psychology of judgement and decision making*. McGraw-Hill.

072. 벤 프랭클린 효과(Ben Franklin Effect)

- Jecker, J., & Landy, D. (1969). Likin a person as function of doing him a favor. *Human Relations*, *22*, 371~378.
- Baron, J. (2000). *Thinking and deciding*. Cambridge University Press.

073. 비대칭적 통찰의 착각(Illusion of Asymmetric Insight)

- Pronin, E., Kruger, J., Savitsky, K., & Ross, L. (2001). You don't know me, but I know you: The illusion of asymmetric insight. *Journal of Personality and Social Psychology*, *81*(4), 639~656.
- Baron, J. (2000). *Thinking and deciding*. Cambridge University Press.

074. 실수 효과(Pratfall Effect)

- Aronson, E., Willerman, B., & Floyd, J. (1966). The effect of a pratfall on increasing interpersonal attractiveness, *Psychonomic Science*, *4*, 227~228.
- Baron, J. (2000). *Thinking and deciding*. Cambridge University Press.

075. 자기 모니터링 행동(Self-monitoring Behavior)

- White, M., & Gerstein, L. (1987). Helping: The influence of anticipated social sanctions and self-monitoring. *Journal of Personality*, *55*, 101~114.
- Snyder, M. & Gangestad, S. (1986). On the nature of self-monitoring: Matters of assessment, matters of validity. *Journal of Personality and Social Psychology*, *51*(1), 125~139.

076. 자기 배려 편향(Self-serving Bias)

- Greenwald, A. G. (1980). The totalitarian ego: Fabrication and revision of personal history. *American Psychologist*, *35*(7), 603~618.
- Johnson, J. T., Feigenbaum, R. & Weisbeg, M. (1964). Some determinants and consequences of the teacher's perception of causality. *Journal of Educational Psychology*, *55*, 237~246.
- Babcock, L., & Loewenstein, G. (1997). Explaining bargaining impasse: The role of self-serving biases. *Journal of Economic Perspectives*, *11*, 109~126.
- Roese, N. J., & Olson, J.M. (2007). Better, stronger, faster: Self-serving judgment,

affect regulation, and the optimal vigilance hypothesis. *Perspectives on Psychological Science, 2*, 124~141.

077. 자기중심 편향(Egocentric Bias)

- Ross, M. & Sicoly, F. (1979). Egocentric biases in availability and attribution. *Journal of Personality and Social Psychology, 37*, 322~336.
- Zuckerman, M., Kernis, H. M., Guarnera, S. M., Murphy, J. F., & Rappoport, L. (1983). The egocentric bias: Seeing oneself as cause and target of others' behavior. *Journal of Personality, 51*(4), 621~630.

078. 조명 효과(Spotlight Effect)

- Gilovich.T., Savitsky, K., & Medvec, H. (2000). The spotlight effect in social judgment: An egocentric bias in estimates of the salience of one's own actions and appearance. *Journal of Personality and Social Psychology, 78*(2), 211~222.
- Gilovich. T., Savitsky, K., & Medvec, H. (1998). The illusion of transparency: Biased assessments of others' ability to read one's emotional states. *Journal of Personality and Social Psychology, 75*(2), 332~346.

079. 집단 간 표현 차이 편향(Linguistic Inter-group Bias)

- Maass, A., Ceccarelli, R., & Rudin, S. (1996). Linguistic intergroup bias: Evidence for in-group protective motivation. *Journal of Personality and Social Psychology, 71*(3), 512~526.
- Gorham, B. W. (2006). News media's relationship with stereotyping: The linguistic intergroup bias in response to crime news. *Journal of Communication, 56*(2), 289~308.
- Maass, a., Salvi, D., Acuri, L., & Semin, G. R. (1989). Language use in intergroup contexts: The linguistic intergroup bias. *Journal of Personality and Social Psychology, 57*, 981~993.
- Anolli, L., Zurloni, V. & Riva, G. (2006). Linguistic intergroup bias in political communication. *Journal of General Psychology, 133*(3), 237~255.

080. 집단 극단화 현상(Group Polarization Phenomenon)

- Moscovici, S. & Zavalloni, M. (1969). The group as a polarizer of attitudes. *Journal of Personality and Social Psychology, 12*, 125~135.
- Myers, D. G. & Bishop, G.D. (1970). Discussion effects on racial attitude. *Science, 169*(3947), 778~779.
- Myers, D. G. & Arenson, S. J. (1972). Enhancement of dominant risk tendencies in group discussion. *Psychological Science, 6*, 10~19.
- Sia, C. L., Tan, B. C., & Wei, K. K. (2002). Group polarization and computer-mediated communication: Effects of communication cues, social presence, and anonymity.

Information Systems Research, *13*(1), 70~90.
- Yardi, S., & Boyd, D. (2010). Dynamic debates: An analysis of group polarization over time on twitter. *Bulletin of Science, Technology and Society*, *30*(5), 316~327.

081. 집단사고(Groupthink)

- McCauley, C. (1989). The nature of social influence in groupthink: compliance and internalization. *Journal of Personality and Social Psychology*, *57*(2), 250~260.
- Schafer, M., & Crichlow, S. (1996). Antecedents of groupthink: A quantitative study. *Journal of Conflict Resolution*, *40*(3), 415~435.
- Whyte, G. (1989). Groupthink reconsidered. *Academy of Management Review*, *14*(1), 40~56.

082. 침묵의 나선(Spiral of Silence)

- Noelle-Neumann, E. (1993). *The Spiral of silence*. University of Chicago Press.
- Shanahan, J., Scheufele, D., Yang, F., & Hizi, S. (2004). Cultivation and spiral of silence effects: The case of smoking. *Mass Communication and Society*, *7*(4), 413~428.
- Scheufele, D. A., & Moy, P. (2000). Twenty-five years of the spiral of silence: A conceptual review and empirical outlook. *International Journal of Public Opinion Research*, *12*(1), 3~28.

083. 투명성 착각(Illusion of Transparency)

- Savitsky, K., & Gilovich, T. (2003). The illusion of transparency and the alleviation of speech anxiety. *Journal of Experimental Social Psychology*, *39*(6), 618~625.
- Gilovich, T., Savitsky, K., & Medvec, V. H. (1998). The illusion of transparency: Biased assessments of others' ability to read one's emotional states. *Journal of Personality and Social Psychology*, *75*, 332~346.

084. 특성 귀속 편향(Trait Ascription Bias)

- Kammer, D. (1982). Differences in trait ascriptions to self and friend: Unconscious founding intensity from variability. *Psychological Reports*, *51*, 99~102.
- http://blogs.law.harvard.edu/karthik/files/2011/04/HIST-1572-Analysis-of-Nazi-Propagand

085. 허구적 일치성 효과 (False Consensus Effect)

- Gilovich, T. (1990). Differential construal and the false consensus effect. *Journal of Personality and Social Psychology*, *59*(4), 623~634.
- Marks, G., & Miller, N. (1987). Ten years of research on the false-consensus effect: An empirical and theoretical review. *Psychological Bulletin*, *102*(1), 72~90.
- Ross, L (1977). The false consensus effect: An egocentric bias in social perception and attribution processes. *Journal of Experimental Social Psychology*, *13*(3), 279~301.

086. 후광 효과(Halo Effect)

- Asch, S. E. (1946). Forming impressions of personality. *Journal of Abnormal and Social Psychology, 41*, 258~290.
- Thorndike, E. L. (1920). A constant error on psychological rating. *Journal of Applied Psychology, 4*(1), 25~29.
- Dion, K., Berscheid, E., & Walster, E. (1972). What is beautiful is good. *Journal of Personality and Social Psychology, 24*(3), 285~290.
- Nisbett, R. E. & Timothy D. W (1977). The halo effect: Evidence for unconscious alteration of judgments. *Journal of Personality and Social Psychology, 35*(4), 250~256.

087. 긍정성 효과(Positivity Effect)

- Taylor, S. E., & Koivumaki, J. H. (1976). The perception of self and others: Acquaintanceship, affect, and actor-observer differences. *Journal of Personality and Social Psychology, 33*(4), 403~408.
- Mather, M., & Carstensen, L. L. (2005). Aging and motivated cognition: The positivity effect in attention and memory. *Trends in Cognitive Sciences, 9*(10), 496~502.
- Blanchard-Fields, F., Stein, R., & Watson, T. L. (2004). Age differences in emotion-regulation strategies in handling everyday problems. *The Journals of Gerontology Series B: Psychological Sciences and Social Sciences, 59*(6), 261~269.
- Mather, M., & Carstensen, L. L. (2003). Aging and attentional biases for emotional faces. *Psychological Science, 14*(5), 409~415.

088. 사후확신 편향(Hindsight Bias)

- Fischhoff, B., & Beyth, R. (1975). I knew it would happen: Remembered probabilities of once—future things. *Organizational Behavior and Human Performance, 13*(1), 1~16.
- Fischhoff, B. (2003). Hindsight ≠ foresight: The effect of outcome knowledge on judgment under uncertainty. *Quality and Safety in Health Care, 12*(4), 304~312.
- Fischhoff, B. (2007). An early history of hindsight research. *Social Cognition, 25*, 10~13.
- Rudiger, F. (2007). Ways to assess hindsight bias. *Social Cognition, 25*(1), 14~31.

089. 생소 기억(Cryptomnesia)

- Brown, A. S., & Murphy, D. R. (1989). Cryptomnesia: Delineating inadvertent plagiarism. *Journal of Experimental Psychology: Learning, Memory, and Cognition, 15*, 432~442.
- Marsh, R. L., & Bower, G. H. (1993). Eliciting cryptomnesia: Unconscious plagiarism in a puzzle task. *Journal of Experimental Psychology: Learning, Memory, and Cognition, 19*, 673~688.
- Marsh, R. L., Landau, J. D., & Hicks, J. L. (1997). Contributions of inadequate source monitoring to unconscious plagiarism during idea generation. *Journal of Experimental

Psychology: Learning, Memory, and Cognition, *23*, 886~897.
- Bredart, S., Lampinen., J. M., & Defeldre, A. (2003). Phenomenal characteristics of cryptomnesia. *Memory*, *11*, 1~11.

090. 선택 지지 편향(Choice-supportive Bias)

- Mather, M., Shafir, E., & Johnson, M. K. (2000). Misrememberance of options past: Source monitoring and choice. *Psychological Science*, *11*, 132~138.
- Mather, M., & Johnson, M. K. (2000). Choice-supportive source monitoring: Do our decisions seem better to us as we age? *Psychology and Aging*, *15*, 596~606.

091. 오기억(False Memory)

- Kilhstrom, J. F. (1997). Memory, abuse and science. *American Psychologist*, *52*, 994~995b.
- Whitfield, C. L. (2002). The "false memory" defense: Using disinformation and junk science in and out of court. *Journal of Child Sexual Abuse*, *9*(3~4), 53~78.
- Brown, D. (2001). (Mis) Representations of the long-term effects of childhood sexual abuse in the courts. *Journal of Child Sexual Abuse*, *9*(3~4), 79~107.
- Loftus, E.F. (1979). *Eyewitness memory*. Harvard University Press.
- Rubin, D. C. (Ed.). (1999). *Remembering our past: Studies in autobiographical memory*. Cambridge University Press.
- 엘리자베스 로프터스·캐서린 케첨,《우리 기억은 진짜 기억일까?: 거짓기억과 성추행 의혹의 진실(The Myth of Repressed Memory: False Memories and Allegations of Sexual Abuse)》, 정준형 역, 도솔, 2008.

092. 일관성 편향(Consistency Bias)

- Conway, M., & Ross, M. (1984). Getting what you want by revising what you had. *Journal of Personality and Social Psychology*, *47*(4), 738~748.
- Markus, G. B. (1986). Stability and change in political attitudes: Observed, recalled, and explained, *Political Behavior*, *8*(1), 21~44.
- Schacter, D. L. (1999). The seven sins of memory: Insights from psychology and cognitive neuroscience. *American Psychologist*, *54*, 182~203.
- Scharfe, E., & Bartholomew, K. (1998). Do you remember? Recollections of adult attachment patterns. *Personal Relationships*, *5*(2), 219~234.

093. 자이가르니크 효과(Zeigarnik Effect)

- McKinney, F. (1935). Studies in the retention of interrupted learning activities. *Journal of Comparative Psychology*, *19*(2), 265~296.
- Zeigarnik, B. (1967). *"On finished and unfinished tasks"*. In W. D. Ellis (Ed.), A sourcebook of gestalt psychology, Humanities Press.
- McGraw, K. O., & Fiala, J. (1982). Undermining the Zeigarnik effect: Another hidden cost of reward. *Journal of Personality*, *50*(1), 55~66.

094. 장밋빛 회상(Rosy Retrospection)

- Mitchell, T., & Thompson, L. (1994). "*A theory of temporal adjustments of the evaluation of events: Rosy prospection & rosy retrospection*". In C. Stubbart; J. Porac ; J. Meindl (Eds.), Advances in managerial cognition and organizational information-processing, JAI Press, vol. 5, 85~114.
- Mitchell, T. R., Thompson, L., Peterson, E., & Cronk, R. (1997). Temporal adjustments in the evaluation of events: The "rosy view". *Journal of Experimental Social Psychology*, *33*(4), 421~448.
- Norman, D. (2009). Memory is more important that actuality. *Interactions*, *16* (2), 24~26.

095. 저가산성 효과(Subadditivity Effect)

- Tversky, A., & Koehler, D. J. (1994). Support theory: A nonextensional representation of subjective probability. *Psychological Review*, *101*(4), 547~567.
- Baron, J. (2000). *Thinking and deciding*. Cambridge University Press.

096. 진실 착각 효과(Illusion-of-truth Effect)

- Hasher, L., Goldstein, D., & Toppino, T. (1977). Frequency and the conference of referential validity. *Journal of Verbal Learning and Verbal Behavior*, *16*, 107~112.
- Begg, I. M., Anas, A., & Farinacci, S. (1992). Dissociation of processes in belief: Source recollection, statement familiarity, and the illusion of truth. *Journal of Experimental Psychology*, *121*, 446~458.
- Moons, W. G, Mackie, D. M., Garcia-Marques, T. (2009). The impact of repetition-induced familiarity on agreement with weak and strong arguments. *Journal of Personality and Social Psychology*, *96*(1), 2~44.

097. 착각적 상관(Illusory Correlation)

- Baron, J. (2000). *Thinking and deciding*. Cambridge University Press.
- Fine, C. (2006). *A mind of its own: How your brain distorts and deceives*. Icon Books.
- Redelmeir, D. A., & Tversky, A. (1996), On the belief that arthritis pain is related to the weather. *Proceedings of the National Academy of Science*, *93*(7), 2895~2896.

098. 초두 효과(Primacy Effect)

- Carlesimo, G., et al. (1996). Recency effect in anterograde amneisa: Evidence for distinct memory stores underlying enhanced retrieval of terminal items in immediate and delayed recall paradigms. *Neuropsychologia*, *34*(3), 177~184.
- Bayley, P.J. et al. (2000). Comparison of the serial position effect in very mild Alzheimer's disease, mild Alzheimer's disease, and amnesia associated with electroconvulsive therapy. *Journal of the International Neuropsychological Society, 6*

(3), 290~298.

- Frensch, P. A. (1994). Composition during serial learning: A serial position effect. *Journal of Experimental Psychology: Learning, Memory, and Cognition*, *20*(2), 423~443.
- Bjork, E. L., & Bjork, R. A. (Eds.) (1996). *Memory*. Academic Press.

099. 폰 레스토프 효과(Von Restorff Effect)

- Gardner, M. P. (1983). Advertising effects on attributes recalled and criteria used for brand evaluations. *Journal of Consumer Research*, *10*, 310~318.
- Johnson, W. A., Hawley, K. J., Plewe, S. H., Elliott, J. M. G., & De Witt, M. J. (1990). Attention capture by novel stimuli. *Journal of Experimental Psychology: General*, *119*, 397~411.
- Taylor, S. E., & Fiske, S. T. (1978). "*Salience, attention and attribution: Top of the head phenomena*". In L. Berkowitz (Ed.), Advances in experimental social psychology, Academic Press, vol. 11. 249~288.
- Von Restorff, H. (1933). Über die Wirkung von Bereichsbildungen im Spurenfeld (The effects of field formation in the trace field). *Psychologie Forschung*, *18*, 299~342.

100. 피암시성(Suggestibility)

- Kirsch, I., & Braffman, W. (2001). Imaginative suggestibility and hypnotizability. *Current Directions in Psychological Science*, *10*(2), 57~61.
- Braffman, W. & Kirsch, I., (1999). Imaginative suggestibility and hypnotizability: An empirical analysis. *Journal of Personality and Social Psychology*, *77*(3), 578~587.

101. 회고 절정(Reminiscence Bump)

- Rubin, D. C., Wetzler, S. E., & Nerbes, R. D. (1986). "Autobiographical memory across the lifespan". In D. C. Rubin (Ed.), Autobiographical memory, Cambridge University Press, 202~221.
- Fitzgerald, J. M., Slade, S., & Lawrence, R. H. (1988). Memory availability and judged frequency of affect. *Cognitive Therapy and Research*, *12*(4), 379~390.
- Schrauf, R. W., & Rubin, D. C. (2001). Effects of voluntary immigration on the distribution of autobiographical memory over the lifespan. *Applied Cognitive Psychology*, *15*, S75~S88.
- Rathbone, C. J., Moulin, C. J. A., & Conway, M. A. (2008). Self-centered memories: The reminiscence bump and the self. *Memory and Cognition*, *36*, 1403~1414.
- Bernsten, D., & Rubin, D. C. (2002). Emotionally charged autobiographical memories across the life span: The recall of happy, sad, traumatic, and involuntary memories. *Psychology and Aging*, *17*, 636~652.

찾아보기

□ 인명

□ 용어 및 도서